国家社会科学基金项目"西部地区服务业集聚与城镇化互动发展研究"(项目编号:11XJL009)

西部地区服务业集聚与城镇化互动发展研究

陈立泰 著

中国社会科学出版社

图书在版编目（CIP）数据

西部地区服务业集聚与城镇化互动发展研究/陈立泰著.—北京：中国社会科学出版社，2015.10
ISBN 978-7-5161-7010-6

Ⅰ.①西… Ⅱ.①陈… Ⅲ.①服务业—经济发展—研究—西北地区 ②服务业—经济发展—研究—西南地区 ③城市化—发展—研究—西北地区 ④城市化—发展—研究—西南地区 Ⅳ.①F719 ②F299.21

中国版本图书馆 CIP 数据核字（2015）第 262463 号

出 版 人	赵剑英
责任编辑	刘晓红
特约编辑	杜志荣
责任校对	周晓东
责任印制	戴 宽

出　　版	中国社会科学出版社
社　　址	北京鼓楼西大街甲 158 号
邮　　编	100720
网　　址	http://www.csspw.cn
发 行 部	010-84083685
门 市 部	010-84029450
经　　销	新华书店及其他书店
印刷装订	三河市君旺印务有限公司
版　　次	2015 年 10 月第 1 版
印　　次	2015 年 10 月第 1 次印刷
开　　本	710×1000 1/16
印　　张	18.75
插　　页	2
字　　数	329 千字
定　　价	68.00 元

凡购买中国社会科学出版社图书，如有质量问题请与本社营销中心联系调换
电话：010-84083683
版权所有　侵权必究

前　言

本书关注我国西部地区服务业集聚与城镇化互动发展的相关问题。在深入分析服务业集聚与城镇化互动发展作用机理以及西部地区现实情况的基础上，全面考察了西部地区服务业集聚与城镇化互动发展的现实可行性及未来前景，并系统阐述了不同区域实现自我发展能力提升及区域可持续发展的路径选择与制度设计，为我国新一轮西部大开发的进一步推进提供了有价值的参考，对我国区域协调发展的实现具有重要意义。

本书的基本学术思路如下：目前，东西部地区较大的发展差距及西部地区自我发展能力不足的现实状况，迫切要求其建立并完善地区发展的自身造血机制，突破传统路径依赖，探索不同于以往西部大开发所实施的扶贫计划及转移支付等战略，积极培育西部地区的自我发展能力，寻找区域发展的新动力源。然而，西部地区特有的资源、历史及区位等条件决定了其难以通过简单的模仿式道路，复制沿海地区工业化和城镇化的巨大成效，甚至难以实现缩小区域差距的基本目标。因此，西部地区必须开辟出一条适合自身发展的独特路径，而受国际服务业集聚与城镇化互动发展的经验启发，并结合西部地区服务业发展的优势条件以及通过互动发展实现二者良性累积循环作用现实基础，可以发现，服务业集聚与城镇化互动发展是西部地区实现转型升级发展的必然选择。

本书主要包括三个方面的内容：第一，空间集中化——西部地区服务业集聚与城镇化互动发展的基础分析。借鉴国内外典型理论与实践经验，实证测度分析我国西部地区的服务业集聚和城镇化发展现状，考察二者互动发展的基础条件。第二，双向相关性——西部地区服务业集聚与城镇化互动发展的互动耦合关系分析。分别建立生产性服务业、非生产性服务业集聚与城镇化的互动发展框架，并探讨典型行业的二者互动发展机理，在此基础上，建立联立方程模型及耦合协调模型，实证检验西部地区服务业集聚与城镇化互动发展状况及程度，进一步展望区域未来发展的合意服务业集聚和城镇化水平。第三，互动发展规划——西部地区服务业集聚与城镇化互动发展的路径选择与制度设计。

在以上全面而深入研究的基础上，我们形成了以下几点基本结论和学术观点：第一，西部地区的"内生型发展"可在促进服务业集聚与城镇化互动发展的过程中实现，但目前这种作用的发挥并未达到理想水平；第二，服务业集聚与城镇化互动发展水平的高低，不仅受到服务业集聚和城镇化自身发展基础的影响，同时也取决于中间环节作用机制的通畅与否；第三，基于内容、空间和能力三大维度解构服务业集聚与城镇化互动发展的内在机制，有利于深入剖析经济运行背后的逻辑，改善二者的互动、耦合状况；第四，推动城镇化进程、加强服务业集聚的政府引导力能够相应提升服务业集聚和城镇化发展水平，促进二者合意、适度发展；第五，探索服务业集聚与城镇化互动发展的路径设计和政策制度，应因地制宜，坚持特色鲜明、优势突出、功能互补的发展理念。

根据以上研究成果，我们从树立服务业集聚与城镇化互动发展的基本理念、构建互动发展的长效机制、夯实互动发展的基础支撑及完善互动发展的中间环节四个方面，构建起促进西部地区服务业集聚与城镇化互动发展的政策框架，以期为相关政府部门的政策制定提供切实可行的借鉴。

目　　录

第一章　绪论 ··· 1
　　第一节　研究背景及问题的提出 ··· 1
　　第二节　研究意义 ·· 7
　　第三节　研究范畴、内容框架及方法 ··································· 8
　　第四节　基本观点和创新之处 ··· 11

第二章　服务业集聚相关理论及西部地区服务业集聚水平测度 ········· 15
　　第一节　服务业集聚相关理论 ··· 16
　　第二节　西部地区服务业集聚水平测度 ······························· 22
　　第三节　小结 ·· 36

第三章　城镇化相关理论与西部地区城镇化现状 ·························· 38
　　第一节　城镇化的相关理论 ·· 38
　　第二节　我国西部地区城镇化的现状分析 ···························· 48
　　第三节　小结 ·· 65

第四章　服务业集聚与城镇化互动发展的机理 ···························· 67
　　第一节　生产性服务业集聚与城镇化的互动机理 ··················· 67
　　第二节　非生产性服务业集聚与城镇化的互动机理 ················ 99
　　第三节　小结 ··· 129

第五章　西部地区服务业集聚与城镇化互动发展的实证分析 ··········· 131
　　第一节　测度指标体系构建、数据说明与系统序参量计算 ······· 131
　　第二节　西部地区服务业集聚与城镇化互动关系检验 ············ 135

第三节　西部地区服务业集聚与城镇化的耦合协调检验…………… 143
第四节　小结…………………………………………………………… 156

第六章　基于城镇化发展视角的西部地区服务业集聚适度水平分析…… 161

第一节　城镇化视角下的服务业集聚适度水平理论分析…………… 161
第二节　西部地区与发达国家及我国东部省市对服务业的
　　　　需求比较……………………………………………………… 166
第三节　西部地区城镇化进程中服务业集聚适宜水平预估………… 185
第四节　小结…………………………………………………………… 195

第七章　服务业集聚政府引导力下西部地区城镇化水平仿真分析…… 197

第一节　服务业集聚政府引导力的概念界定………………………… 197
第二节　服务业集聚政府引导力下西部城镇化发展的系统动力
　　　　学模型构建…………………………………………………… 199
第三节　服务业集聚政府引导力变化对西部城镇化影响的仿真
　　　　结果分析……………………………………………………… 208
第四节　小结…………………………………………………………… 214

第八章　西部地区服务业集聚与城镇化互动发展的障碍因素………… 216

第一节　西部地区服务业集聚子系统与城镇化子系统的障碍
　　　　因素…………………………………………………………… 217
第二节　西部地区服务业集聚与城镇化互动环节的障碍因素……… 222
第三节　西部地区服务业集聚与城镇化互动发展系统的
　　　　外部障碍因素………………………………………………… 225
第四节　小结…………………………………………………………… 229

第九章　西部地区服务业集聚与城镇化互动发展的路径设计………… 230

第一节　以工业发展为依托的嵌入式路径…………………………… 231
第二节　以服务业特色产业园区为建设主体的外生型路径………… 238
第三节　以发挥关联效应为关键的旅游产业驱动型路径…………… 245
第四节　以自由贸易区为载体的边境贸易驱动型路径……………… 250

第五节　以政府推动为主导的人口迁移驱动型路径…………… 255
　　第六节　小结…………………………………………………………… 262
第十章　促进西部地区服务业集聚与城镇化互动发展的政策建议…… 265
　　第一节　树立西部地区服务业集聚与城镇化互动发展的基本
　　　　　　理念…………………………………………………………… 265
　　第二节　构建西部地区服务业集聚与城镇化互动发展的可持续
　　　　　　发展机制……………………………………………………… 267
　　第三节　促进西部地区服务业集聚水平提升和城镇化健康发展，
　　　　　　奠定互动发展的坚实基础…………………………………… 269
　　第四节　完善互动发展的中间环节，促进西部地区服务业
　　　　　　集聚与城镇化的良性互动…………………………………… 272

参考文献…………………………………………………………………… 275

后记………………………………………………………………………… 289

第一章 绪论

第一节 研究背景及问题的提出

一 研究背景

(一) 现实背景

世界经济发展历程表明,产业集聚和城镇化相辅相成、相互促进,二者的互动发展是提升地区经济水平的重要途径。据英国经济学家马歇尔的考证[1],早在1250年,世界上就有了生产的地域分工和专业化现象。进入近代以来,英国的曼彻斯特和兰开夏、德国的奥芬堡与海德堡等地陆续出现了多个不同的产业集聚区(波特,2002)。但这一时期,产业集聚现象还未大量出现。随着世界经济格局的发展和演变,特别是欧美一些国家陆续进入并完成工业化,大规模的产业集聚陆续在美国、日本以及欧洲发达国家广泛出现,并诞生了诸如美国硅谷、东京大田工业集聚区、德国法兰克福汽车产业园等产业集聚区。产业的大规模集聚,引发了人口、资金等要素的转移和集中,使地区经济和城市得到飞速发展,促进了大城市经济圈的形成,并进一步带动城市人口、经济和空间结构的变化以及社会形态的变迁,从而提高城镇化的"质"和"量",推进城镇化发展。城镇化发展的实质是产业及其相应的生产资源向城市集聚,城市借助集聚经济的优势,吸引更多的产业以及人口、资本、技术等要素向城市区域转移,从而为产业集聚提供充足的要素供给和完善的基础设施的过程。因此,城镇化的快速推进也促进了产业的进一步集聚。在产业集聚与城镇化相互促进

---

[1] [英]阿尔弗雷德·马歇尔:《经济学原理》(上卷),朱志泰译,商务印书馆1981年版,第281页。

的过程中，地区经济得以发展，城市功能得以完善，居民生活水平得以提高。因此，以产业集聚带动城镇化、以城镇化促进产业集聚是推动地区经济社会发展的重要方式。

工业集聚是产业集聚的重要内容，从世界各国的发展历史来看，工业集聚与城镇化过程紧密联系、不可分割。大多数发达国家和地区都是依靠工业集聚与城镇化的互动作用实现了经济社会的快速发展。19世纪末，美国已基本实现了工业化，并在五大湖周围的东北部和中西部地区形成了较为成熟的工业集聚区。在工业集聚的推进作用下，美国顺利的由农业社会转变为工业社会。同样地，工业革命的兴起与发展，增加了英国等欧洲发达国家的城市就业机会，吸引了大量的农村人口向城镇和工矿区转移，形成了一大批工业城市。第二次技术革命后，欧洲的机械、汽车和电子等工业产业得到了迅速发展，工业城市增多，人口、资金、技术等向城市聚集，实现了工业化和城镇化的同步发展。一般而言，工业集聚通过吸引人口、资金等资源向工业领域的流动和集中，可以加快产业结构的升级，促进经济增长方式的转变，为城镇化发展奠定经济基础；同时，城镇化也为工业集聚提供必要的物质基础和空间载体。工业集聚与城镇化互动发展为发达国家和地区开拓出新的经济发展道路。自西部大开发战略实施开始，我国西部地区就借鉴发达国家和地区的发展经验，将工业作为经济发展的重心，加强基础设施建设，积极推进工业化发展及工业集聚区建设进程。经过十几年的稳步发展，西部地区的工业集聚已经取得了良好成效，并为城镇化发展和地区经济水平的提升做出了重要贡献。

随着工业化的逐步深入和经济结构的不断调整，服务业实现了快速发展，服务业集聚也成为世界经济发展的新亮点，并逐渐从工业的补充地位跃居成为城镇化的主要动力。服务业是国民经济的重要组成部分，由于具有知识和技术密集的特点，其发展水平是衡量现代社会经济发达程度的重要标志之一。因其行业形态多样化、就业人员多层次和资源投入集约性等特点，服务业不仅可以弥补工业吸纳就业人员有限和资源需求巨大的不足，同时也能够降低经济的运行成本，扩大非农产业与农业之间的收入差距，进而吸引大量农村剩余劳动力向城镇转移，推动城镇化进程。不仅如此，服务业的快速发展，还能够有效提升城市公共服务水平，完善城市功能，改善城镇居民生活条件，从社会生活层面促进城镇化发展。而城镇作为经济与社会发展的重心，具有良好的聚集效应，能够吸引人才、资金、信息等向特定区域集中，通过带动生产要素的空间汇聚，促进服务业集聚。可见，服务业集聚也能够与城镇化实现互动发展，并带动人口、资金、信息等要素的空间集聚与流动，增强资源的配置效率，促进区域经济发展，提升区域创新能力和整合能力。目前，世界上众多大城市都把服务业集聚作为增强城市竞争力、提高城镇化水平的重要方式。因此，在资源和环境条件的双重约束下，加快服务业发展、推动服务业集聚是促进城镇化转型、提升城镇化质量的重要途径。

我国西部地区具有发展服务业的良好基础和巨大潜力，服务业集聚与城镇化互动发展是西部地区增强自我发展能力的重要选择。西部地区地处内陆，边境线漫长，拥有多个国家级沿边开放城市和开放口岸；独一无二的自然地理环境形成了千姿百态的生态景观，造就了丰富的旅游资源。基于此，西部地区的边贸、旅游以及配套的住宿、餐饮、文化、娱乐等服务业均发展良好，且其他相关产业也具有较大的发展潜力。继党的十六大、十七大报告先后提出"积极推进西部大开发"、"深入推进西部大开发"之后，党的十八大报告进一步提出"优先推进西部大开发"。从"积极"到"深入"再到"优先"，西部大开发的地位不断得到强化，这也是西部地区统筹区域发展的新起点和实现跨越式发展的新机遇。2010年，国务院常务会议强调"今后十年是西部大开发承前启后的关键时期，必须以增强西部地区自我发展能力为主线……"面临新的发展机遇，西部地区如何增强自我发展能力，关键在于能否探寻到适宜的路径、找到实现经济社会跨越式发展的突破口。因此，基于良好的服务业发展基础和潜力，在工业化稳步发展的基础上，西部地区可以探索服务业集聚与城镇化良性互动的发展模式，实现地区经济和产业的跨越式发展。

（二）理论背景

在经济社会发展过程中，世界各国产业结构逐渐由第二产业主导转变为第三产业主导，产业集聚的表现形式也随之由工业集聚扩散到服务业集聚。可以说，服务业集聚理论是在产业集聚理论及工业集聚理论的基础上发展而来的，因此，其与城镇化互动发展关系的研究也往往内生于产业集聚与城镇化互动发展关系。要厘清服务业集聚与城镇化互动发展脉络，有必要回顾产业集聚与城镇化互动发展关系的相关研究。

英国经济学家马歇尔（1890）最早从外部规模经济视角阐述了产业集聚引致城镇化的过程，此后，埃德温·米尔斯（Edwin Mills）和布鲁斯·汉米尔顿（Bruce Hamilton）对马歇尔的外部经济学说进行了拓展，并形成了米尔斯—汉密尔顿城市形成模型，从而更为清晰地反映了产业的区域选择及集聚与城市形成的关系。20世纪50—60年代，发展经济学家（Myrdal, 1957; Hirshman, 1988）和地理学家（Pred, 1966）分别阐述了城镇化在经济发展中的作用，指出其具有循环累积的性质；而Scott（1983）则从企业联系成本视角阐述了产业集聚与城镇化的关系。20世纪90年代以来，新经济地理学派的一系列代表人物，如Anthony. J. Venables、Paul Krugman、Masahisa Fujita（1999）进一步提出了投入—产出联系驱动模型和迁移驱动模型，为后续关于城镇化对产业经济发展作用的相关研究提供了重要线索。进入21世纪，关于产业集聚与城镇化的研究有了新的进展，二者间的互动关系在产业集聚区、大都市圈也表现得更为明显（Godon H. Hanson, 2000; Becattini、Bellandi、Propris, 2009）。此外，胡佛（1930）、钱纳里等（1975）、西蒙·库兹涅茨（1989）、Alonso Villar O. 等（2004）、Viladecans Marsal（2004）等学者对工业集聚与城镇化的关系进行了深入研究，从理论和实证的角度验证了二者的互动关系。

我国学者关于产业集聚与城镇化互动关系的研究起步较晚，主要是在国外已有研究的基础上，结合我国的实际情况进行理论拓展与实证分析（苏雪串，2004；何静，2004；葛立成，2004）。具体来讲，国内学者关于这一问题的研究主要有三个特点：一是以分析产业集聚、工业化与城镇化的互动关系为主，多将工业集聚作为产业集聚与城镇化互动关系研究的切入口（仇保兴，2004；纪良纲、陈晓永，2005）。这是因为，早期推动我国经济社会发展的主要力量是工业化，工业集聚现象更为明显，因而导致不少学者将工业集聚等同于产业集聚来研究。二是以定性分析为主，而关于二者系统性互动机制的研究则鲜有涉及。学术界大多采用格兰杰因果检验方法（罗薇薇，2006；王君萍、项桂英，2007）、系统动力学方法（徐维祥，2005）、典型相关分析方法（谢方、徐志文、王礼力，2009）、多元典型相关模型（陆根尧、符翔云、朱省娥，2011）等方法，从不同角度验证了我国产业集聚与城镇化的互动关系。而理论研究则多内含于实证研究的相关内容，缺乏适合我国国情的专门理论框架（李清娟，2003；陈柳钦、黄坡，2007）。三是以研究经济发达的长江三角洲、珠江三角洲及沿海地区为主，而对其他地区的研究较为匮乏（徐维祥、唐根年，

2005；马春辉，2004）。这符合我国区域经济发展的实际，改革开放以来，我国优先发展沿海地区的非均衡区域发展战略，在促进东部沿海地区经济腾飞的同时，也带来了产业集聚现象的产生和繁荣，从而引起了学术界对这一地区的广泛关注。

然而，20世纪后期，随着发达国家工业化的实现，其对城镇化的作用逐渐减弱，而服务业在城镇化进程中的作用则日益突出（许学强等，2009）。世界范围内，服务业集聚区不断涌现（如美国芝加哥现代服务业集聚区、英国伦敦金融服务业集聚区、中国上海现代服务业集聚区等），并成为学术界在产业集聚研究领域的新焦点。越来越多的学者对服务业集聚的概念（D. Keebale、L. Nacham，2001；张树林，2006）、成因（Senn，1993；陈建军等，2009）、模式（Naresh、Gary，2001）及测度（李文秀、胡继明，2008；阎小培、姚一民，1997；胡霞，2008）等问题进行了探讨，并取得了一定成果。但已有研究仍然存在诸多不足，主要表现为对服务业集聚的概念界定仍沿用产业集聚或工业集聚的内涵，对服务业自身的特殊性考虑不足；对服务业集聚成因的研究不够深入，缺乏新的理论突破；对服务业集聚的测度仍然以产业集聚的测度方法为主，但并不适用于服务业的行业特性，从而导致测度结果与现实状况存在一定差距等。

随着对服务业集聚研究的进一步深入，服务业集聚本身所具有的规模经济效应、产业关联效应、就业及收入乘数效应、知识溢出效应的重要性日益受到重视（魏剑锋，2006；马鹏、李文秀、方文超，2010）。吉昱华等（2004）指出，相对于制造业而言，服务业在城镇的集聚效应更为明显，而城镇反过来又能为服务业集聚提供依托和载体，并最终形成一个正反馈循环（张树林，2007）。由此可见，在产业集聚理论日益深化、服务业集聚及城镇化不断发展的时代背景下，学者们逐渐开始了关于服务业集聚与城镇化单向作用关系的研究。一方面，服务业集聚能够促进城镇化进程，Jay Kandampully（2001）指出，当一个国家或地区在寻求竞争优势时，服务业集聚可能是增强核心竞争力的重要途径。这主要是由于服务业集聚不仅有利于城市人口增加（徐维祥，2005；顾乃华、李江帆，2006），同时能够为转移到城市的农村剩余劳动力及城镇自身高素质人力资源，提供充足且多样化的就业岗位，进而促进城市经济增长和区域竞争力提升等（克里斯塔勒，1933；马鹏、李文秀、方文超，2010）；另一方面,城镇化也能够对服务业集聚产生积极的推动作用,为其发展提供必要的生产要素(Singelmann,1978;Hiroko Minra et al.,1997;Chang et al.,2006)。

目前,关于服务业集聚与城镇化互动关系的研究较少,更多的学者旨在论述服务业与城镇化的互动关系(李建英,2002;江小涓等,2004;高敏,2009;顾乃华等,2011)。刘茂松(2000)指出,与工业相比,服务业就业所需固定资产和物资性生产资源耗费都较少,同时具有更高的就业弹性(江小涓、李辉,2004)。因此,应将服务业发展放在城镇建设的重要位置,发挥市场、服务业推动城镇化的动力源作用。不仅如此,城镇化会促使服务业在城镇的集聚,并且这种作用将随着城镇化进程的推进而加强(马鹏、李文秀、方文超,2010)。此后,张树林(2007)、陈立泰和侯娟娟(2012)、张勇等(2013)对服务业集聚与城镇化的互动关系进行了初步研究,并得到了一些有益的结论。至于如何构建适宜服务业集聚的测度方法及现代城镇化指标评价体系,并以此了解和科学评价我国西部地区现状,服务业集聚与城镇化的作用机制逻辑框架及互动现状究竟为何,如何通过科学的路径设计和政策实施推动二者良性互动发展等问题都没有得到有效解决,成为制约我国服务业集聚与城镇化互动研究、突破理论与实践"瓶颈"的关键点。

二 问题的提出

已有研究主要聚焦在对服务业集聚和城镇化发展的主观性理论分析及运用现有方法对二者进行测度和实证关系的检验上,研究对象也多以我国东部发达地区为主。那么,我国西部地区的服务业集聚和城镇化发展现状如何?服务业集聚与城镇化互动发展这条新型发展路径是否具有理论可行性?西部地区是否具有实现二者互动发展的现实基础?适宜的城镇化水平和服务业集聚水平是什么?互动发展过程中将会遇到哪些障碍因素?服务业集聚与城镇化互动发展的实现路径是什么?政策层面应如何做才能促进西部地区服务业集聚与城镇化的良性互动发展?解决这些问题对于提升西部地区自我发展能力、提高我国可持续发展水平具有重要的理论与现实意义。因此,本书将通过深入分析与探讨来回答这些问题。

第二节 研究意义

一 理论意义

（一）深入分析服务业集聚与城镇化的相关理论，为该领域相关研究提供丰富的理论借鉴

首先，本书全面分析服务业集聚的概念、机理、模式、影响因素及测量指标，并对我国西部地区服务业集聚水平进行测度。其次，本书从城镇化的类型、模式、影响因素等方面对城镇化相关理论进行详细介绍，并运用复合指标法，从经济城镇化、人口城镇化、空间城镇化和社会城镇化四个方面构建指标体系，对西部地区的城镇化水平进行综合测度。通过对服务业集聚与城镇化的相关理论的深入分析，特别是对二者测算方法的详细阐述与合理运用，丰富了该领域的基础研究成果，为相关研究提供了有价值的理论借鉴。

（二）厘清服务业集聚与城镇化互动发展机理，为二者耦合互动的实现奠定理论基础

提出以服务业集聚与城镇化的互动发展来实现区域经济转型升级这一命题，打破了仅仅依靠工业与城镇化相互促进以带动区域发展的传统认识。本书将服务业集聚与城镇化纳入统一的系统中，从内容、空间和能力三大维度分别阐述生产性服务业集聚、非生产性服务业集聚与城镇化的互动机理，详细梳理了服务业集聚与城镇化互动发展的内在逻辑。此外，更进一步地，在服务业集聚与城镇化互动机理的一般理论框架下，以典型行业为例，深入剖析各服务行业集聚与城镇化的互动发展机理，为探索具体服务行业集聚与城镇化互动发展路径提供理论支撑。

（三）构建服务业集聚与城镇化互动发展的计量模型，为论证二者的互动关系提供有效的实证检验方法

本书从实证角度出发，运用联立方程模型对二者的互动关系进行实证检验，在二者的互动关系得到实证验证的基础上，进一步构建耦合协调模型对服务业集聚与城镇化互动结果进行量化测度。联立方程模型及耦合协调模型分别验证了西部地区服务业集聚与城镇化互动的动态过程及耦合的静态结果，两种模型的配合运用，为论证经济系统间的互动关系提供了有

效的检验方法。

二 实践意义

（一）探索适宜西部地区服务业集聚与城镇化互动发展的路径，为实现西部地区"内生型发展"提供新的思路

本书从复杂多样的现实中找出适合西部地区的多元化路径，并进一步提出促进西部地区服务业集聚与城镇化互动发展的政策建议。西部地区服务业集聚与城镇化互动发展的路径设计与制度安排，为西部地区实现"内生型发展"提供新的思路，有利于促进区域自我发展能力增强，推动西部地区实现可持续发展。

（二）探讨西部欠发达地区服务业的适度集聚以及城镇化的合理发展等问题，为促进我国区域经济协调发展提供有益的参考

为解决服务业集聚与城镇化在互动系统中自身发展的问题，本书分别基于城镇化发展与服务业集聚的视角，对西部地区未来的服务业集聚与城镇化发展水平进行预测与分析，有利于正确把握服务业集聚与城镇化发展的适宜程度。西部欠发达地区的产业转型及城镇发展问题关乎我国区域经济协调发展的大局，探讨西部地区服务业的适度集聚以及城镇化的合理发展等问题，能够为促进我国区域经济协调发展提供有益的参考。

第三节　研究范畴、内容框架及方法

一　研究范畴

本书将主要针对西部地区服务业集聚和城镇化互动发展展开深入分析与探讨，这里的"西部地区"主要根据《"十五"西部开发总体规划》的指示，将西部开发所涉及的重庆、四川、贵州、云南、西藏、陕西、甘肃、青海、宁夏、新疆、内蒙古和广西12个省、自治区、直辖市统称为西部地区。

西部地区服务业集聚，主要体现为西部各省、市、自治区的服务业集聚水平。"集聚"是英文"agglomeration"的对译词，表示事物向某一特定地方凝集、聚结。借鉴产业集聚的相关概念，本书将服务业集聚定义为：在一定地域范围内，一群相互联系（竞争或协作）的服务型企业及其相关联的其他机构为了获得持续发展优势，不断地进行空间上的集中和

聚合的动态过程。当服务业集聚演化到呈现出高度的地理集中状态时，便形成了服务业集聚区，也即服务业集群。

西部地区城镇化发展，体现为西部各省、市、自治区的城镇化综合水平。本书综合人口学、地理学、经济学和社会学的观点，认为城镇化实质上是一个以人口为中心、以产业为驱动，实现人口、生产要素向城镇或城市聚集，进而影响地域空间结构演变和人们生活方式转变的动态发展过程，包括人口城镇化、经济城镇化、空间城镇化和社会城镇化四个维度，城镇化综合水平即体现出四个维度的城镇化发展水平。

二 研究内容框架

本书包括三部分内容（结构框架如图 1-1 所示）。

第一部分，西部地区服务业集聚与城镇化互动发展的基础分析。包括绪论、服务业集聚相关理论与西部地区服务业集聚水平测度、城镇化相关理论与西部地区城镇化现状。

第二部分，西部地区服务业集聚与城镇化发展的互动关系分析。包括服务业集聚与城镇化互动发展的机理、西部地区服务业集聚与城镇化互动发展的实证分析、基于城镇化发展视角的西部地区服务业集聚适度水平分析、服务业集聚政府引导力下西部地区城镇化水平仿真分析。

第三部分，西部地区服务业集聚与城镇化互动发展的路径选择与制度设计。包括西部地区服务业集聚与城镇化互动发展的障碍因素、西部地区服务业集聚与城镇化互动发展的路径设计、促进西部地区服务业集聚与城镇化互动发展的政策建议。

三 研究方法

（一）多学科理论知识交叉运用

基于产业集聚相关理论研究，交叉运用产业经济学、区域经济学、城市经济学、演化经济学、空间经济学和系统动力学理论的相关文献，结合数理推理和证明，对研究问题进行分析与解答。

（二）比较分析方法

运用各种定性和定量分析，选取国内外可比地区，对比分析我国西部地区与发达国家和地区间的发展差距，并就西部地区的不同省市和区域进行比较分析。

（三）数量分析方法

建立联立方程模型和耦合协调模型，综合运用 Excel、SPSS、Eviews、

SAU、Geodata、Mapinfo 以及 Matlab 等软件研究服务业集聚与城镇化之间的互动与耦合协调关系。

```
┌─────────────────────────────────────────────────┐         ╱‾‾╲
│      西部地区服务业集聚与城镇化互动发展的基础分析      │        │空间│
│  ┌──────────┐  ┌──────────┐  ┌──────────┐    │        │集中│
│  │研究背景、  │  │服务业集聚  │  │城镇化相关 │   │ ←─ ─ │化  │
│  │问题、意义、│  │相关理论与  │  │理论与西部 │   │        ╲__╱
│  │范畴、框架、│  │西部地区服务│  │地区城镇化 │   │
│  │方法、基本  │  │业集聚水平  │  │现状      │   │
│  │观点、创新  │  │测度       │  │          │   │
│  │之处       │  │          │  │          │   │
│  └──────────┘  └──────────┘  └──────────┘    │
└─────────────────────────────────────────────────┘
                    ↓
┌─────────────────────────────────────────────────┐         ╱‾‾╲
│    西部地区服务业集聚与城镇化发展的互动关系分析      │        │双向│
│  ┌────┐ ┌────┐ ┌────┐ ┌────┐               │        │相关│
│  │服务业│ │西部地│ │基于城│ │服务业│             │ ←─ ─ │性  │
│  │集聚与│ │区服务│ │镇化发│ │集聚政│             │        ╲__╱
│  │城镇化│ │业集聚│ │展视角│ │府引导│             │
│  │互动发│ │与城镇│ │的西部│ │力下西│             │
│  │展的机│ │化互动│ │地区服│ │部地区│             │
│  │理   │ │发展的│ │务业集│ │城镇化│             │
│  │     │ │实证分│ │聚适度│ │水平仿│             │
│  │     │ │析   │ │水平分│ │真分析│             │
│  │     │ │     │ │析    │ │      │             │
│  └────┘ └────┘ └────┘ └────┘               │
└─────────────────────────────────────────────────┘
                    ↓
┌─────────────────────────────────────────────────┐         ╱‾‾╲
│ 西部地区服务业集聚与城镇化互动发展的路径选择与制度设计 │        │互动│
│  ┌──────────┐  ┌──────────┐  ┌──────────┐    │        │发展│
│  │西部地区服务│  │西部地区服务│  │促进西部地区│   │ ←─ ─ │规划│
│  │业集聚与城镇│  │业集聚与城镇│  │服务业集聚与│   │        ╲__╱
│  │化互动发展的│  │化互动发展的│  │城镇化互动发│   │
│  │障碍因素   │  │路径设计   │  │展的政策建议│   │
│  └──────────┘  └──────────┘  └──────────┘    │
└─────────────────────────────────────────────────┘
```

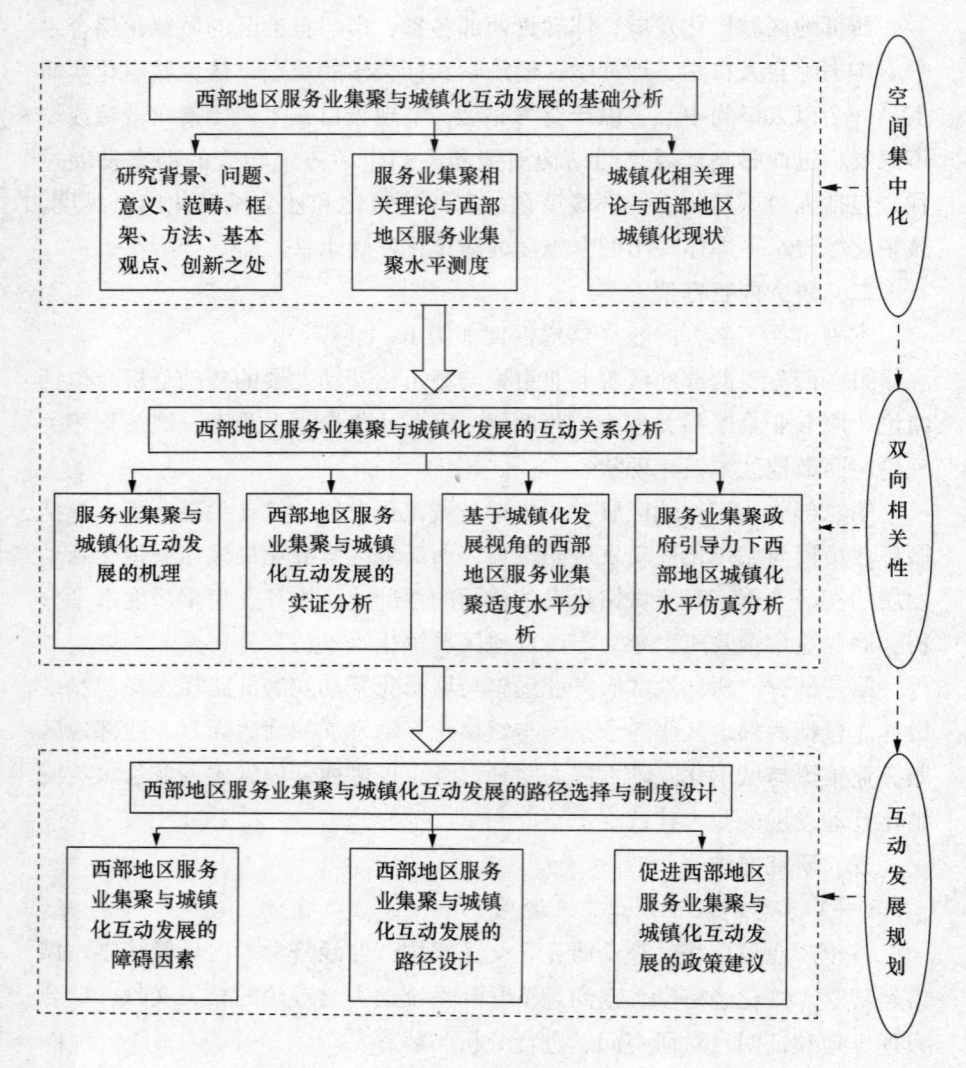

图 1-1 研究框架

（四）系统动力学方法

结合系统动力学理论机理，建立服务集聚政府引导力下西部地区城镇化发展的系统动力学模型，采用 Vensim - PLE 软件进行仿真模拟，预测城镇化发展水平。

（五）投入产出分析法

运用直接消耗系数量化考量服务业与制造业在一定时期的投入来源与产出去向，编制投入产出表，分析服务业与制造业相互需求的特点、问题及原因。

（六）调研与案例分析

针对西部地区现有的典型服务业集聚（如金融服务业、旅游服务业等），以及典型区域（如重庆、四川等），开展深入细致的调查研究，为本书收集翔实的资料，用以指导西部地区服务业集聚与城镇化的互动发展。

第四节　基本观点和创新之处

一　基本观点

第一，服务业集聚受制度成本、要素成本，以及城市化水平、人均可支配收入水平、产业结构和相关产业发展水平等诸多因素的影响；我国西部地区服务业集聚程度较低，与东部地区的差异较大。

第二，我国西部地区城镇化进程逐渐加快，但区域内部城镇化水平差距也在不断加剧，呈现出北高南低的特点；西部地区经济、人口、社会等方面的城镇化水平正趋向于相互协调发展，但总体落后于相应地区的空间城镇化水平。

第三，生产性服务业集聚和非生产性服务业集聚都与城镇化存在互动发展关系，其中，生产性服务业集聚基于人口、资金、信息、工业等内容，通过企业集聚的经济效应、城镇的要素和产业集聚效应以及区域间的联动效应，提升区域创新能力和整合能力，实现与城镇化的互动发展；而非生产性服务业集聚则基于人口、经济社会等内容，通过改变城市规模、数量及空间结构，提升区域创新能力，实现与城镇化的互动发展。

第四，服务业集聚与城镇化互动发展是我国西部地区实现"内生型发展"的有效途径。我国西部地区服务业集聚与城镇化之间存在显著的互动关系，且二者的耦合与协调情况较好，因此，从服务业集聚与城镇化耦合互动上寻得发展具有较好的基础与可能性。

第五，未来西部地区各行业对物流业、商贸业和商务业等服务业的需求相对较大。具体而言，商贸业是西部地区人口城镇化需求最大的行业，其次为房地产业；同时，物流业、金融业和信息业是西部地区城镇产业发展需求较高的服务业行业。因此，上述服务业行业的集聚水平会先升高，然后逐步稳定，最终达到适宜水平。

第六，加强服务业集聚政府引导力，能够提高西部地区服务业集聚水平，进而推动西部地区城镇化进程。与非生产性服务业相比，生产性服务业的发展与集聚，能够更快地促进西部地区城镇化发展。但是，服务业集聚政府引导力对西部地区城镇化发展的促进作用有一定限度，不能通过无限增强服务业集聚政府引导力来推进城镇化进程。

第七，现阶段，西部地区服务业集聚和城镇化发展都存在诸多问题，并受要素、空间和能力方面的限制，以及互动发展系统外部的经济、体制、资源和社会文化等方面的约束，服务业集聚与城镇化之间的良性互动受到制约，需要进行合理的路径安排和制度设计。

第八，西部地区在推进服务业集聚与城镇化互动发展的过程中，应因地制宜，探寻适宜的发展路径。从自然状况来看，西部地区地域面积广阔、地理环境复杂，从社会经济状况来看，西部各地区经济发展水平不平衡，人口组成多样化，这些现实情况使得西部各地区的服务业集聚与城镇化互动发展路径复杂多样。

二 创新之处

（一）提出通过服务业集聚与城镇化互动发展实现区域经济转型升级的新命题，打破欠发达地区经济发展的传统模式

长期以来，我国西部地区借鉴发达国家和地区的发展经验，将经济发展重心放在工业上，主要依靠工业化带动城镇化发展和地区经济水平的提升。然而，伴随着工业化的推进与新型城镇化发展要求的提出，继续走工业化与城镇化互动发展的传统道路，可能会影响西部地区生态环境，也将抑制产业结构的转型升级。因此，本书结合区域经济学、产业经济学、城市规划学及演化经济学等多学科的理论观点，提出"在工业化稳步推进的基础上，西部地区可以探索服务业集聚与城镇化良性互动的发展模式，实现地区经济和产业的跨越式发展"这一新命题。通过理论分析与实证检验充分论证该命题的真实性，并结合现实情况，为西部地区这一创新发展模式的实现找到适合路径并提出相关政策建议。

（二）对服务业集聚与城镇化的互动机理展开深入研究，全面剖析二者互动发展的"黑箱"

现有相关研究大多侧重于单向关系研究，即局限于研究服务业集聚对城镇化的作用，或城镇化对服务业集聚的作用，从互动视角分析二者关系的研究则相对较少，缺乏科学、系统的理论框架。本书将服务业集聚与城镇化纳入同一系统，建立二者互动关系的理论分析框架，从内容、空间和能力三个维度分别阐述生产性服务业集聚、非生产性服务业集聚与城镇化的互动机理，并以典型行业为例，深入剖析各服务行业集聚与城镇化的互动关系。不仅弥补了以往研究在该领域的理论缺失，也为探索具体行业服务业集聚与城镇化互动发展路径提供理论支撑。

（三）构建联立方程模型与耦合协调模型，对服务业集聚与城镇化的双向互动关系及耦合协调性进行实证检验

本书运用联立方程模型对服务业集聚与城镇化的双向互动关系进行实证检验，联立方程模型从系统角度考虑变量间的相互影响及作用，有效描述出经济系统之间的相互关系，避免了单一方程分析可能带来的变量内生性问题。在服务业集聚与城镇化双向互动关系得到实证验证的基础上，本书借用物理学中的耦合关系研究方法，建立"服务业集聚—城镇化"关联互动系统与耦合协调模型，对二者的互动结果进行量化测度，为评判该系统交互耦合演变的趋势及影响服务业集聚与城镇化协调性的制约因素提供依据。

（四）分别从城镇化发展与服务业集聚的视角，对西部地区服务业集聚与城镇化水平进行分析与预测

一方面，从城镇化发展过程中的人口集聚和产业发展两个角度出发，分析服务业集聚适度性机理，并运用直接消耗系数计算世界主要国家、我国东部部分省市以及西部省市各产业对服务业的内部需求，找出西部地区服务业集聚水平的需求差距。同时，结合地区城镇化发展水平，全方位估算各服务业集聚的适宜水平。另一方面，采用系统动力学仿真研究方法，定量分析不同的服务业集聚政府引导力对服务业集聚和城镇化发展的影响，并对服务业集聚视角下的合意城镇化水平进行预测，为后续相关政策的制定提供参考。

（五）兼顾服务业集聚与城镇化互动发展的普遍规律，结合西部地区的实际情况，设计出适合西部地区的多元化互动发展路径

从自然状况来看，西部地区地域面积广阔、地理环境复杂；从社会经

济状况来看，西部各地区经济发展水平极不平衡，人口组成多样化。这些现实情况使得西部各地区的服务业集聚与城镇化互动发展路径复杂多样。本书在兼顾服务业集聚与城镇化互动发展的普遍规律的同时，因地制宜，分别针对西部工业基础良好的地区、服务业基础较好的地区、旅游资源富集地区、边境地区、老少边穷等落后地区的不同特点，设计出符合西部特色的互动发展路径。

第二章 服务业集聚相关理论及西部地区服务业集聚水平测度

21世纪以来，全球产业结构进入由"工业经济"主导向"服务经济"主导转变的新阶段[①]，服务业发展水平成为衡量现代社会经济发达程度的重要标志。2012年我国《现代服务业科技发展"十二五"专项规划》提出，各地区要以当地示范性服务基地为载体，在生产性服务业、新兴服务业和科技服务业等领域形成一批现代服务业产业基地，推进现代服务业聚集发展。这表明加快服务业集聚发展步伐已成为对外开放新形势下，推动我国经济结构调整、综合国力提升的重要战略部署。伴随着西部大开发战略的实施，西部地区12个省、市、自治区的服务业得到了快速发展，在促进经济增长、提高人民生活水平和维持社会稳定发展等方面发挥着重要作用。然而，与发达国家及我国东部地区相比，西部地区服务业总体发展水平偏低，产业比较优势不足，服务业区位布局不合理，缺乏具有竞争力的服务业集聚区。这些不足之处，制约着整个西部地区产业结构的转型升级，进而影响了区域经济的可持续发展。

本章从服务业集聚的相关理论与我国西部地区服务业集聚水平测度两个方面展开研究。首先，梳理服务业集聚相关理论，包括服务业及服务业集聚的概念，服务业集聚的机制、模式及影响因素，以从理论上全面认识服务业集聚，为后续章节奠定研究基础；其次，详细介绍服务业集聚水平的测度方法，并选择适用的方法测度西部地区服务业集聚水平，通过与东中部地区的比较分析，明确目前西部地区服务业集聚的发展短板，并把握其未来的发展方向。

---

① 科学技术部：《现代服务业科技发展"十二五"专项规划》（国科发计〔2012〕70号），2012年。

第一节　服务业集聚相关理论

一　服务业及服务业集聚的概念

（一）服务业

一般认为，服务业是生产或提供各种服务的经济部门（或各类企业）的集合，包括除农业、工业、建筑业之外的其他所有产业部门。长期以来，我国同时使用"第三产业"和"服务业"两个概念，其内涵大致相同。目前，国内外关于服务业的分类标准较多，其中，按照服务业发展演变的历史进程，可分为传统服务业、现代服务业和新兴服务业；按照是否贯穿于制造业产业链的角度，可分为生产性服务业和非生产性服务业（或生活性服务业）等。由于后一分类标准更能反映服务业自身性质及其与国民经济的关联性，因而学术界多采用这一分类标准。具体来讲，生产性服务业是为企业、政府和机构对生产者（不是最终消费者）提供服务产品和劳动的服务业（Greenfield，1966）；非生产性服务业是为消费者提供具有无形性、可变性、生产消费同时性、社会福利性等特征的最终服务产品的行业。

（二）服务业集聚

服务业集聚是产业集聚的重要内容，为厘清服务业集聚的概念，首先需要对产业集聚有较为深刻的认识。新古典经济学派的代表人物马歇尔（1890）首次提出了产业集聚的概念，他认为一些性质相似的企业或关联的上下游企业在特定地区集中生产和销售同类产品，会提高机构、专门人才和中间产品的使用效率，产生外部规模经济，因此，企业为了追求外部经济而向某一特定地区集聚的过程即为产业集聚。之后，韦伯（1909）从企业区位选择的角度指出，企业间的相互协作、分工和基础设施共享会使其在选址过程中趋于集聚。类似地，Krugman（1991）认为产业集聚是企业为追求外部经济产生的，是同一类型或者不同类型的关联产业向一定地区的集中与聚合。而Porter（1998）则认为，竞争导致了产业在空间上的集聚，因此产业集聚是一种独立的、非正式联系的企业及相关机构形成的具有竞争优势的空间组织形式。此后，国内外大量学者对产业集聚展开了深入研究，虽然在其定义上有所不同，但综合来看，他们都指出了产业集聚的共同之处，即产业集聚是相互关联的各企业在地理空间上的聚合，它可以产生集聚经济效益。因此，借鉴产业集聚的相关概念，本书将服务业集聚定义为：在一定地域范围内，一群相互联系（竞争或协作）的服务型企业及其相关联的其他机构为了获得持续发展优势，不断地进行空间上的集中和聚合的动态过程。当服务业集聚演化到呈现出高度的地理集中状态时，便形成了服务业集聚区，也即服务业集群。

二 服务业集聚的机制

服务业集聚的机制包括内生机制和外生机制。内生机制是指服务业企业因集群内部的要素吸引而在一定空间上集聚的动力机制。它源自企业间的知识、信息和技术共享，根本动力是服务业企业的生存压力和集聚的利益诱导。外生机制是从外到内推动企业在一定区域内集聚的动力机制，它源自区域内的基本经济规律和国家政策导向。

（一）内生机制

内生机制主要体现为互补共生效应、知识溢出效应、学习扩散效应和创新加速效应。首先，当单一类型的服务业无法满足本地市场的需求时，就要求规模不同、职能不同的各类企业相互补充、共同生存，在空间上形成集聚，以企业集群的形态为本地市场提供完备的服务，并由此产生互补共生效应。Bathelt（2002）针对这种内生机制指出，尽管种类繁多的服务业企业通过合作促进了产业集聚纵向维度增长，但这种机制容易忽略集群与其他区域市场和客户的联系，即集群横向联系受限，从而抑制了地区经济增长潜力。其次，集聚企业的知识和成果共享可以增加企业间的学习与交流机会，提高知识的传播效率，产生知识溢出效应。地理空间上的集中可以降低企业间知识转移成本和信息搜寻成本。由于集聚区内的企业大部分具有相似的产业结构特点和知识水平，与从外部搜寻知识和信息相比，它们更易在区域内部找到所需要的资源，节约时间与成本。不仅如此，与单个企业独自学习和发展相比，集聚企业的共同学习具有极大的优势，即存在学习扩散效应。集群内部的企业通过相互模仿、取长补短，在区域内形成相互关联的关系网，加快信息的扩散速度，促进不同背景的企业实现资源互补、协同进步。此外，各企业之间以正式或非正式的关系进行商品、劳动力和信息等贸易性或非贸易性的交流、互动和交易，互相学习、密切合作，对于区域内服务业企业的创新和发展具有快速推动作用，产生创新加速效应。集群内不断产生的创新成果引起社会收益的变化，创新者与竞争者为了争取新的比较优势，将在该领域产生创新竞争，由此带来新一轮创新投资（杨武、王玲，2005）。在这种循环推进的过程中，集群内部的活力与竞争力得到极大提高，并将对外部企业产生更大的吸引力。

（二）外生机制

外生机制主要体现为外部经济效应、吸聚效应和政策引导效应。马歇尔（1890）最初从地方性工业的原始形态、起源和优势来源中归纳出产业集聚的三个重要形成原因，即中间产品、技术外溢和劳动力市场共享。一般来说，随着市场规模的扩大，中间投入品的效益得以提高，劳动力市场供应更加充足，信息交换更加频繁，并催生出技术扩散效应，从而降低企业的平均生产成本，产生外部经济，企业为追求外部经济而趋于集聚，因此，外部经济效应是促进服务业企业集聚的重要动力机制。另外，与其他区域相比，集聚区内拥有更大的人力资源优势，且商务交易更加便捷，从而形成人口众多、需求旺盛、人均消费能力强等独特的区位优势，服务企业向该区域集聚可以减少顾客的搜寻成本、基础设施的分摊成本和市场竞争压力。因此，这种区位优势会通过供需关系、市场竞争和交易成本等因素产生吸聚效应，吸引服务企业向该区域集聚。此外，政府政策也会对服务业集聚产生重要影响，形成政策引导效应。政府主要通过三个方面引导服务业集聚：第一，通过制定相应的产业政策和税收优惠政策等促进某一特定区域形成区位优势，并利用这一区位优势催生出新兴服务业集聚区；第二，通过转移支付等手段完善已有集聚区内的基础设施建设和服务功能，提升服务业园区的配套设施水平，吸引企业向区内集聚；第三，通过组织国际性的研讨会或技术交流会，构建信息交流平台等措施提高集聚区内的服务企业与外部市场的对接程度，促进服务业集聚区的发展与壮大。

三　服务业集聚的模式

关于服务业集聚的模式，国内外学者基于各自视角提出了不同的分类标准，目前尚未达成共识。例如，曾国宁（2006）认为服务业主要有四种集聚模式，分别为轮轴式集群模式、马歇尔的新产业区模式、政府主导型集群模式和卫星平台式集群模式；路红艳（2008）提出了服务业集聚的虚拟集群模式和生态群落集群发展模式；高运胜（2008）则从生产性服务业集聚的视角出发，系统地分析了内生型集聚发展模式、嵌入型集聚发展模式和外生型集聚发展模式，这三种模式具有典型性、代表性和概括性，能够基本涵盖服务业集聚的所有模式，并清晰反映其形成的动力机制。本书借鉴这一分类标准，对现有服务业集聚模式进行分析和总结（如表2－1所示）。

表2－1　　　　　　　　　　服务业集聚的模式

模式分类	内生型	嵌入型	外生型
含义	基于本地资源禀赋优势，凭借自身独特的产业专业化条件和工商业传统，依靠企业的自发创新，通过本地企业的集聚发展而成	政府基于本地一定的产业基础和服务业发展规模，对外资或龙头企业进行引导和培育，对区域服务业布局进行制度安排，从而形成服务业集聚	政府基于某一特定地区优越的区位条件，规划和推动服务业集聚园区在该区域的形成与发展
常见行业	金融业、动漫业、设计业、批发零售业、旅游业等	金融业、物流业等专业技术型生产性服务业	物流园区、创意产业园区和综合外包服务园区等特色服务业园区中相关服务业

（一）内生型服务业集聚模式

内生型服务业集聚模式的形成需要三个方面的条件，即当地丰富的资源禀赋、旺盛的市场需求及政府的因势利导。首先，地区自身的资源禀赋优势，如历史文化、人力资源及研发能力等是主导因素；其次，周边地区旺盛的市场需求对内生型服务业集聚模式的形成具有一定辅助作用，在此基础上，本地企业借助区域独特的产业专业化条件和政府的因势利导进行自发创新，便形成了内生型服务业集聚模式。可见，该模式的发展动力具有内生性，主要依靠本地力量形成辐射式发展，具有较强的活力。内生型服务业集聚模式以英国的伦敦金融服务业集聚区为代表。伦敦具有历史悠久的文化底蕴，人口众多、市场需求空间广阔，且在政府持续不断的努力中形成了当今世界最大的欧洲美元市场、保险市场和外汇市场。除了金融业，内生型服务业集聚模式还常见于动漫业、设计业等以人力资源为主的服务业或集聚于商业中心区的批发零售业，以及依托当地丰富的旅游资源发展起来的旅游业。

（二）嵌入型服务业集聚模式

"嵌入"主要是指在区域一定的产业基础之上，政府所进行的市场嵌入、外资企业或龙头企业的网络嵌入和城市之间的地域嵌入。嵌入型服务业集聚模式要求当地拥有一定的产业基础，并能获得三个方面的条件：第一，政府的市场嵌入，即政府专业人才引进和多项政策支持；第二，龙头企业或外资企业的网络嵌入，包括这些企业的研发技术和产品创新能力；第三，城市之间的地理嵌入，即多个城市间的网络状发展。这种服务业集聚模式主要依靠政府强有力的制度安排，多见于专业技术服务业等有一定产业基础的现代服务业中（王先庆、武亮，2011），并且以生产性服务业为主。例如，日本东京在中央商务区（CBD）基础上形成的金融业和物流业等知识密集型生产性服务业集聚，呈现出多样化、多层次和网络化的结构特征。政府能够在强劲的市场需求基础之上，顺应产业发展的需要，积极利用政府服务和行政职能，发挥出服务业集聚所带来的辐射带动效应和服务创新功能。

（三）外生型服务业集聚模式

外生型服务业集聚是指政府基于某一特定地区优越的区位条件，如丰富的土地资源、优惠的投资政策或充足的廉价劳动力及管理技术等，来规划和推动服务业集聚园区在该区域的形成与发展。与内生型和嵌入型服务业集聚相比，外生型服务业集聚更加注重区位条件，并强调政策的导向作用。在这种集聚模式中，政府是服务业集聚的主要动力。政府根据具体情况，设置集聚区的进入壁垒，形成制度性红利，符合条件的服务业企业则主动向特定活动范围移动、聚集。该集聚模式多见于具备良好区位条件的特色服务业园区，如物流园区、创意产业园区和综合外包服务园区等，典型代表是印度班加罗尔的软件园的形成与发展模式。20世纪90年代，班加罗尔在印度政府的带动下开始建设软件园，为支持软件园的发展，印度政府在税收、财政、贷款以及进出口方面都给予了特殊的政策优惠，如今，班加罗尔软件园已成为印度软件业蓬勃发展的典范。

四 服务业集聚的影响因素

服务业集聚归根结底是多个企业的趋利行为，多数服务业企业的趋利行为便形成了整个服务业的行为。服务业集聚的产生是因为企业既追求收益剩余，也追求成本剩余（余懿，2012），结合微观经济学中的厂商行为理论，本书认为，影响服务业集聚的因素可分为成本因素和收益因素。成本因素，即通过对企业的成本产生正面或负面的影响，进而影响服务业集聚的各种因素。收益因素，即通过对企业的收益产生正面或负面的影响，进而影响服务业集聚的各种因素。

(一) 成本因素

服务业进入集聚区后所面临的成本主要是指搜寻和获取企业经营所需的各种资源产生的相关费用，而能够对这些成本造成影响的因素大致分为制度环境、资源集中度以及配套设施水平。

首先是制度环境，服务业集聚水平与区域的制度环境密切相关。一方面，政府在金融、税收和产业发展方面制定的优惠政策，能够降低服务业的生产经营成本，促进服务业企业向集聚区聚拢；另一方面，优越的制度环境能够促进区域的市场竞争和专业化分工，降低生产要素的流动成本，减少企业搜寻人力资源、信息技术的成本，从而促进服务业向该区域集聚。对此，波特（2005）指出，政府在促进产业集聚的作用方面，应该做的是给企业提供一个良好的生存环境，即政府政策法规的落实和完善、办公效率的提高和对市场行为的有力监管等。

其次是资源集中度，资源与服务业企业的生产经营直接相关。服务业企业生产经营所需的资源主要包括人力资源、资金、土地、信息和技术等，这些资源越集中，企业搜寻资源的成本就越低。一般而言，集聚区是人力资源、资金、信息技术等资源的蓄水池，相比于集聚区外部而言，区域内部的企业搜寻和获取相关资源的成本较低，因此，区域外部的服务业企业会在这一影响下向集聚区迁移。陈建军等（2009）对生产性服务业的研究也印证了这一点，即低成本的要素能促进生产性服务业集聚。

最后是配套设施水平，包括运输系统、信息网络建设以及其他的公共服务水平等。配套基础设施具有公共资源的性质，故完善的配套基础设施能让当地企业享受到更多的公共资源，降低企业获取资源的成本。比如，完善的交通运输系统可以大大降低企业运输、仓储和其他的相关运输成本；完备的网络设施建设可以提高信息化水平，大幅降低服务业企业搜寻信息和获取技术的成本；完善的公共服务机制和配套的政策体系等"软件"配套设施则能改善周围居民对服务行业的认识，降低企业的宣传成本等。这些生产成本的降低，将会吸引大量服务业企业向特定区域迁移和集聚，提高服务业集聚水平。

(二) 收益因素

与成本因素相对，城镇化水平、人均可支配收入、产业结构和相关产业发展水平构成了影响服务业集聚的收益因素。

第一是城镇化水平。Alonso（1964）从城市规模的角度阐述了最优城市规模理论，认为其与集聚经济之间存在着非线性关系，高鸿鹰等（2007）也指出由于不同的集聚效应指数对应不同等级的城市，因此并非城市规模越大就越能促进产业集聚，城市规模与产业集聚之间存在一个城市最优规模问题。也就是说，在未达到城市最优规模之前，人口集中所带来的大量市场需求可提高服务业收益，推动区域服务业集聚。

第二是人均可支配收入水平。作为影响需求弹性的重要因素，人均可支配收入的增加将导致人们对高收入弹性服务产品需求的扩大，并通过提升产品价格实现服务业集聚收益水平和规模的提高。这是因为，相对于工业产品而言，服务业产品因其自身消费与生产同时同地的特性，导致跨区域消费难以实现，有效需求的扩大更依赖本地市场。因此，收入水平越高的区域，对服务消费的有效需求越高，越能支撑服务企业的集聚发展（陈凯等，2012）。

第三是产业结构。不同产业结构下，资本、劳动、技术等要素的生产率会有所不同，其产出提高速度和需求拓展潜力也不同。区域产业结构优化和高级化能够提高服务业各部门边际生产率，从而引发需求结构及相应的资源再配置效应变动，提高服务业集聚收益，增强其与劳动生产率提高和经济增长的耦合作用（李文秀，2011）。

第四是相关产业发展水平。同一区域上下游产业发展水平越高，越有利于消费者通过购买"一揽子"服务来降低交易成本，从而吸引更多消费者集聚，扩大消费需求，提升服务业集聚收益。同时，产业间的分工和专业化也有利于生产效率和产业间生产要素流动效率的提高，增加产业间的相互需求和企业收益，进而吸引更多服务业企业集聚。比如，工业是服务业产出的中间需求部门，是服务业发展的前提和基础（Cohen、Zysman，1987），与服务业关系密切（李文秀等，2008）。

第二节 西部地区服务业集聚水平测度

一 测度方法

服务业集聚是产业集聚的重要组成部分，因此，一般沿用产业集聚的相关指标测度服务业集聚水平。从早期的市场集中度、赫芬达尔指数、空间基尼系数、区位熵指数,到后来的产业地理集中指数等,产业集聚的测度指标得到了不断发展和完善,测度结果也变得越来越精确。为进一步了解服务业集聚的相关测度指标,本书将对国内外广泛使用的产业集聚测度指标做一个简要介绍:

(一)赫芬达尔指数

赫芬达尔指数(H)是由 Herfindahl(1950)提出的用于测算行业集中度的指标,它以同一行业中各企业的收入(或资产)占行业总收入(或总资产)百分比的平方和来计量,其计算公式为:

$$H_i = \sum_{j=1}^{n} F_j^2 = \sum_{j}^{n} (D_j/E_i)^2 \qquad (2.1)$$

式(2.1)中,H_i 是 i 行业的赫芬达尔指数,F_j 是 i 行业中第 j 个企业的市场份额,n 是该行业企业总数,D_j 是 j 企业的产值,E_i 是 i 行业的市场总规模。

当某行业独家企业垄断时,该指数等于1,当所有企业规模相同时,该指数等于 $1/n$,故而这一指标在 $1/n-1$ 之间变动,因此,一般来说,H 指数的数值越大,说明该行业的集中程度越高。由于赫芬达尔指数不受行业内企业分布的影响,因此该指标大多用来研究行业集中度和市场结构。但是,因为它缺少对行业空间分布的说明以及对产业间紧密程度的考量,所以这一指标在测度产业集聚的时候不能充分体现集聚的空间特征。因此,部分学者对赫芬达尔指数进行了改良,比如,杨洪焦等(2008)在计算 H 指数时,对企业规模进行了考量,但限于我国的数据可得性,只能假设某产业内的所有企业具有相同的规模。

(二)空间基尼系数

空间基尼系数(G)由 Krugman(1991)利用洛伦兹曲线和基尼系数的基本原理和方法计算得出,用于测算美国制造业行业集聚程度,其计算公式为:

$$G_i = \sum_{j=1}^{n} (s_{ij} - x_{ij})^2 \qquad (2.2)$$

式(2.2)中,G_i 是 i 行业的空间基尼系数,n 是某地区内所含的区域个数(这里认为一个地区由多个区域组成),s_{ij} 是 j 区域 i 行业的就业人数占整个地区该行业总就业人数的比重,x_{ij} 是 j 区域 i 行业就业人数占整个地区总就业人数的比重;对整个地区内所有区域的数值进行加总,就可得出某行业的空间基尼系数。

空间基尼系数 G 的值在 0 和 1 之间，若 G 的值越是接近 0，那么该地区的产业分布越均衡，若 G 的值越接近 1，则产业集聚程度越强。一般认为，某行业空间基尼系数的值越大，则说明该行业的集聚程度越高；反之，数值越小说明集聚程度越低。空间基尼系数主要衡量某一行业在各个地区的集聚程度，涉及的数据简单易得，因此易于计算。但是，该指数也没有考虑企业规模、产业组织状况以及地区内各区域的差异，因此，有时候其计算结果并不能反映行业集聚的实际情况，如 Ellison、Glaeser（1997）研究指出，如果某一地区存在一个大规模的企业，那么该产业在该地区会呈现出较高的基尼系数，但有可能实际上该产业并无明显的集聚现象。因此，空间基尼系数大于零，并不一定表明有集聚现象存在。

（三）区位熵指数

区位熵指数由 Haggett（1977）首先提出并运用于区位分析中，该指数通过衡量要素在特定区域中空间分布状况来研究产业部门的专业化程度。具体来讲，区位熵指数是指某个部门在特定区域的产值在该地区总产值中所占的比重与全国该部门产值在全国总产值中所占比重之比。公式为：

$$LQ_{ij} = \frac{A_i/C_i}{M_j/N} = \frac{s_{ij}}{x_j} \quad (2.3)$$

式（2.3）中，LQ_{ij} 是 j 区域行业 i 的区位熵指数，A_i 是某区域行业 i 就业人数，C_i 是全国行业 i 就业人数，M_j 是某区域就业人数，N 是全国总就业人数。此外，与空间基尼系数公式中的变量定义不同，式（2.3）中的 x_j 为某区域就业人数占全国总就业人数的比重，S_{ij} 是某区域行业 i 就业人数占全国行业 i 就业人数的比重。

由以上各测度指标的表达式可以看出，区位熵指数与赫芬达尔指数、空间基尼系数最大的不同点在于，它可以衡量某区域某个行业的集聚程度，而后两者只能衡量某一地区范围内（该地区由多个区域组成）某个行业的集聚程度，也即区位熵指数能够应用于衡量更小地理单位上的集聚程度。然而，由于该指数无法反映产业间直接信息的联系，因此可能会导致计算结果失真，从而存在一定局限性。

（四）产业地理集中指数

Ellison、Glaeser（1997）基于企业区位选择概率模型这一假设前提，首次提出产业地理集中指数（EG）。他认为，如果企业间的区位选择是相互依赖的，那么企业将趋向于在具有特殊自然优势或能够从行业内其他企业获得溢出效应的地区集中。产业地理集中指数的计算公式为：

$$EG_i = \frac{G_i - (1 - \sum_j x_j^2) \cdot H_i}{(1 - \sum_j x_j^2) \cdot (1 - H_i)} \tag{2.4}$$

式（2.4）中，EG_i 是某地区行业 i 的产业地理集中指数，G_i 是行业 i 的空间基尼系数，H_i 是行业 i 的赫芬达尔指数，j 是某地区所包含的区域个数，x_j 是 j 区域的就业人数占全国总就业人数的比重。

EG 指数融合了空间基尼系数与赫芬达尔指数内涵，对区域差异与企业规模进行了综合考虑，能够较为全面地反映行业集聚水平。针对 EG 指数，李文秀（2008）构建了一个服务业集聚的二维评价模型，包括区域间的行业集聚（用空间基尼系数衡量）和行业内的企业集聚（用赫芬达尔指数衡量），并以此测算了美国1996—2004年和中国2000—2005年的服务业集聚程度，得出了较为可靠的研究结论。可见，EG 指数同时结合了空间基尼系数和赫芬达尔指数的优点，在衡量行业区域集聚程度的同时又考虑到了行业内企业的集聚程度，是目前较为成熟的综合性的评价指标。

（五）产业地理集中指数（EG）的一个修正

虽然 EG 指数是一个能较好地反映产业集聚程度的综合性评价指标，但由于我国目前并未对服务业各细分行业的企业员工人数进行披露，所以该指标在我国的应用受到限制。因此，本书借 Paulo 等（1999）、杨洪焦等（2008）的做法，对 EG 指数进行修正。修正后的 EG 指数不仅是无偏的，而且与原指数相比，方差更小，具有统计意义上的优势（张卉，2007），其计算公式为：

$$EG_i = \frac{G_i - (1 - \sum_j x_j^2) \cdot H_i}{(1 - \sum_j x_j^2) \cdot (1 - H_i)} \tag{2.5}$$

将式（2.5）分子分母同除以 $(1 - \sum_j x_j^2)$，得到：

$$EG_i = \frac{G_i/(1 - \sum_j x_j^2) - H_i}{(1 - H_i)} \tag{2.6}$$

将赫芬达尔指数的公式代入式（2.6），得到：

$$EG_i = \frac{G_i/(1 - \sum_j x_j^2) - \sum_n (D_n/E_n)}{[1 - \sum_n (D_n/E_n)^2]} \tag{2.7}$$

由于我国缺乏服务业企业的详细数据，因此，假设 i 行业内集聚了大量相同规模的企业,即企业总产值(或就业人数)相等。同时,这一假设对每一区域 j 均成立。基于此,将赫芬达尔指数进行调整后得到:

$$EG_i = \frac{G_i/(1-\sum_j x_j^2) - \sum_j B_j \cdot \left(\frac{A_i/B_i}{C_i}\right)^2}{(1-\sum_j B_j \cdot \left(\frac{A_i/B_i}{C_i}\right)^2)} \quad (2.8)$$

将赫芬达尔指数进一步变形,得到:

$$EG_i = \frac{G_i/(1-\sum_j x_j^2) - \sum_j \frac{1}{B_i} \cdot \left(\frac{A_i}{C_i}\right)^2}{\left(1-\sum_j \frac{1}{B_i} \cdot \left(\frac{A_i}{C_i}\right)^2\right)} \quad (2.9)$$

最终,得到修正后的 EG 指数,表达式为:

$$EG_i = \frac{G_i/(1-\sum_j x_j^2) - \sum_j \frac{1}{B_i} \cdot S_{ij}^2}{\left(1-\sum_j \frac{1}{B_i} \cdot S_{ij}^2\right)} \quad (2.10)$$

式(2.8)至式(2.10)中,EG_i 是某地区(假设一个地区由多个区域组成)行业 i 的产业地理集中指数,G_i 是某地区行业 i 的空间基尼系数,j 是某地区所含的区域个数,x_j 是 j 区域就业人数占全国总就业人数的比重,S_{ij} 是 j 区域行业 i 的就业人数占全国行业 i 的就业人数的比重,B_i 是某地区行业 i 的企业个数,H_i 是某地区行业 i 的赫芬达尔指数,A_i 是某地区行业 i 就业人数,C_i 是全国行业 i 就业人数,n 是行业 i 的企业总数,D_n 是各企业的产值,E_n 是市场总规模。

二 西部地区服务业集聚水平测度和分析

目前,我国学者多采用区位熵指数和空间基尼系数衡量服务业集聚发展程度。然而,单独运用这两种方法时,其在综合评价能力方面存在不足,可能导致测度结果缺乏全面性。因此,本书采用修正后的 EG 指数测度我国东、中、西部地区各服务业行业的集聚水平。同时,由于区位熵指数能够测量较小区域范围内的产业集聚程度,在研究细分区域的服务业行业集聚时具有比较优势。因此,本书利用区位熵指数进一步测算分析西部地区具体省份的特定服务业行业集聚水平,以全面深入地考察西部地区服务业集聚现状,弥补已有研究的不足。

(一)采用修正后的 EG 指数测度东、中、西部服务业集聚水平

本书利用修正后的 EG 指数测算了我国东、中、西部地区各服务业行

业的集聚水平（见表2-2），并以此为基础作出2007—2011年东、中、西部地区各服务业行业的 EG 均值图（见图2-1）。一般而言，学术界将 $EG<0.02$ 的行业称为低度集聚行业；$0.02 \leq EG<0.05$ 的行业称为中度集聚行业；$0.05 \leq EG$ 的行业称为高度集聚行业。[①] 由图2-1可知，我国西部地区服务业集聚程度低于东、中部地区，且与东部地区差距明显。因此，结合西部服务业集聚的现实状况，本章将低度集聚行业进一步细分为较高、一般、较低、极低四类（见表2-3），以深入剖析西部地区服务业集聚的差异。

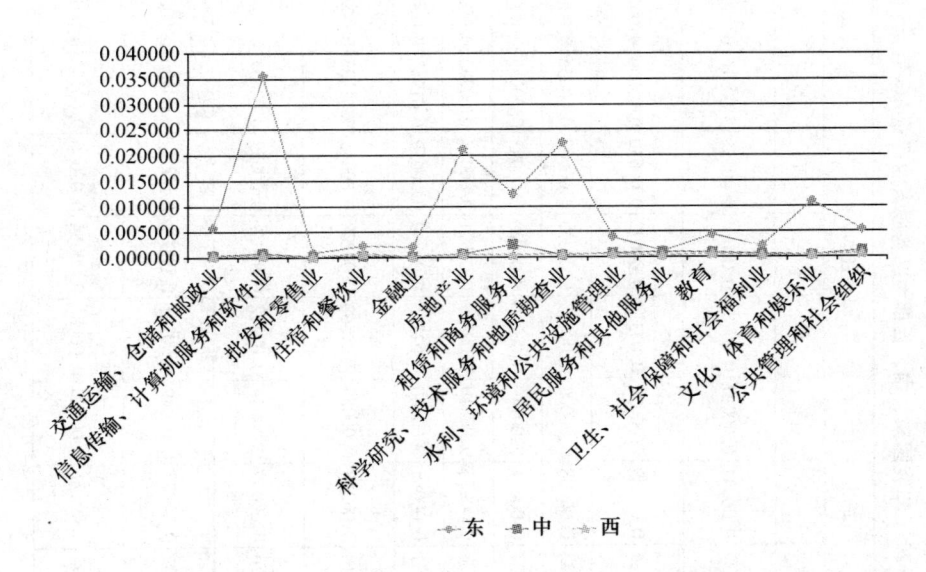

图2-1　2007—2011年东、中、西部地区各服务业行业的 EG 均值

从2007—2011年间我国东、中、西部地区各服务业行业的 EG 均值来看，三个地区的服务业都处于中、低度集聚状态，缺乏高度集聚的服务业，且地区服务业的整体集聚程度呈现出自东向西依次递减的趋势。这与马风华等（2006）、管驰明等（2011）的研究结论基本一致：马风华等（2006）研究表明，我国服务业集聚程度最高的为东、中部地区的广东、河南、江苏、山东四省，相比而言，西部各省明显落后且呈现出区域发展

[①] 杨洪焦、孙林岩、高杰：《中国制造业聚集度的演进态势及其特征分析——基于1988—2005年的实证研究》，《数量经济技术经济研究》2008年第5期。

表2-2　2007—2011年我国东、中、西部地区各服务业行业EG值

行业/EG/年份 地区	2007 东	2007 中	2007 西	2008 东	2008 中	2008 西	2009 东	2009 中	2009 西	2010 东	2010 中	2010 西	2011 东	2011 中	2011 西
交通运输、仓储和邮政业	0.00566	0.00035	0.00023	0.00537	0.00031	0.00027	0.00730	0.00034	0.00051	0.00516	0.00031	0.00021	0.00514	0.00041	0.00022
信息传输、计算机服务和软件业	0.02907	0.00056	0.00027	0.03385	0.00079	0.00031	0.03374	0.00072	0.00040	0.03956	0.00101	0.00049	0.04191	0.00100	0.00046
批发和零售业	0.00121	0.00009	0.00009	0.00083	0.00008	0.00009	0.00113	0.00009	0.00007	0.00056	0.00020	0.00012	0.00054	0.00023	0.00011
住宿和餐饮业	0.00203	0.00030	0.00061	0.00237	0.00011	0.00140	0.00210	0.00028	0.00082	0.00245	0.00032	0.00063	0.00214	0.00038	0.00069
金融业	0.00152	0.00021	0.00010	0.00178	0.00014	0.00010	0.00169	0.00011	0.00012	0.00232	0.00007	0.00014	0.00254	0.00018	0.00010
房地产业	0.02196	0.00080	0.00059	0.02431	0.00082	0.00060	0.02205	0.00049	0.00059	0.01945	0.00062	0.00063	0.01816	0.00042	0.00049
租赁和商务服务业	0.01580	0.00320	0.00046	0.01316	0.00248	0.00055	0.01368	0.00208	0.00045	0.01123	0.00206	0.00045	0.00828	0.00262	0.00058
科学研究、技术服务和地质勘查业	0.01964	0.00040	0.00069	0.02270	0.00039	0.00044	0.02412	0.00039	0.00059	0.02237	0.00045	0.00049	0.02340	0.00041	0.00076
水利、环境和公共设施管理业	0.00397	0.00081	0.00044	0.00402	0.00077	0.00049	0.00387	0.00077	0.00059	0.00406	0.00066	0.00061	0.00374	0.00067	0.00073
居民服务和其他服务业	0.00048	0.00032	0.00027	0.00093	0.00027	0.00028	0.00082	0.00054	0.00046	0.00152	0.00164	0.00020	0.00171	0.00211	0.00026

第二章 服务业集聚相关理论及西部地区服务业集聚水平测度 ·29·

续表

行业/EG/年份	2007			2008			2009			2010			2011		
地区	东	中	西	东	中	西	东	中	西	东	中	西	东	中	西
教育	0.00397	0.00095	0.00051	0.00438	0.00090	0.00053	0.00414	0.00091	0.00057	0.00468	0.00076	0.00060	0.00411	0.00073	0.00068
卫生、社会保障和社会福利业	0.00177	0.00069	0.00017	0.00215	0.00064	0.00018	0.00218	0.00068	0.00024	0.00251	0.00053	0.00030	0.00206	0.00038	0.00043
文化、体育和娱乐业	0.01070	0.00046	0.00029	0.01114	0.00041	0.00037	0.01142	0.00032	0.00042	0.01043	0.00028	0.00047	0.01125	0.00026	0.00049
公共管理和社会组织	0.00469	0.00117	0.00057	0.00536	0.00119	0.00056	0.00527	0.00146	0.00063	0.00587	0.00127	0.00073	0.00527	0.00113	0.00083

注：(1) 表2-2是基于修正后的 EG 指数对我国东、中、西部地区各服务业行业集聚水平的测量结果。

(2) 国家统计局对东、中、西部地区的划分标准为，东部11省（市）包括：北京、天津、河北、辽宁、上海、江苏、浙江、福建、山东、广东和海南；中部8省包括：山西、吉林、黑龙江、安徽、江西、河南、湖北和湖南；西部12省（市、自治区）：包括内蒙古、广西、重庆、四川、贵州、云南、西藏、陕西、甘肃、青海、宁夏和新疆。

(3) 由于《中国第三产业统计年鉴》从2008年开始采用《国民经济行业分类》（GB/T 4754—2002）的14个服务业分类标准统计口径，因此数据样本区间为2007—2011年。

(4) 各服务行业就业人数数据来源于《中国统计年鉴》（2008—2012），个体企业就业人数因为我国国家统计局并设有将私营、个体就业人数按行业分城镇单位就业人数之中。求得出。如此选择数据是因为各行业个数的数据来源于《中国第三产业统计年鉴》（2008—2012），按地区分组。

(5) 各行业企业个数的数据来源于《中国第三产业统计年鉴》（2008—2012），按地区分组。

不平衡的状态;管驰明等(2011)在测度分析2003—2008年间中国城市服务业空间基尼系数时发现,中、西部地区的服务业集聚程度明显低于东部地区。

表2-3 我国东、中、西部地区各服务业行业集聚程度

分类		行业		
		东	中	西
中度集聚 ($0.02 \leq EG < 0.05$)		信息传输、计算机服务和软件业 房地产业 科学研究、技术服务和地质勘查业	无	无
低度集聚 ($EG < 0.02$)	较高 ($0.01 \leq EG < 0.02$)	租赁和商务服务业 文化、体育和娱乐业	无	无
	一般 ($0.001 \leq EG < 0.01$)	交通运输、仓储和邮政业 住宿和餐饮业 金融业 水利、环境和公共设施管理业 居民服务和其他服务业 教育 卫生、社会保障和社会福利业 公共管理和社会组织	租赁和商务服务业 公共管理和社会组织	无
	较低 ($0.0005 \leq EG < 0.001$)	批发和零售业	信息传输、计算机服务和软件业 金融业 水利、环境和公共设施管理业 居民服务和其他服务业 教育 卫生、社会保障和社会福利业	住宿和餐饮业 房地产业 科学研究、技术服务和地质勘查业 水利、环境和公共设施管理业 教育 公共管理和社会组织

续表

分类		行业		
		东	中	西
低度集聚（EG < 0.02）	极低（EG < 0.0005）	无	交通运输、仓储和邮政业 批发和零售业 住宿和餐饮业 金融业 科学研究、技术服务和地质勘查业 文化、体育和娱乐业	交通运输、仓储和邮政业 信息传输、计算机服务和软件业 批发和零售业 金融业 租赁和商务服务业 居民服务和其他服务业 卫生、社会保障和社会福利业 文化、体育和娱乐业

从表2-3可以看出，科学研究、技术服务和地质勘查业，房地产业，信息传输、计算机服务和软件业在我国东部地区处于中度集聚水平；文化、体育、娱乐业以及租赁和商务服务业则处于低度聚集中的较高类；而西部地区没有服务业行业属于中度集聚或低度集聚较高类。可以发现，东部地区的生产性服务业集聚程度较高，而西部地区的生产性服务业集聚水平则较为落后。这与马风华等（2006）、陈建军等（2009）、何骏（2011）的研究结论基本一致。马风华等（2006）认为目前服务业存在一种向制造业发达区集聚的趋势，因而具有制造业基础的东部地区服务业集聚程度较高；陈建军等（2009）对全国222个地级以上城市的截面数据进行研究，研究指出：由于东部与中、西部地区存在截然相反的服务业集聚路径，使得东部城市存在长期集聚效应，而中、西部城市则在相对规模达到一定熵值后，其集聚效应便开始递减；何骏（2011）研究发现，长三角区域的服务业发展和集聚将成为未来较长时间内的必然趋势，其服务业集聚水平将大幅提高。可见，我国区域服务业集聚水平不均衡主要是由于制造业发展和集聚不均衡。例如，东部沿海地区作为我国出口导向型制造业的集聚地，对相关服务业产生了大量需求，吸引了基于制造业发展的生产性服务业和基于人口规模扩张的生活性服务业在此集聚。

此外，低度集聚服务业行业在东、中、西部地区的分布情况存在一定差异。以低度集聚中的一般类行业为例，西部地区不存在此类行业，中部地区的公共管理和社会组织、租赁与商务贸易属于此类行业，而东部地区包含的此类行业较多，包括金融、交通运输、仓储和邮政，住宿餐饮，水利、环境与公共设施管理，教育、卫生、社会保障及社会福利，居民服务及其他服务，公共管理和社会组织等。这与东部地区的经济发展程度密切相关，东部地区是我国的经济中心，聚集了大量人力、物力、财力和技术等资源，有助于服务业集聚。例如，在我国拥有20多年发展历史的现代租赁业主要集中在以"北、上、广"为代表的东部各省，该行业为这些地区的商务服务业发展创造了有利条件；而西部地区地广人稀，产业基础较为薄弱，服务业集聚缺乏产业和资源支撑。

西部地区的低度集聚中较低类行业有住宿和餐饮业，文化、体育和娱乐业，房地产业，水利、环境和公共设施管理业，科学研究、技术服务和地质勘查业，教育，公共管理和社会组织，信息传输、计算机服务和软件业。相对较低类行业，集聚水平更低的则属于极低类，包括除上述行业之外的其他行业。较低类行业大多是非生产性服务业或传统服务业，技术创新和知识密集型的服务业较少。这与杨勇（2008）的结论较为一致，他认为西部地区的服务业集聚主要体现在传统服务业上，如住宿餐饮、交通仓储等。这是因为，西部地区相对滞后的经济基础导致了服务业的市场需求结构差异；丰富的自然禀赋和旅游资源也促进了住宿和餐饮业的集聚，住宿和餐饮业的集聚又带动了文化、体育和娱乐业的集聚，从而激发了文化园区和娱乐场所集聚区等的建设。

（二）采用区位熵指数测度西部地区内部服务业集聚水平

本书运用区位熵指数测算了我国西部地区12个省（市、自治区）的各服务业行业的集聚水平，并以2004—2011年的平均值表示，测算结果如表2-4所示。为了进行更直观的对比和分析，本书将各服务业行业在各省（市、自治区）的集聚水平进行了排名，排名结果如表2-5所示。

一般来说，一定区域内某行业的区位熵数值越大，表示这种行业在该区域的集聚程度越高。一般以1作为划分标准，$LQ>1$表示该行业在该区域的集聚水平较高，超过了整个地区的平均水平，具有集聚的比较优势；反之，$LQ<1$则表示该行业在该区域的集聚水平较低。表2-5中，本书将非生产性服务行业用斜体字体表示，并用粗体字体标出了服务业行业$LQ>1$的省份，用粗斜体字体标出了服务业行业$LQ>2$的省份。

表2-4　2004—2011年我国西部地区12省（市、自治区）各服务行业区位熵（LQ）均值

2004—2011年区位熵均值	交通运输、仓储和邮政业	信息传输、计算机服务和软件业	批发和零售业	住宿和餐饮业	金融业	房地产业	租赁和商务服务业	科学研究、技术服务和地质勘查业	水利、环境和公共设施管理业	居民服务和其他服务业	教育	卫生、社会保障和社会福利业	文化、体育和娱乐业	公共管理和社会组织
内蒙古	1.42	1.25	0.93	1.30	1.25	0.51	0.60	0.94	1.88	1.30	1.26	1.14	1.45	1.42
广西	1.38	0.96	1.18	1.16	0.89	0.84	0.90	0.97	1.30	0.99	1.52	1.42	1.05	1.15
重庆	0.96	0.81	0.99	0.95	0.98	1.15	1.16	1.01	0.74	0.95	1.02	0.85	0.81	0.79
四川	0.89	0.77	1.06	1.34	0.98	0.64	0.81	1.08	0.93	1.23	1.17	1.14	0.77	1.14
贵州	0.94	0.99	0.92	0.99	0.98	1.55	0.56	1.10	1.05	0.96	1.86	1.30	1.10	1.92
云南	0.85	0.94	1.10	1.38	0.81	0.71	0.68	0.99	0.96	0.98	1.33	1.04	1.12	1.32
西藏	0.75	1.20	1.09	2.35	0.98	0	0.50	1.27	0.53	1.75	1.30	1.36	2.64	3.21
陕西	1.04	1.12	1.19	1.42	1.05	0.75	0.57	1.88	1.23	1.07	1.31	1.10	1.27	1.30
甘肃	0.94	0.93	0.98	1.38	1.18	0.66	0.53	1.50	1.44	0.99	1.62	1.20	1.53	1.87
青海	1.16	1.25	0.95	1.68	0.96	0.61	0.38	1.90	1.10	1.06	1.07	1.17	1.27	1.44
宁夏	0.84	0.79	1.07	1.19	1.33	0.94	0.80	0.99	1.98	1.56	1.07	1.09	1.39	1.23
新疆	1.07	0.79	0.80	1.32	1.00	0.83	0.82	1.14	1.47	0.99	1.35	1.36	1.29	1.55

注：（1）由于《中国统计年鉴》从2005年开始采用《国民经济行业分类》（GB/T 4754—2002）的14个服务业分类标准统计，所以本研究收集数据的时间区间选取为2004—2011年。

（2）各服务业就业人数选用《中国统计年鉴》（2005—2012）数据，将各地区按行业分城镇单位就业人数和分私营企业、个体就业人数进行加总求和得出。

表2-5 2004—2011年我国西部12省（市、自治区）各服务行业LQ均值排名

排名	交通运输、仓储和邮政业	信息传输、计算机服务和软件业	批发和零售业	住宿和餐饮业	金融业	房地产业	租赁和商务服务业	科学研究、技术服务和地质勘查业	水利、环境和公共设施管理业	居民服务和其他服务业	教育	卫生、社会保障和社会福利业	文化、体育和娱乐业	公共管理和社会组织
1	内蒙古	青海	陕西	西藏	宁夏	贵州	重庆	青海	宁夏	西藏	贵州	广西	西藏	西藏
2	广西	内蒙古	广西	青海	内蒙古	重庆	广西	陕西	内蒙古	宁夏	甘肃	新疆	甘肃	贵州
3	青海	西藏	云南	陕西	甘肃	宁夏	新疆	甘肃	新疆	内蒙古	广西	西藏	内蒙古	甘肃
4	新疆	陕西	西藏	云南	陕西	广西	四川	西藏	甘肃	四川	新疆	贵州	宁夏	新疆
5	陕西	贵州	宁夏	甘肃	新疆	新疆	宁夏	新疆	广西	陕西	云南	甘肃	新疆	青海
6	重庆	广西	四川	四川	重庆	陕西	云南	贵州	陕西	青海	陕西	青海	陕西	内蒙古
7	甘肃	云南	重庆	新疆	四川	云南	内蒙古	四川	青海	新疆	西藏	四川	云南	云南
8	贵州	甘肃	甘肃	内蒙古	西藏	甘肃	陕西	重庆	贵州	广西	内蒙古	内蒙古	贵州	陕西
9	四川	重庆	青海	宁夏	贵州	四川	贵州	宁夏	云南	甘肃	四川	陕西	广西	宁夏
10	云南	宁夏	内蒙古	广西	青海	青海	甘肃	云南	四川	云南	青海	宁夏	重庆	广西
11	宁夏	新疆	贵州	贵州	广西	内蒙古	西藏	广西	重庆	贵州	宁夏	云南	重庆	四川
12	西藏	四川	新疆	重庆	云南	西藏	青海	内蒙古	西藏	重庆	重庆	重庆	四川	重庆

由表 2-5 可知，西部地区非生产性服务行业 $LQ>1$ 的省份所占比例明显高于生产性服务行业，这一定程度上说明西部地区非生产性服务行业集聚程度比生产性服务行业高。金荣学等（2010）的研究也印证了这一观点，即中、西部地区服务业集聚的比较优势集中在非生产性服务业领域。

具体来说，非生产性服务业中的公共管理和社会组织，批发和零售业，水利、环境和公共设施管理业，住宿和餐饮业，文化、体育和娱乐业，教育，卫生、社会保障和社会福利业等行业在西部地区大部分省（市、自治区）的 LQ 都大于1，说明这些行业在西部地区的集聚水平较高。这主要是因为：一方面，西部地区旅游资源发达，且带动了其他相关服务业行业的发展。这一现象在西藏地区尤为明显，2012 年西藏共接待游客 1058.4 万人次，实现旅游总收入 126.47 亿元，分别比上一年增长 21.7% 和 30.3%[①]，旅游接待人次突破千万大关，旅游总收入突破百亿元大关。旅游业的迅速发展推动了住宿和餐饮业的快速集聚，并促进了特色文化、娱乐产业集聚区的形成与发展。另一方面，水利建设是西部大开发基础设施投资的重要主体。2012 年，国家水利部明确指出，每年提取两成农田水利建设资金用于全国统筹，其目的就在于将水利投资集中向西部倾斜。可见，西部是全国水利建设的重心所在，这在一定程度上使得西部地区水利、环境和公共设施管理业的集聚程度也相对较高。特别地，住宿和餐饮业，文化、体育和娱乐业，公共管理和社会组织在西藏地区的 LQ 值都大于2，这主要是由于西藏地区的总人数相对较少，从而导致 LQ 值偏高。

当然，由于我国服务业行业统计数据不甚规范，且区位熵指数本身存在一些偏差，可能导致表 2-5 的结果存在一定程度的失真，甚至出现比较意外的结果。比如，贵州的教育行业集聚程度位列西部第一，与人们通常的认识不甚相符。究其原因，可能是由于国家实施的大力支持西部教育的相关政策。例如，教育部在 2012 年的正式文件中提出：在贵州新增 5—7 个教育部重点实验室（工程中心）、3—5 个少数民族医药重点学科和 1—2 个国家级中医药（民族医药）实验教学示范中心[②]，并且为贵州的

[①] 中研普华：《2013—2017 年中国旅游行业全景调研与投资战略研究咨询报告》，2012 年。

[②] 教育部：《国务院关于进一步促进贵州经济社会又好又快发展的若干意见》，2012 年。

教职人员提供大量的优惠政策。这些政策吸引了相关从业人员流向贵州的教育行业，导致该行业的就业人数量相对较多，从而提升了 LQ 值。此外，表 2-5 的测度结果显示，部分行业存在集聚特征不明显的现象，这与相关行业的一些特殊要求有关。比如，在卫生、社保、社会福利等行业中，必须按照及时性和公平性的原则分配服务产品，甚至要求相关行业按非市场规则进行区域网点布局，且政府会进行一定程度的投资及参与布局决策，以规避行业垄断现象。

第三节　小　结

服务业集聚是在一定地域范围内，一群相互联系（竞争或协作）的服务型企业及其相关联的其他机构为了获得持续发展优势，不断地进行空间上的集中和聚合的动态过程。当服务业集聚演化到呈现出高度地理集中的状态时，便形成了服务业集聚区，也即服务业集群。服务业集聚的机制包括内生机制和外生机制。内生机制源自服务企业的生存压力和集聚的利益诱导，体现为互补共生效应、知识溢出效应、学习扩散效应和创新加速效应。外生机制源自区域内的基本经济规律和国家政策导向，体现为外部经济效应、吸聚效应和政策引导效应。从不同的发展动力角度可将服务业集聚模式分为内生型、嵌入型和外生型三种。内生型服务业集聚模式强调本地丰富的资源禀赋及市场需求；嵌入型服务业集聚模式注重当地的产业基础以及政府、企业和城市的嵌入作用；外生型服务业集聚模式侧重于依靠地区优越的区位条件以及政府的导向作用。服务业集聚的影响因素可分为成本因素和收益因素。成本因素包括制度因素、资源集中度和配套设施水平等；收益因素包括城镇化水平、人均可支配收入、产业结构和相关产业发展水平等。

服务业集聚水平主要测度指标包括赫芬达尔指数、空间基尼系数、区位熵指数和产业地理集中指数等。本章首先利用修正后的 EG 指数测算了我国东、中、西部地区各服务业行业的集聚水平。测度结果表明：我国东、中、西部三地的服务行业均处于中低度集聚状态，没有出现高度集聚的服务行业，且所有服务行业的集聚程度均呈现东、中、西部依次递减的趋势；东部地区的生产性服务业集聚程度较高，而西部地区的生产性服务业集聚发展则较为落后；低度集聚服务行业在东、中、西部的分布情况存在明显差异。其次，运用区位熵指数测算了我国西部地区 12 个省（市、自治区）的各服务业行业的集聚水平。测度结果表明：西部地区非生产性服务行业集聚程度比生产性服务行业高，具体来说，非生产性服务业中的公共管理和社会组织，批发和零售业，水利、环境和公共设施管理业，住宿和餐饮业，文化、体育和娱乐业，教育，卫生、社会保障和社会福利业等行业在西部地区大部分省（市、自治区）中的集聚水平都较高。

第三章 城镇化相关理论与西部地区城镇化现状

城镇化水平是衡量一个国家工业化、现代化的重要标准，能有效促进国家经济社会的发展和人民生活水平的提高。近年来，我国城镇化快速推进，2011年我国城镇化人口占比已经超过50%，首次超过农业人口[①]，从世界主要发达国家的发展规律来看，我国目前已处于城镇化加速发展阶段。然而，相比于全国平均水平，我国西部地区由于历史、地理、经济等原因，城镇化发展水平还远远落后。十八大将城镇化确定为继工业化、市场化之后推进我国经济社会发展的主要动力，因此，城镇化建设对于促进我国特别是西部地区经济发展、加快西部地区产业结构调整和升级的作用变得更加重要。

本章主要从城镇化的相关理论和西部地区城镇化现状两个方面来研究城镇化问题。首先，从城镇化的概念、类型、国内外典型模式和城镇化的影响因素对城镇化的相关理论进行梳理。然后，综合运用单一指标法和复合指标法对我国西部地区的城镇化水平进行测度。单一指标法主要从经济指标和人口指标两个方面来分析，复合指标法则根据前文对城镇化概念的界定，从经济城镇化、人口城镇化、空间城镇化和社会城镇化四个方面建立综合指标体系，运用层次分析方法进行测度。

第一节 城镇化的相关理论

一 城镇化的概念

城镇化，或称城市化（Urbanization）是当今世界上最重要的经济社

---

① 国家统计局：《中华人民共和国2011年国民经济和社会发展统计公报》，http://www.stats.gov.cn/tjsj/tjgb/ndtjgb/qgndtjgb/201202/t20120222_30026.html。

会现象之一。1858年，马克思在描述当时城市化发展状况时指出："现在的历史是乡村城市化，而不是像古代那样，是城市乡村化。"这是有记录的"城市化"一词的最早来源。随后，西班牙工程师A. Serda于1867年在其著作《城镇化的基本理论》中用到了"城镇化"的概念，但当时他也只提出了"城镇化"这一说法（李汉宗、单欣欣，2007）。到20世纪80年代，城市化的概念被引入中国。1983年，中国城市规划设计研究院主持了题为"若干经济较发达地区城市化途径和发展小城镇的技术经济政策"的研究课题，该课题初步界定了"城市化"这一概念的内涵：城市化是全球性的社会现象，这种现象突出表现为农业人口向非农业人口、乡村人口向城市人口的转化与聚集。

随着研究的深入，学术界对"城市化"这一概念的内涵在理解上出现了分歧。迄今为止，城市化仍是一个颇具争议的概念，人口学、地理学、经济学和社会学等学科都基于不同视角对其进行了剖析。人口学认为，城市化就是人口向城市集中或者农业人口转变为非农人口的过程。由于人口向城市集中或迁移的过程包含了社会、人口、空间、经济转换等多方面内容，而且以城市人口占总人口的比重作为衡量城市化水平的一般指标，简单易行、具有可比性，因而得到了社会各界的普遍接受。地理学认为，城市化是一个区域空间变化的过程，这种变化表现为区域范围内城市数量的增加或每一个城市地域的扩大（许学强、周一星、宁越敏，2009）。经济学认为，城市化是各种非农产业发展的经济要素向城市集中的过程，它不仅包括农村劳动力向城市第二、第三产业的转移，还包括非农产业投资及技术、生产能力在城市的集聚（刘传江，1999）。社会学认为，城市化是一个城市生活方式的发展过程，它不仅意味着人们不断被吸引到城市中，被纳入到城市的生活组织中去，而且还意味着随着城市的发展而出现的城市生活方式的不断强化（周一星，1995）。

综合以上观点，本书认为城镇化实质上是动态发展和扩展的过程，是一个以人口为中心、以产业为驱动，实现人口、生产要素向城镇或城市聚集，进而影响地域空间结构演变和人们生活方式转变的过程。这一定义综合体现了人口城镇化、经济城镇化、空间城镇化和社会城镇化过程，并突出了产业发展在城镇化进程中的核心作用。

二 城镇化的类型

基于不同视角，可将城镇化划分为不同类型，本节将主要根据城镇化的规模和城镇化的核心动力来划分城镇化类型。

（一）按城镇化的规模划分

按照城镇化的规模来划分，可将其分为小城镇化、中小城市化、大都市化、大城市与小城镇双轨型以及城市群五种类型。

1. 小城镇化

城镇化的本质是人的城镇化，作为农村和城市的连接点，小城镇是农村人口向城镇人口的过渡地带，发展小城镇能有效吸纳农村人口就近转移，实现农村人口就业和生活方式从农村向城市的转变。同时，这些小城镇通常依托当地的农业，既可以为农村提供农资、技术和信息等服务，又能满足城市对农产品、休闲居住等方面的需求，还可以发展农产品加工贸易等相关产业，对推进农业产业化发展、转移农村剩余劳动力、协调城乡发展具有很强的现实意义。因此，小城镇化是加快我国城镇化总体进程的一个重要途径。我国西部地区由于地形复杂、人口分散以及农村人口比重大，小城镇化发展潜力十分巨大。比如，重庆市城乡二元结构明显，2003年率先提出"以小城镇的发展促进和推动重庆城镇化进程"的思路，城镇化率由2003年的38.1%迅速提高到2012年的56.98%，居西部第二。

2. 中小城市化

一些人口较多，经济、产业、消费水平和基础设施等方面条件都较好的地级市和县级市，由于历史上产业布局单一，或受到地理环境和资源承载量的限制，对人口、资源的吸引力以及对周边城镇的辐射能力有限，以至于城市规模发展不大，最终成为中小城市。我国中小城市数量众多、分布广泛，是我国城镇体系的主体，也是吸纳城镇化人口的主体。一方面，中小城市将中心城市和广大外围城镇及农村联系到一起，通过参与经济循环和区域分工，发挥承上启下的作用。另一方面，发展中小城市还能与资源环境承载能力相适应，避免交通堵塞、环境恶化等大城市病。部分中小城市化的城市已具备了发展成为大都市的良好基础，可以合理规划，逐步扩大其规模，以更好地发挥地区经济龙头作用。西部地区大多城市为此种类型，如宜宾、合川、大理、遵义等地级市或县级市。

3. 大都市化

大都市化一般对应城区人口在100万以上的大型城市，具有城镇人口多、城镇面积大、非农产业发达、城镇人口消费水平高、城镇基础设施和社会服务设施良好等特点，城镇化综合水平较高。大都市能促进人才、资金、产业和物流的高度集聚，提升经济运行效率，但同时也容易超出资源环境承载能力，并带来交通拥堵、环境恶化等一系列城市病。我国北京、上海、广州、深圳等特大型城市，以及西部地区的成都、重庆、西安等人口众多、经济发达的大型城市，目前都在进行大都市化。

4. 大城市与小城镇双轨型

这类城镇化走的是大城市和小城镇协调发展的道路。比较典型的是特大城市周边，为缓解特大城市人口、空间等压力而形成众多卫星城市的模式。此种模式可以分流进入大城市的人口，带动周边地区的经济发展；另外还可以积极发挥大城市的作用，逐步改革大城市户籍制度，放宽人口迁入的条件，降低农村人口进城的门槛。我国特大型城市如北京、上海、广州等都在按这种形式发展。

5. 城市群

城市群是在地域上集中分布的若干城市集聚而成的多中心、多层次的城市集团，是城镇化发展到一定阶段的产物，是区域城镇体系趋于完善的重要标志。随着城镇化的推进，不同等级城市之间的集聚和扩散机制不断交织，城市之间以及城乡之间的联系日益紧密，城镇化的空间形态也从最初的独立分散结构向单中心、多中心结构演化，最终形成功能相互依存、空间网络化的城市结构。目前我国有多个区域正在进行城市群的建设，如京津冀、长三角、珠三角以及西部地区的成渝等。

(二) 按城镇化的核心动力划分

按推动城镇化发展的核心动力划分，主要有农业主导型、资源开发推动型（口岸型）、工业发展推动型、交通枢纽推动型、外贸推动型（口岸型）、旅游服务推动型、生态建设推动型等。

1. 农业主导型

农业主导型城镇化是指在农业发展的基础上带动城镇化发展的一种城镇化类型，它主要依靠农业地区的小城镇在各自的农业资源基础上形成以农产品加工、农技研发等为主的"农业城镇"，并在一定地区逐步形成网络。随着我国社会主义新农村建设的日益发展，新型农村和现代化农业为"农业城镇"的发展增添了新的动力。发展现代农业，既可以提高农业生产效率，解放农村劳动力，将更多的农业劳动力转换为城镇劳动力，促进城镇化的发展，还可以推动农产品加工等相关产业的发展，增加农业品附加值，带动当地经济增长，为城镇化发展奠定经济基础。我国西部地区农产品种类丰富，很多地区在特殊的自然条件下形成了极具特色和竞争力的农产品，如新疆的棉花、葡萄，云南的甘蔗、花卉，陕西的苹果，四川的马铃薯等，利用这些农产品优势，新疆吐鲁番、陕西洛川等地区城镇化步伐大大加快。

2. 工业发展推动型

工业化是城镇化发展过程中最为重要的推动力，大多数国家和地区的城镇化就是在工业化的推动下发展壮大的。工业发展推动型城镇化是通过工业的发展和人口的增长相辅相成的作用，形成产业和人口的集聚，进而吸引更多的资本、技术等生产要素向工业集中处集聚，带来明显的规模递增效应，而这些聚集的过程，便是城镇化形成的过程。工业在发展的过程中，规模效应显著，比如，交通基础设施是否完善、自然资源是否丰富等，对降低工业生产的成本十分重要，特别是一些加工制造业和运输成本高的行业，更倾向于聚集。我国西部地区资源丰富，要素成本也较低，在承接国内外产业转移的过程中，形成了一批工业发展推动的城镇，如钢铁工业发达的内蒙古包头和四川攀枝花，航天工业推动的甘肃酒泉和四川西昌等，优势工业的发展大大加速这些地区工业化和城镇化的进程。

3. 资源开发推动型

资源开发推动型城镇化是指依赖当地的资源开发而推动城镇化形成和发展的模式。这类城镇的形成与当地的资源密不可分，其发展过程中也离不开当地资源的强力支撑，故这类城镇主要是具有丰富自然资源的地区，且资源依赖型产业在当地经济结构中占有重要地位，如铁矿丰富的四川省攀枝花、石油丰富的新疆克拉玛依等。当然，这类的城镇在形成和发展的过程中都会受到自然资源的限制，一旦自然资源不能满足当地的发展需求，那么当地的经济发展就会受到阻碍。这是资源推动型城镇在发展过程中遇到的普遍问题，这类城镇要实现长远稳定发展，必须转变思想、开拓创新，在利用丰富的自然资源作为发展优势的同时，积极开拓新的经济增长点，不要将自然资源作为唯一的依靠。

4. 交通枢纽推动型

交通在城镇化进程中起基础性引导作用，是城市产生和发展的初始动力。交通枢纽是区域交通运输网络的中心或节点，对区域的辐射作用巨大，能有效促进城市结构转型和城市功能完善，推动产业集聚和产业升级，所在城市还能利用交通优势发展仓储、物流等特色产业，促进经济多元化发展。我国航空、铁路、公路及水路交通纵横，在密集的交通运输网络中形成了大大小小的交通枢纽，如河南郑州、湖北武汉、湖南株洲等，西部地区也有四川成都、陕西宝鸡等多个大型交通枢纽，这些地区利用交通优势，有效地促进了区域城镇化。

5. 外贸推动型

这类城镇化模式主要出现在对外贸易较为发达的地区，通常是在边境地区、交通较为便利以及对外开放程度高的地区，常见的有边境贸易和港口贸易，又称为"口岸型"城镇化。外贸活动促进了口岸城镇的成长，带动了贸易相关的特色产业的发展，完善了从口岸到腹地中心城市纵深配置的城镇体系。我国西部地区边境广阔，多个省份与外国接壤，形成了一大批外贸推动型的城镇，如广西靖西、新疆霍尔果斯等。

6. 旅游服务推动型

旅游服务推动型城镇化也称为旅游城镇化，是通过当地旅游资源所带来的大量人流形成巨大的消费市场，进而吸引资本、物资、人口的聚集，并带动餐饮、住宿、交通等产业的发展，还潜移默化地改变着人们的生活理念，从而实现城镇化综合水平的提升。因此，旅游城镇化既促进了人口在数量上的城镇化，还从根本上改变人们的生活方式和消费观念，使城镇化水平得到纵向的提升。西部地区旅游资源丰富，属于旅游服务推动型的城镇很多，如四川九寨沟、云南丽江等，这些地区都是通过旅游业的巨大吸引力，使得人口与资本集聚加速，同时助推产业发展，共同推动城镇化的快速发展。

7. 生态建设推动型

生态建设推动型城镇化是指依据生态功能区建设的总体规划，制定区域人口发展规划，合理调整人口布局，并按照规模适度、合理布局、环境承载能力和功能互补的原则，加快构建具有地区特色的生态城镇。生态建设推动型城镇化的一般模式是先将整个地区按生态环境进行合理划分，最终划分为不同的生态功能区，再在不同的功能区内因地制宜，实施分类、分区的城镇化策略。在生态建设过程中，将人口从生态保护区中迁移出来，转移到优先发展的城镇当中，从而达到既保护生态环境，又推动城镇化进程的目的。例如，在修建三峡大坝的工程当中，为了保护当地的生态环境，而将生态保护区内的居民迁移出来。一方面通过区域规划，建立新的城镇来安置这些居民，人口和资源的集中迁入使这些城镇得到迅速发展；另一方面，将居民安置到一些优先发展的城镇中去，这些城镇在大量人口和资金涌入的过程中，得到快速发展的机遇，使城镇在经济上、空间上、人口上和社会生活上都得到飞跃发展。

三 国内外城镇化典型模式

（一）国外城镇化模式

世界城镇化变革经历了三个发展阶段，即"城市瓦解农村"、"城市馈补农村"和"城市转变农村"（曹钢、何磊，2012），城镇化发展由"城镇掠夺农村"道路转向"城镇回馈农村"道路，然后再转向城镇与农村的协调发展。当前，世界上城镇化模式主要分为三类，即政府调控下的市场主导型城镇化、自由放任式城镇化和受殖民地经济制约的发展中国家的城镇化模式（汪立波，2010）。

1. 政府调控下的市场主导型城镇化模式

西欧和日本市场经济较发达，在这些国家的城镇化过程中，市场发挥着主导作用，政府则通过经济、行政、法律等手段来辅助市场调控效率。在该模式下，市场机制与政府调控相互协调、相互配合。市场机制在实现与城镇化相关的人口、土地、资金等经济要素的自由流动和优化配置中，发挥着支配作用；而政府则通过对市场竞争进行必要干预，健全法律法规，制定城镇化发展战略，完善基础设施和提供公共服务等措施，推动城镇化健康发展。

2. 自由放任式城镇化模式

美国是当今世界上最发达的资本主义国家，市场经济高度发达，美国的城镇化主要依靠市场来推动，是自由放任式城镇化模式的典型代表。这类城镇化模式过度强调市场的作用，资源配置、发展方向均通过市场进行选择。在城镇化迅猛发展的同时，缺乏政府对城镇化的有效调控，使得城镇化发展过于自由放任，引发了如过度郊区化、城镇空间布局缺乏整体规划等诸多问题。

3. 受殖民地经济制约的发展中国家的城镇化模式

非洲和拉丁美洲国家长期受到殖民统治，其城镇化发展与长期的殖民统治有着直接联系。宗主国为了加强对殖民国家和地区的统治，开启了城镇化进程。在这些国家，最初的城镇化进程并不是由经济发展推动的，因此城镇化远远快于经济发展。经济与工业发展滞后，再加上政府调控能力不足，导致城镇化大起大落。同时，在这些国家，城镇化质量较低，城镇就业水平较低，贫困人口较多，城镇基础设施严重匮乏，城镇环境恶化。

(二) 国内城镇化模式

我国东部地区已经形成了一些具有地方特色的城镇化模式，而西部地区的城镇化发展模式也在探索之中。

1. 我国东部地区城镇化模式[①]

在我国东部地区，较为成熟的城镇化模式有温州模式、苏南模式和珠三角模式。温州模式指浙江温州地区农村城镇化模式；苏南模式指江苏南部苏州、无锡、常州等地农村城镇化模式；珠三角模式是我国珠江三角洲地区农村城镇化模式。乡村工业化以及农村剩余劳动力的转移是推动这些地区城镇化进程的根本动力，但是在温州地区和珠三角地区，农村商品经济的发展在城镇化进程中也发挥着不可忽视的作用。

以上三种城镇化模式各有特点。温州模式的特点为：一是工业化与城镇化并行；二是市场主导和政府调控相结合；三是坚持土地有偿使用。苏南模式的特点是工业化与城镇化并行，这种模式得益于该地区经济力量雄厚的乡镇企业。优越的地理位置以及政府的大力扶持促进了许多乡镇企业的快速发展，从而带动了这些企业所在地区的农业产业化和现代化，进而提升城镇化水平。珠三角模式具有四个特点：一是工业化与城镇化并行，珠三角在国际环境的影响下，实现了产业升级；二是打造城镇群，基本实现了城乡一体化；三是外资助推，珠三角不但是港澳资本的聚集地，也是发达国家资本的投资热土；四是港澳带动，珠三角是港澳与内陆地区的中转枢纽，可以使其充分利用港澳资源，快速提升实力。

2. 我国西部地区城镇化模式

目前，西部地区城镇化模式有大城市发展模式、城市群发展模式和小城镇发展模式。大城市发展模式：我国西部的重庆、成都和西安等大城市经济发达，以这些大城市为依托，实现了孕育新兴产业、吸纳人口就业、带动城乡发展、促进相关地区的经济发展和社会进步的目的。城市群发展模式：目前，西部地区的成渝城市群、关中—天水城市群、天山北坡城市群和北部湾城市群等已初具规模，这些城市群发挥辐射功能，对次级区域的经济社会发展具有较强的带动作用，从而带动周边地区城镇化发展。小

[①] 骆江玲：《国内外城镇化模式及其启示——以江西省鄱阳县为例》，《世界农业》2012年第6期。

城镇发展模式：建制镇和中心镇是西部地区小城镇的主体，这些城镇起源于农村集镇，是农村地区基本生产生活资料的主要交易场所，这些小城镇的发展较好地促进了农村地区城镇化进程。

四 城镇化影响因素

（一）一般因素分析

城镇化是一个复杂的社会经济发展过程，因此城镇化要受到多种因素的影响。一般而言，城镇化的影响因素可以分为经济因素、社会因素、制度和政策因素、资源环境因素及技术因素五类。

1. 经济因素

经济因素是影响城镇化的首要因素，是推动城镇化进程的根本动力。经济总量、经济增长速度和经济结构都会对城镇化产生重要影响，伴随着经济增长速度的加快，经济发展水平的提高，经济结构会不断调整，城镇经济得以发展，农村剩余劳动力会转向非农产业，并逐渐向城镇转移。三大产业均与城镇化有着密切联系：农业是城镇化发展的基础；工业化是城镇化加速发展的最主要动力；而服务业的发展为城镇化提供后续动力，并有利于提高城镇化质量。

2. 社会因素

社会因素是影响城镇化的重要因素，一国或一地区社会稳定程度、人们的思想观念、民族状况、风俗习惯、科教文卫事业的发展状况等，都会对城镇化产生潜在的、长期的影响。

3. 制度和政策因素

政治制度、经济制度和社会管理制度等制度因素，会影响人口流动、经济发展和社会稳定，进而对城镇化发展水平和城镇化发展速度产生深远影响。如果各项制度能够适应城镇化发展的需要，则能够推动城镇化进程，促使城镇化规范有序地进行；反之，则会制约城镇化进程，限制城镇化发展。同时，政府政策也会对城镇化产生影响，政府制定的财政税收政策、产业政策等，都会直接影响经济发展状况，进而对城镇化产生影响。

4. 资源环境因素

充足的资源为城镇化提供物质基础，某地气候条件、水资源状况、土地资源状况、矿产资源状况、地理位置、地形条件等，都是城镇化发展的重要物质依托。而在城镇化进程中，充分有效地利用这些资源，注重节约资源和保护环境，会促进城镇化的可持续发展。

5. 技术因素

在科学技术日新月异的今天，技术因素也是推动城镇化的重要因素。技术的发展可以提高人们利用自然改造自然的能力，同时技术进步能够促进产业变革，拉动经济增长，并吸引大量劳动力流入城镇，这些因素都会加快城镇化的发展。

(二) 我国特殊因素

近年来，我国经济持续高速增长，产业结构不断调整，经济开放性程度不断提高。经济的高速增长是近年来我国城镇化的根本动力，促使我国城镇化水平快速提高。与此同时，政府的行政力量在城镇化发展过程中，也发挥着非常重要的作用，政府通过投入财政资金、规划产业布局、制定工程项目等方式，引导了城镇化发展。不仅如此，近年来政府对城镇化的重视程度日益提高，推行有利于城镇化的政策和战略规划，促进了城镇化发展。

然而，我国存在的一些特殊因素也阻碍了城镇化健康发展。首先，区域经济发展不平衡，东部地区经济发展水平较高，而中西部地区，特别是西部地区经济发展滞后，而且这三大经济区的资源环境状况存在较大差异，导致城镇化区域发展不协调。其次，我国的制度体系比较复杂，很多制度安排与城镇化进程不相适应，制约了我国城镇化发展。比如，中国特色的传统户籍制度是我国城镇化过程中一个主要的障碍因素。户籍制度在新中国成立初期曾对减轻城市压力起到了积极作用，但随着近来城乡交流的日益频繁，用户籍属性将大量农村剩余劳动力束缚在农村地区，严重阻碍了我国城镇化的发展。此外，我国农村土地制度、就业制度和社会保障制度不健全，也制约着城镇化的健康发展。最后，政府在行政管理方面存在职能分工不清晰、管理机制不全的问题，影响了地方城镇化建设。

(三) 西部地区特殊因素

我国西部地区疆域辽阔、人口稀少，是我国经济欠发达、需要加强开发的地区，同时也是我国少数民族的聚集地，大部分贫困人口分布于该地区，这些自然条件以及社会人文环境是影响西部地区城镇化发展的重要因素。

一方面，西部地区的自然条件，包括地形、气候、土壤等自然因素，对西部地区的城镇化发展都具有一定程度的阻碍作用。西部地区虽然疆域辽阔，但主要以山地高原为主，地势地形不利于大规模的人口聚集；高原气候、草原气候和大陆性气候的三大区域，生存条件较为恶劣，也对当地的经济发展造成了一定的影响，阻碍了城镇化进程；另一方面，西部地区的社会文化因素、风俗习惯等也严重影响着城镇化的顺利推进。西部地区是我国少数民族聚集的地方，五大民族自治区都分布在西部，以及很多其他的少数民族也聚集在云南、贵州、四川、重庆等地，少数民族有着自己独特的文化背景和风俗传统，他们独特的居住方式和生产生活习性都影响着西部的城镇化发展。

第二节 我国西部地区城镇化的现状分析

一 城镇化发展水平的测度方法

城镇化发展水平的测度方法主要包括单一指标法和复合指标法两种，单一指标法侧重于衡量城镇化某一方面的发展水平，而复合指标法则更加注重测度城镇化的综合发展水平。本书将同时使用单一指标法和复合指标法两种方法测度西部地区的城镇化水平，并在使用复合指标法时采用层次分析法确定最终测度结果。

（一）单一指标法

在研究城镇化发展水平的相关文献中，最常用的单一指标是经济指标和人口指标。其中，经济指标常用非农产业产值占总产值的比重，而人口指标一般是城镇人口或非农产业人口占总人口的比重。单一指标法选取的指标比较客观，易于量化，且数据具有较高的可得性，具有操作简单方便的优点，但同时也存在测度结果片面性的缺点。

（二）复合指标法

复合指标法是根据研究需要，综合利用各方面的测度指标，构建相应的指标体系，并采用主成分分析法、熵值法、层次分析法和因子分析法等方法确定最终的综合测度结果。层次分析法是将研究问题概念化，构建概念之间的逻辑关系，并建立判断矩阵，对层次排序进行计算，得出权重，最后利用加权求和得出最终的测度结果。城镇化是一个包含经济、人口、空间、社会等多个方面的复杂的经济发展过程，采用层次分析法不仅能够将研究问题数量化，也能简化系统分析与计算工作，故本章将使用层次分析法测度西部地区的城镇化水平。

目前，学术界并没有形成统一的城镇化水平测度指标体系，学者们往往根据自己的研究重点，构建合适的指标体系。例如，丁健（2005）选取了城市人口比重、适龄人口入学率、人均道路铺设面积、城市自来水普及率、城市人均住房面积、城市万人拥有医生数、城市人均公共绿化面积等9项指标，测度了人口城镇化情况。而孔凡文等（2006）认为，我国城镇化质量评价指标体系应包括四级指标：一级指标是指城镇化质量评价的综合指数，反映城镇化质量整体水平；二级指标包括经济发展、社会发展、基础设施、生活方式、人居环境、城镇管理六个方面的单项指标；三级指标即每一个单项指标所包含的细分指标群体，也称群体指标；四级指标是反映每一个群体指标的具体指标。任军号等（2005）认为，区域城镇化水平测度指标是反映城镇化发展的基础指标、水平指标以及反映区域范围城乡共同发展的水平指标的综合体系，并分别从资源环境、环境基础、经济基础、空间城镇化、产业城镇化、经济城镇化、人口城镇化、生活方式和生活质量城镇化、文明城镇化和城乡协调发展几个方面对城镇化水平进行了分析。根据前文对城镇化概念的界定，城镇化是经济、人口、空间和社会四个方面的综合发展过程，因此，本章将从这四个层面建立城镇化水平测度指标体系，同时参考已有研究，设定每个层面的具体指标。指标体系见表3-1。

表3-1　　　　　　　城镇化水平测度指标体系

类别	具体评价指标
经济城镇化	人均GDP，人均工业总产值，第二、第三产业产值占GDP的比重，第三产业与第二产业产值比，税收占地区GDP比重
人口城镇化	城镇人口比重，非农业人口比重，第二、第三产业就业人口占总就业人口比重，建成区人口密度
空间城镇化	城镇居民人均住房建筑面积、人均道路铺设面积、人均公共绿地面积、建成区绿化面积
社会城镇化	城镇居民人均可支配收入、每万人拥有医生数、每万人拥有床位数、每万人拥有电话数、每万人在校大学生数、人均社会消费品零售总额、人均拥有政府财政科技支出

（三）城镇化综合水平测度模型构建

在建立模型之前，有必要先对测度指标进行分类，并进行标准化处理，为后文的计算做好准备。首先，根据具体指标与城镇化综合水平的关系差异，将评价指标分为三类：正向指标，或称效益型指标，这类指标值越大，城镇化综合水平越高；负向指标，或称成本型指标，这类指标值越小，城镇化综合水平越高；适中型指标，这类指标既不能太大，也不能太小，与某一标准值越接近，城镇化综合水平越高。

在本章选择的 20 个具体指标中，不含负向指标，且除税收占地区 GDP 比重和建成区人口密度属于适中型指标外，其他指标均为正向指标。为实现西部地区与东部地区城镇化水平的对比分析，本章对各项指标进行了标准化处理，即分别计算出东部地区 11 个省市 2011 年 20 个指标的标准值，并以此为参照，将西部地区 12 个省（市、自治区）2001—2011 年各项指标进行无量纲化，然后采用层次分析法确定各指标的权重，最终计算出西部各省市的城镇化综合水平。具体计算公式为：

$$U_{ct} = 1 + \sum_{i=1}^{18} \frac{(U_{it} - S_i)}{S_i} W_i - \sum_{j=1}^{2} \frac{|U_{jt} - S_j|}{S_j} W_j \tag{3.1}$$

式（3.1）中，U_{ct} 表示 t 时间点时的城镇 N 化综合水平，U_{it} 表示正向指标值，U_{jt} 表示适中型指标值，W_i 表示正向指标的权重，W_j 表示适中型指标权重，S_i 表示正向指标的标准值，S_j 表示适中型指标的标准值，下标 i 和 j 分别表示正向指标和适中型指标的序号（$i=1, 2, \cdots, 18$；$j=1, 2$），t 表示时间（$t=1, 2, \cdots, 11$）。

二 单一指标法测度结果及分析

尽管单一指标法在测度城镇化水平上存在一些不合理的地方，比如，把城镇化仅仅理解为城镇人口的增加或城镇经济比重的增大，但单一指标法能够将地区某一方面的城镇化发展状况直观地呈现出来，具有直接明了的优点。因此，单一指标法的测度结果依然具有重要的参考价值。

（一）西部地区人口城镇化水平

人口指标是测度城镇化水平的最原始指标，学界最初认为城镇化最主要体现在人口城镇化上面，并且人口指标能最直接、最客观地体现某地区城镇化水平。本章对人口城镇化的测度方法：选取 1980—2010 年全国各省各产业的就业人口比重数据，计算出非农产业就业人口比重，并统计出各省在 31 年里的非农产业就业人口比重数据中的最低值、最高值、中位数和平均数，计算出各个地区相应指标的平均值（如表 3-2 所示）。

表3-2 1980—2010年全国各省人口城镇化指标（非农就业人口比重）

单位:%

地区	最低值	最高值	中位数	平均数
北京	75.64	95.06	88.60	87.51
天津	78.26	85.59	80.81	81.57
河北	24.93	61.96	48.60	45.02
山东	21.17	64.55	45.60	43.58
辽宁	58.58	68.90	65.62	64.62
上海	70.98	96.07	88.70	87.48
江苏	29.55	81.33	57.20	56.65
浙江	30.24	84.11	57.30	57.42
福建	27.07	70.82	49.22	48.27
广东	29.32	74.32	58.80	54.01
海南	20.50	50.18	38.70	35.26
东部地区（平均）	42.39	75.72	61.74	60.13
河南	18.72	55.12	35.90	35.75
湖北	26.84	70.46	48.90	46.36
湖南	22.94	53.40	38.94	37.20
山西	37.67	61.67	53.30	52.80
吉林	49.30	57.97	53.64	53.32
黑龙江	49.00	63.90	55.74	56.51
安徽	18.71	60.01	39.30	37.60
江西	22.30	62.40	44.30	42.31
中部地区（平均）	30.69	60.61	46.25	45.23
重庆	41.50	66.91	51.21	52.03
四川	19.07	57.14	36.90	35.73
贵州	17.12	50.37	26.30	28.88
云南	14.97	40.60	23.17	24.43
西藏	22.80	88.68	46.87	58.42
陕西	27.30	56.15	40.50	40.84
甘肃	19.79	48.91	40.40	36.99
青海	31.20	58.05	40.03	42.54
宁夏	29.51	60.64	41.10	41.95

续表

地区	最低值	最高值	中位数	平均数
新疆	29.99	48.94	42.30	41.20
内蒙古	34.03	51.90	45.55	44.53
广西	16.99	46.66	33.60	31.31
西部地区（平均）	25.36	56.25	38.99	39.90

注：由于数据缺失，重庆市数据为1997—2010年，天津市数据为1985—2010年，甘肃省数据为1983—2010年。数据均来源于国泰安数据库。

从表3-2可以看出，东、中、西部地区的城镇化水平呈现出阶梯式下降的趋势。西部地区人口城镇化平均水平比中部地区低5个百分点左右，中部地区的人口城镇化平均水平比东部地区低大约15个百分点。与东、中部地区相比，西部地区城镇化水平起点低，发展速度相对较慢，因而与东、中部地区的差距较大。从三个地区的人口城镇化指标数据综合来看，全国的人口城镇化发展速度基本一致，经过近三十年的发展，各地区各指标的差距基本保持不变。这说明，虽然近些年来我国的户籍制度改革工作已经有了很大的进展，但实行多年的城乡户籍制度对城镇化的影响依然存在。严格的户籍管理政策是造成全国人口城镇化水平几乎以相同的速率向前发展的原因之一。从各地区的平均数的最低值与最高值来看，西部地区的人口城镇化速度低于东部地区，但近年来的发展活力要强于中部地区。

通过对比分析我国东、中、西部地区的人口城镇化指标，可总结出我国西部地区的城镇化水平有如下特点：第一，我国西部地区城镇化水平起点低，发展速度相对较慢；第二，我国的户籍政策对城镇化水平影响极大，从人口指标上来看，全国城镇化步伐基本一致，发展速度受政策影响较大；第三，虽然西部地区城镇化起点低，发展慢，但近些年来发展活力有超过中部地区的趋势；第四，近三十年来，西部地区的城镇化水平总体上比中部地区低大约5个百分点，比东部地区约低20个百分点。

（二）西部地区经济城镇化水平

本章主要采用某地区非农产业产值占总产值（GDP）的比重来衡量该地区在经济维度的城镇化水平。为尽可能宏观把握西部地区城镇化发展的整体情况，本章从历年的《中国统计年鉴》和各省的统计年鉴收集了1980—2010年31年间各省各产业的产值比重数据，计算出非农产业产值比重，统计结果如表 3-3 所示。

表 3-3　1980—2010 年全国各省经济城镇化指标（非农产业比重）

单位：%

地区	最低值	最高值	中位数	平均数
北京	90.96	99.03	95.44	95.40
天津	89.91	98.40	93.97	94.40
河北	63.95	87.40	79.89	78.63
山东	59.64	90.80	79.61	77.68
辽宁	80.16	91.20	86.76	86.57
上海	95.58	99.30	97.61	97.49
江苏	65.36	93.90	83.53	81.58
浙江	63.73	95.10	84.54	82.45
福建	62.45	90.70	77.93	77.12
广东	65.24	95.00	85.43	82.73
海南	50.02	73.90	64.61	64.09
东部地区（平均）	71.55	92.25	84.48	83.47
河南	56.25	85.90	75.04	72.56
湖北	57.88	86.60	72.16	73.30
湖南	53.56	85.50	68.74	69.62
山西	73.19	95.60	85.32	86.37
吉林	62.21	87.90	74.85	76.27
黑龙江	71.51	88.92	82.93	82.49
安徽	48.13	86.00	71.23	69.72
江西	52.29	87.20	68.79	69.59
中部地区（平均）	59.38	87.95	74.88	74.99
重庆	59.23	91.40	74.33	75.16
四川	54.45	85.60	72.84	70.14
贵州	52.93	86.40	65.00	68.57
云南	56.20	84.70	75.99	72.06
西藏	39.42	86.50	58.14	62.50
陕西	65.32	90.33	79.39	79.34
甘肃	69.78	85.72	77.10	78.12
青海	71.89	90.07	78.06	79.96

续表

地区	最低值	最高值	中位数	平均数
宁夏	68.16	90.60	79.79	79.38
新疆	56.91	83.60	72.33	71.20
内蒙古	64.26	90.60	72.04	75.84
广西	51.10	82.50	69.96	67.82
西部地区（平均）	59.14	87.33	72.91	67.65

注：由于数据缺失，海南省选取了1987—2010年的数据。数据均来源于国泰安数据库。

从表3-3可以看出，近三十年来，我国中、西部地区的城镇化水平差距不大，西部地区的城镇化水平明显低于东部地区。从中、西部地区的平均水平看，非农产业比重的最低平均值与最高平均数基本一致；但从中位数的平均值来看，西部地区的城镇化水平整体偏低；从平均值的平均数来看，西部地区的城镇化水平比中部地区的低大概7个百分点。从各项指标的平均数来看，西部地区城镇化各项指标均低于东部地区10个百分点以上，说明西部地区城镇化发展的起点比较低，且多年来城镇化水平远低于东部地区。从平均数的最高值来看，虽然西部地区的指标值低于东部地区5个百分点，但西部地区城镇化水平与东部地区的差距在缩小（我国城镇化水平随时间不断发展进步，故最高值能更准确地反映出现阶段的城镇化水平，而最低值则反映样本选取区间初期的城镇化水平）。

通过与中东部地区经济城镇化指标的比较分析，本书认为我国西部地区的经济城镇化水平在近三十年来有如下特征：第一，从单个省市、自治区上看，西部与中部地区的指标数值在相同的区间内波动上升，从整个西部地区来看，其城镇化水平比中部地区低大概7个百分点；第二，近三十年来，西部地区的城镇化水平均远低于东部地区，各项指标均落后于东部地区，过去三十年平均城镇化水平落后东部地区近16个百分点；第三，西部地区的城镇化水平起点低，但发展较快，与东部地区的差距有缩小的趋势。

（三）城市建设类指标[①]

第一，城市建设用地面积以及城市人口密度可以体现出各省（市、自

---

① 本小节所用数据均来自《中国统计年鉴》，为2010年我国城市建设指标数据。

治区）的城镇化差距。城镇化不仅要看有多少人住进了城市，更要看城市为市民提供了多少基础设施，市民如何享受这些"城市福利"。四川是西部地区占地面积最大的省份，面积达1610.31平方公里，故虽四川人口较多，但人口密度仍处于较低水平。城市人口密度最大的省份是陕西省，达到每平方公里5506人，是西藏（西部人口密度最小的地区）的10倍左右。

第二，完善的交通设施是城市健康有序运行的重要保证。西部地区独特的地理环境、地形条件限制了其交通发展。2010年末道路长度最长的是四川，达9584.2公里，西藏最短，仅为340.6公里；四川省城市桥梁达1573座，重庆市城市桥梁达1136座。众多的桥梁为贯通西部地区提供了极大的便利，成为西部交通的一大特色。在公共交通方面，西部省市、自治区的公共交通车辆运营数差异很大，四川（15288辆）几乎达到了重庆（7660辆）的2倍，这与重庆庞大的城市人口数量极为不相适应。另外，西藏、青海和宁夏只有2000多辆公共交通车辆，而其他省市、自治区均有4000—7000辆不等。

第三，城市的排污能力和道路照明情况也体现出城市的发展建设水平。西部地区的城市排水管道长度参差不齐，四川的城市排水管道最长，达到14498公里，西藏最短，只有293公里；城市道路照明灯数量最多的仍是四川，有近70万盏，其次是内蒙古（60万盏）和陕西（50万盏）。

第四，生活用水是保证居民生活质量的关键，公用厕所的建设也关系着市民生活的便利程度。西部各省市的城市用水率基本能达到95%以上，只有内蒙古在90%以下。从每万人拥有的公厕数量上看，最多的是西藏、青海、宁夏和内蒙古，均达到4个以上，而最少的是重庆，平均每万人只有1.5个。

第五，城市的生态环境体现着居民生存环境质量的好坏。从西部各省（市、自治区）人均拥有绿地面积的数据上看，多数省（市、自治区）在10%左右，最多的宁夏达到16.18%，最少的西藏只有5.78%。除去自然气候因素的影响，人口较为稀少的省"市、自治区"的绿地面积仍然十分匮乏。

三 复合指标法测度结果及分析

本节对我国西部地区城镇化综合水平进行测度。首先，将前文建立的城镇化综合评价指标体系划分为目标层A、准则层C和指标层P，构建目标层下各准则层之间两两比较判断矩阵和准则层下各指标层两两比较判断矩阵。其次,运用层次分析法,使用软件 yaahpV0.5.3 计算出各准则层和指标层的权重。再次,以各指标的标准值为参照,对西部各地区各年的指标进行标准化处理。最后,根据各指标的权重和标准化处理后的数据,计算各地区 2001—2011 年的城镇化综合水平。

(一)综合评价指标体系目标层 A、准则层 C 和指标层 P

表 3-4　　　　　城镇化综合评价指标体系层次划分

目标层 A	准则层 C	指标层 P
城镇化综合水平 A	经济城镇化 C1	人均 GDP（元）P1
		人均工业总产值（元）P2
		第二、第三产业占 GDP 比重（%）P3
		第三产业与第二产业产值比 P4
		税收占地区 GDP 比重（%）P5
	人口城镇化 C2	城镇人口比重（%）P6
		非农业人口比重（%）P7
		第二、第三产业就业人口占总就业人口比重（%）P8
		建成区人口密度（人/平方公里）P9
	空间城镇化 C3	城镇居民人均住房建筑面积（平方米）P10
		人均道路铺设面积（平方米）P11
		人均公共绿地面积（平方米）P12
		建成区绿化覆盖率（%）P13
	社会城镇化 C4	城镇居民人均可支配收入（元）P14
		每万人拥有医生数（人）P15
		每万人拥有床位数（张）P16
		每万人拥有电话数（部）P17
		每万人在校大学生数（人）P18
		人均社会消费品零售总额（元）P19
		人均拥有政府财政科技支出（元）P20

(二)构建两两比较判断矩阵、计算各指标权重

首先,采用德尔菲法确定准则层各因素和各指标层的重要程度。参考其他类似研究,通过咨询专家学者,本章对各指标的重要程度进行了判断,并确定出两两指标间的重要性标度（如表 3-5 所示）。

表 3-5　　　　　　　　　　　重要性标度含义

重要性标度	含义
1	表示两个元素相比，具有同等重要性
3	表示两个元素相比，前者比后者稍重要
5	表示两个元素相比，前者比后者明显重要
7	表示两个元素相比，前者比后者强烈重要
9	表示两个元素相比，前者比后者极端重要
2，4，6，8	表示上述判断的中间值
倒数	若元素 i 与元素 j 的重要性之比为 aij，则元素 j 与元素 i 的重要性之比为 $1/aji$

其次，根据专家打分，得出以下两两判断矩阵，将该数据输入软件 yaahpV0.5.3 中，得出各指标所对应的上层指标的权重（如表 3-6 至表 3-10 所示）。

表 3-6　　　　　　　　　　　判断矩阵 A-C

A	C1	C2	C3	C4	W
C1	1	2	2	1	0.3317
C2	1/2	1	2	1/2	0.1972
C3	1/2	1/2	1	1/2	0.1394
C4	1	2	2	1	0.3317

注：$\lambda \max = 4.064$，$CR = 0.0226 < 0.1$。

表 3-7　　　　　　　　　　　判断矩阵 C1-P

C1	P1	P2	P3	P4	P5	W
P1	1	1	2	2	3	0.2970
P2	1	1	2	2	3	0.2970
P3	1/2	1/2	1	2	2	0.1807
P4	1/2	1/2	1/2	1	2	0.1370
P5	1/3	1/3	1/2	1/2	1	0.0883

注：$\lambda \max = 5.0715$，$CR = 0.0160 < 0.1$。

表 3 – 8　　　　　　　　　　判断矩阵 C2 – P

C2	P6	P7	P8	P9	W
P6	1	1/2	1/2	2	0.2616
P7	2	1	3	3	0.4531
P8	1/2	1/3	1	2	0.1671
P9	1/2	1/3	1/2	1	0.1182

注：$\lambda \max = 4.0709$，$CR = 0.0265 < 0.1$。

表 3 – 9　　　　　　　　　　判断矩阵 C3 – P

C3	P10	P11	P12	P13	W
P10	1	2	3	3	0.4550
P11	1/2	1	2	2	0.2627
P12	1/3	1/2	1	1	0.1411
P13	1/3	1/2	1	1	0.1411

注：$\lambda \max = 4.0104$，$CR = 0.0039 < 0.1$。

表 3 – 10　　　　　　　　　判断矩阵 C4 – P

C4	P14	P15	P16	P17	P18	P19	P20	W
P14	1	3	3	2	2	1/2	3	0.2186
P15	1/3	1	1	/12	1/2	1/3	1/2	0.0671
P16	1/3	1	1	/12	1/2	1/3	1/2	0.0671
P17	1/2	2	2	1	1	1/3	2	0.1288
P18	1/2	2	2	1	1	1/3	2	0.1288
P19	2	3	3	3	3	1	3	0.2992
P20	1/3	2	2	1/2	1/2	1/3	1	0.0903

注：$\lambda \max = 7.1821$，$CR = 0.0223 < 0.1$。

（三）计算各指标的标准值

以东部地区 2011 年的数据为参照标准，求出东部 11 个省市每个指标的加权平均值，并作为各指标的标准值。同时，根据上文汇总的各指标权重，得到表 3 – 11。

表3-11　城镇化综合水平评价各指标权重及标准值

目标层A	准则层C	相对于A权重	指标层P	相对于C权重	相对于A权重	指标标准值S
城镇化综合水平	经济城镇化C1	0.3317	人均工业总产值（元）	0.2970	0.0985	98622.447
			第二、第三产业占GDP比重（%）	0.1807	0.0599	93.59611
			第三产业与第二产业产值比	0.1370	0.0454	0.8964169
			税收占地区GDP比重（%）	0.0883	0.0293	8.9016651
	人口城镇化C2	0.1972	城镇人口比重（%）	0.2616	0.0516	61.011594
			非农业人口比重（%）	0.4531	0.0894	51.303093
			第二、第三产业就业人口占总就业人口比重（%）	0.1671	0.0330	74.657526
			建成区人口密度（人/平方公里）	0.1182	0.0233	15002.563
	空间城镇化C3	0.1394	城镇居民人均住房建筑面积（平方米）	0.4550	0.0635	32.488977
			人均道路铺设面积（平方米）	0.2627	0.0366	13.214718
			人均公共绿地面积（平方米）	0.1411	0.0197	11.181416
			建成区绿化覆盖率（%）	0.1411	0.0197	40.903052
	社会城镇化C4	0.3317	城镇居民人均可支配收入（元）	0.2186	0.0725	25904.908
			每万人拥有医生数（人）	0.0671	0.0223	19.965674
			每万人拥有床位数（张）	0.0671	0.0223	37.256447
			每万人拥有电话数（部）	0.1288	0.0427	12461.286
			每万人在校大学生数（人）	0.1288	0.0427	190.33221
			人均社会消费品零售总额（元）	0.2992	0.0992	19072.145
			人均拥有政府财政科技支出（元）	0.0903	0.0300	234.87907

（四）西部地区城镇化综合水平

根据各指标的标准值，将西部各省（市、自治区）2001—2011年各指标数据代入测度模型，测算出我国西部地区城镇化综合水平及各子系统的城镇化水平。

1. 西部地区城镇化综合水平及发展变化情况

表 3 - 12　　　　　　西部地区城镇化综合水平测度结果

地区	2001年	2002年	2003年	2004年	2005年	2006年	2007年	2008年	2009年	2010年	2011年
重庆	0.3614	0.4021	0.4337	0.4583	0.4872	0.5237	0.5494	0.5895	0.6264	0.6767	0.7461
四川	0.3714	0.3769	0.4207	0.4373	0.4574	0.4877	0.5075	0.5356	0.5670	0.5953	0.6417
贵州	0.3216	0.3495	0.3595	0.3726	0.3860	0.3972	0.4256	0.4461	0.4718	0.4964	0.5270
云南	0.3669	0.3642	0.3722	0.3842	0.4084	0.4178	0.4497	0.4816	0.5072	0.5347	0.5779
广西	0.3811	0.3912	0.3969	0.4193	0.4396	0.4577	0.4742	0.5032	0.5342	0.5605	0.6030
西藏	0.3782	0.4231	0.4032	0.4391	0.4474	0.4854	0.5105	0.5268	0.5428	0.5554	0.5957
陕西	0.3901	0.4087	0.4267	0.4459	0.4776	0.5103	0.5413	0.5811	0.6255	0.6738	0.7271
甘肃	0.3936	0.4088	0.4293	0.4338	0.4856	0.4618	0.4801	0.5085	0.5321	0.5619	0.5968
宁夏	0.4103	0.4231	0.4576	0.4772	0.5026	0.5413	0.5732	0.6136	0.6553	0.6755	0.7313
内蒙古	0.4498	0.4612	0.4850	0.5181	0.5581	0.5907	0.6369	0.7016	0.7551	0.8105	0.8840
新疆	0.4762	0.4838	0.4813	0.4919	0.5233	0.5447	0.5578	0.5785	0.5957	0.6511	0.7078
青海	0.3889	0.4103	0.4211	0.4316	0.4485	0.4661	0.4906	0.5417	0.5699	0.5945	0.6405

根据表 3 - 12 的数据，做折线图直观反映各省（市、自治区）的城镇化发展变化情况，如图 3 - 1 所示。

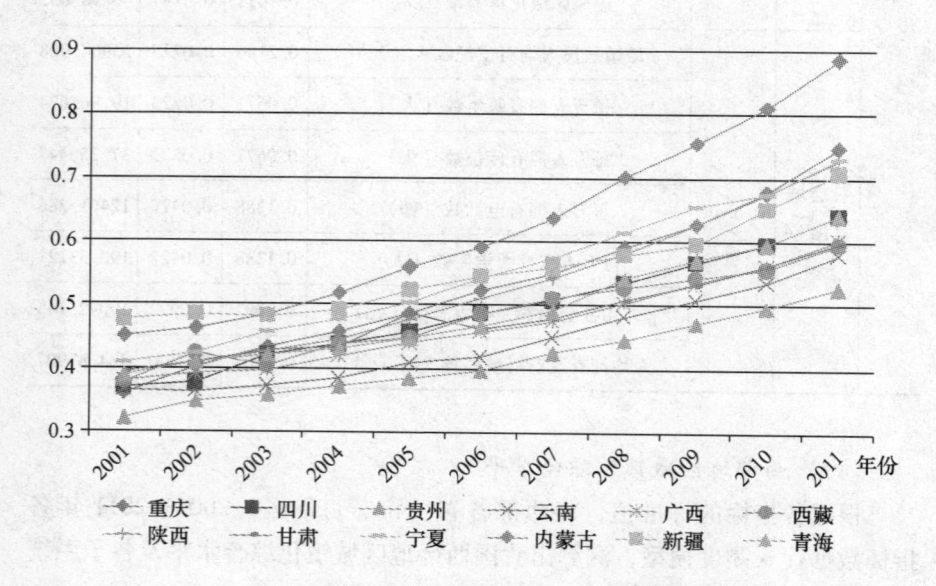

图 3 - 1　2001—2011 年我国西部地区城镇化综合水平变化情况

根据表 3-12 和图 3-1 可以看出，2001—2011 年间西部地区城镇化进程较快，且呈现加速推进趋势。然而，西部各省（市、自治区）之间城镇化综合水平发展不均衡的现象也逐渐凸显出来。2001 年，西部各省（市、自治区）城镇化综合水平的最高值比最低值高 0.1546；到 2006 年，极差增加到 0.1935；2011 年，西部地区城镇化综合水平的极差进一步扩大至 0.357。这说明，随着西部地区城镇化综合水平的提高，不同省（市、自治区）之间城镇化综合水平的差异也日益扩大。在西部各省（市、自治区）中，城镇化综合水平上升最快的是内蒙古自治区和重庆市。内蒙古自治区矿产资源极为丰富，近年经济增长速度长期位列西部第一，2011 年人均 GDP 在大陆 31 个省（自治区）中排名第六，超过多个东部沿海省份，且该年其他多项城镇化衡量指标均超过东部地区；重庆市作为西部唯一的直辖市，其经济社会发展具有较多的政策优势，而且自身经济和城镇化基础较好，因此城镇化综合水平提升迅速。2011 年，重庆市城镇化综合水平比 2001 年提高了 0.3847，并且从 2010 年开始，该地区城镇化综合水平便跃居西部第二位。西部地区城镇化综合水平提升较慢的省（自治区）是甘肃、贵州、云南和西藏，这些地区的自然条件和区位条件较差，交通不便，使得当地经济发展也较为缓慢，同时城镇化发展也受到经济、地形等各种条件的限制，因此，2011 年城镇化综合水平仅比 2001 年城镇化综合水平提高了 0.2 左右。

2. 西部地区城镇化综合水平区域差异

为了更直观地反映西部地区城镇化综合水平的区域差异，本书以表 3-12 为基础，绘制出 2001 年和 2011 年两个时点上西部地区城镇化综合水平区域差异图，以反映西部地区城镇化综合水平的区域差异和变化情况。鉴于两个时点西部地区城镇化综合水平差异较大，本节就两个时间点分别确立城镇化综合水平等级。由于 2001 年的城镇化综合水平差异较小，因此本节将这一时点的城镇化综合水平分为 4 个等级：低于 0.35 的为低城镇化水平，处于 0.35—0.4 的为较低城镇化水平，处于 0.4—0.45 的为中等城镇化水平，处于 0.45—0.5 的为较高城镇化水平。而到 2011 年，城镇化综合水平差异相对较大，因此本节将该时点的城镇化综合水平分为 5 个等级：低于 0.6 的为低城镇化水平，处于 0.6—0.65 的为较低城镇化水平，处于 0.65—0.7 的为中等城镇化水平，处于 0.7—0.75 的为较高城镇化水平，处于 0.75 以上的为高城镇化水平。照此标准，本书绘制了 2001 年和 2011 年西部地区城镇化综合水平差异图，如图 3-2、图 3-3 所示。

图 3-2 城镇化综合水平区域差异（2001 年）

图 3-3 城镇化综合水平区域差异（2011 年）

根据图3-2和图3-3，结合表3-12测算的城镇化综合水平值，可以看出，目前西部地区城镇化综合水平仍比较低。从与东部的对比上看，2001年，西部地区城镇化综合水平平均值约为0.3908，表明2001年西部地区城镇化综合水平大约仅为2011年东部地区城镇化综合水平的39.08%，2011年，西部地区城镇化综合水平平均值约为0.6649，表明2011年西部地区城镇化综合水平大约只是同时期东部地区城镇化综合水平的66.49%。从西部地区内部城镇化综合水平差异上看，2001年，西部有10个省（市、自治区）处于低城镇化水平和较低城镇化水平，处于中等城镇化水平和较高城镇化水平的省（市、自治区）仅有两个；2011年，西部有7个省（市、自治区）处于低城镇化水平和较低城镇化水平，没有省（市、自治区）处于中等城镇化水平，有4个省（市、自治区）处于较高城镇化水平，有1个省（市、自治区）处于高城镇化水平，而且处于低城镇化水平和较低城镇化水平的7个省（市、自治区）无论是版图面积、经济总量还是人口规模，均在整个西部地区占相当大的比重。

从图3-2、图3-3中也可以看出，大体上内蒙古和西北地区的城镇化水平高于西南地区的城镇化水平，西部地区整体呈现出北高南低的特点，并随着时间推移，这一特点表现得越来越明显。与此同时，这种南北差异也呈现出了逐年扩大趋势。同时随着西部地区城镇化综合水平的提高，西部地区城镇化综合水平不同等级省（市、自治区）的数量比也发生了变化，2001年，较高城镇化水平、中等城镇化水平、较低城镇化水平和低城镇化水平省（市、自治区）数量比为1∶1∶9∶1，2011年，高城镇化水平、较高城镇化水平、中等城镇化水平和较低城镇化水平和低城镇化水平省（市、自治区）数量比为1∶4∶0∶3∶3，可以看出不同城镇化综合水平等级省（市、自治区）数量的分布由不均衡趋向均衡，这是城镇化综合水平提高和差异扩大的结果。

3. 西部地区城镇化综合水平及各子系统城镇化水平平均值

西部地区各年城镇化综合水平的平均值以及城镇化各子系统水平的平均值如表3-13所示。

从表3-13和图3-4可以看出，近年来，西部地区城镇化呈快速发展趋势。2011年西部各省（市、自治区）城镇化综合水平的平均值比2001年增长了0.2741，其中2006年城镇化综合水平平均值比2001年增

表3-13　西部地区城镇化综合水平及其子系统水平平均值（2001—2011年）

年份	2001	2002	2003	2004	2005	2006	2007	2008	2009	2010	2011
城镇化综合水平	0.3908	0.4086	0.4239	0.4424	0.4685	0.4904	0.5164	0.5506	0.5819	0.6155	0.6649
经济城镇化水平	0.4421	0.4592	0.4512	0.4601	0.4688	0.4809	0.4871	0.5144	0.5432	0.5755	0.6303
人口城镇化水平	0.4421	0.4592	0.4512	0.4601	0.4688	0.4809	0.4871	0.5144	0.5432	0.5755	0.6303
空间城镇化水平	0.5311	0.5726	0.6160	0.6464	0.7092	0.7409	0.7791	0.8145	0.8564	0.8782	0.9142
社会城镇化水平	0.2287	0.2370	0.2602	0.2870	0.3203	0.3523	0.4028	0.4577	0.4995	0.5450	0.6087

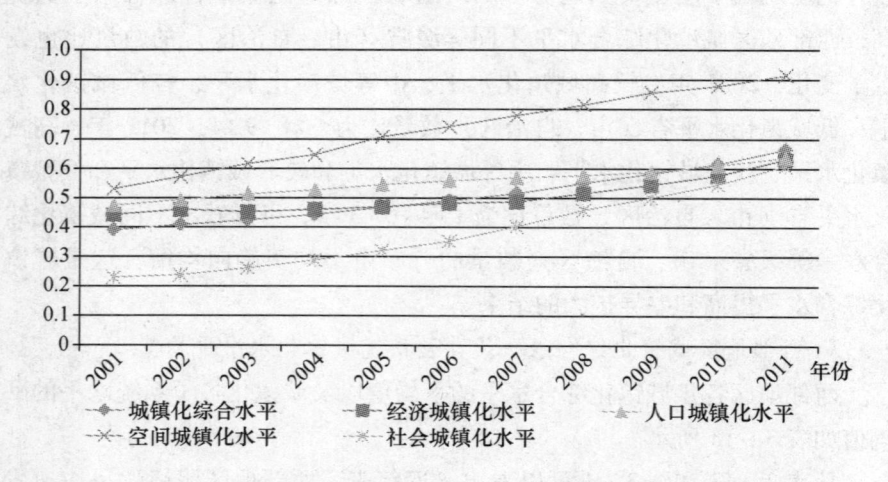

图3-4　西部地区城镇化综合水平和城镇化各子系统水平平均值变化（2001—2011年）

长了 0.0996，2011 年城镇化综合水平平均值又比 2006 年增长了 0.1745。因而可以看出，2006—2011 年间西部地区城镇化综合水平增速几乎是 2001—2006 年间城镇化综合水平增速的 2 倍。

同时，西部地区城镇化各子系统中，空间城镇化水平平均值最高，人口城镇化水平平均值其次，接着是经济城镇化水平，而社会城镇化水平平均值最低。2011 年，西部地区空间城镇化水平平均值达到 0.9142，非常接近东部地区空间城镇化水平，这主要是因为相对于东部地区而言，西部地区人口密度较低，进行城镇化建设具有空间优势。而西部地区较低的社会城镇化水平，则主要是由于其经济发展水平较低造成的。并且从图 3 - 4 中可以看出，随着西部地区经济城镇化水平平均值的不断提高，其社会城镇化水平平均值也迅速提高。

在图 3 - 4 中，空间城镇化水平平均值始终高于城镇化综合水平平均值，且二者之间的差值较大，但由于空间城镇化权重较小，因此对城镇化综合水平的影响并不明显；经济城镇化、人口城镇化水平平均值与城镇化综合水平平均值差异不大，且变化较为一致；社会城镇化水平平均值始终低于城镇化综合水平平均值，而社会城镇化由于其对城镇化质量具有十分重要的意义，因此权重较大，一定程度上成为制约城镇化综合水平提高的最主要因素。从图 3 - 4 中还可以看出，随着城镇化综合水平的提高，西部地区城镇化综合水平平均值、经济城镇化水平平均值、人口城镇化水平平均值和社会城镇化水平平均值之间的差异越来越小，逐渐趋于一致，说明随着时间的推移，西部地区经济城镇化、人口城镇化和社会城镇化三者之间发展越来越协调。

第三节 小 结

本章从城镇化的概念、类型、模式、影响因素四个方面对城镇化的相关理论进行了介绍，并综合运用单一指标法和复合指标法对我国西部地区的城镇化水平进行了测度。采用单一指标法测算时，选取人口、经济等相关指标，直接而宏观地把握西部地区目前的城镇化发展状况，并与中、东部地区进行对比分析；采用复合指标法测算时，从经济城镇化、人口城镇化、空间城镇化和社会城镇化四个方面构建指标体系，综合测度西部地区的城镇化水平，力求将西部地区的城镇化发展状况立体化呈现在读者面前，克服了以往过于注重人口和空间城镇化的不足，而且更加注重社会城镇化的内涵，强调城镇化发展对人们生活质量改善和生活方式转变的作用。

测度结果显示：第一，近几年西部地区城镇化发展呈加速趋势，然而地区内部城镇化水平差距也在逐渐扩大；第二，内蒙古和重庆的城镇化发展较快、水平较高，甘肃、西藏、贵州、云南等省（市、自治区）发展较为缓慢、城镇化水平偏低，西部地区城镇化综合水平呈现出北高南低的特点；第三，从西部地区城镇化的四个层面看，空间城镇化发展水平最高，经济和人口城镇化居中，社会城镇化发展水平最低，说明西部地区社会城镇化发展滞后于其他城镇化；第四，从时间上来看，随着西部地区城镇化综合水平的提高，其经济城镇化、人口城镇化和社会城镇化之间的发展水平差异逐渐缩小，趋向协调，但与空间城镇化水平仍存在一定的差距。

第四章 服务业集聚与城镇化互动发展的机理

以往的研究以及发达国家的实践表明,服务业集聚与城镇化之间存在密切联系。城镇化能够通过改善服务业集聚的影响因素,为其提供良好的内外部发展环境;而服务业集聚能够为城镇化提供必要的产业基础和发展动力,推动城镇化进程。目前,我国服务业整体发展迅速,服务经济在国民经济中占据重要地位,且城镇化已进入快速发展时期,对经济社会的推动作用日益明显,从而为服务业集聚与城镇化的互动发展提供了基础条件,也为深入研究二者互动机理提供了现实依据和迫切要求。然而以往研究中,学者们在研究视角上大多侧重单向研究,而对服务业集聚与城镇化互动机制的研究则较少,缺乏全面、深入的认识。

基于此,本章主要研究服务业集聚与城镇化的互动机理,厘清二者互动发展的内在逻辑,为后续章节的研究奠定理论基础。一般而言,服务业集聚可分为生产性服务业集聚与非生产性服务业集聚,二者与城镇化之间的互动机制存在一定差异,因此为了条理清晰,本章将二者分开阐述。本章内容安排如下:首先研究生产性服务业集聚与城镇化的互动机理,并详细探讨信息服务业集聚、物流服务业集聚及金融服务业集聚与城镇化的互动机制;其次研究非生产性服务业集聚与城镇化的互动机理,并深入研究边贸服务业等五个服务行业集聚与城镇化的互动机制;最后对以上研究结论进行总结,凝练本章主要观点。

第一节 生产性服务业集聚与城镇化的互动机理

一 生产性服务业集聚与城镇化互动机理的理论框架

传统的生产性服务业集聚多依托于制造业,而现代社会中,也逐渐出现了单纯的生产性服务业集聚区,二者都与城镇化密切相关。本书借鉴魏江和周丹(2011)的研究,从内容、空间和能力三大维度来剖析生产性服务业集聚与城镇化的互动机理,进而探索二者互动发展的"黑箱"。

在图4-1中,有以下几层内在关系:内容维度的互动,指生产性服务业集聚与城镇化具体通过哪些内容来实现互动。总的来说,生产性服务业集聚与城镇化的互动体现在人口、资金、信息、工业、政策等要素上。空间维度的互动,指二者通过在区域层面、城镇层面和企业层面这三个不同的空间层面实现互动。能力维度的互动,指二者通过创新能力和整合能力这两种能力实现互动。需要指出的是,这三种维度之间不是相互孤立的,而是相互影响、相互作用的一个系统,共同阐释了生产性服务业集聚与城镇化之间的作用机理。

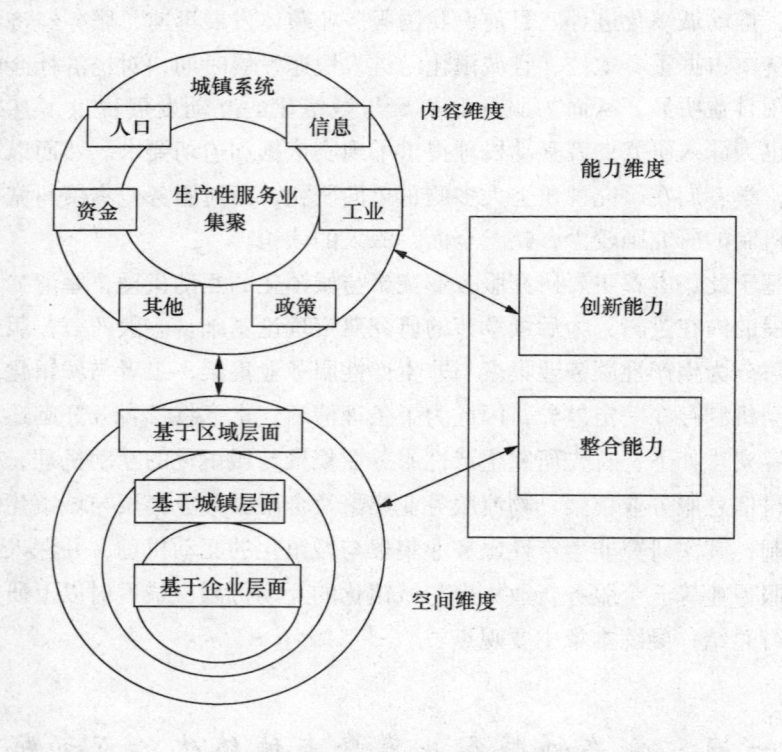

图4-1 生产性服务业集聚与城镇化互动机理研究逻辑

(一)基于内容维度的生产性服务业集聚与城镇化互动机理

通过构建一个以生产性服务业集聚和城镇化关系为主的系统分析模

型，从区内关系与区际关系两方面来阐述二者的作用机理，具体分析如图4-2所示。

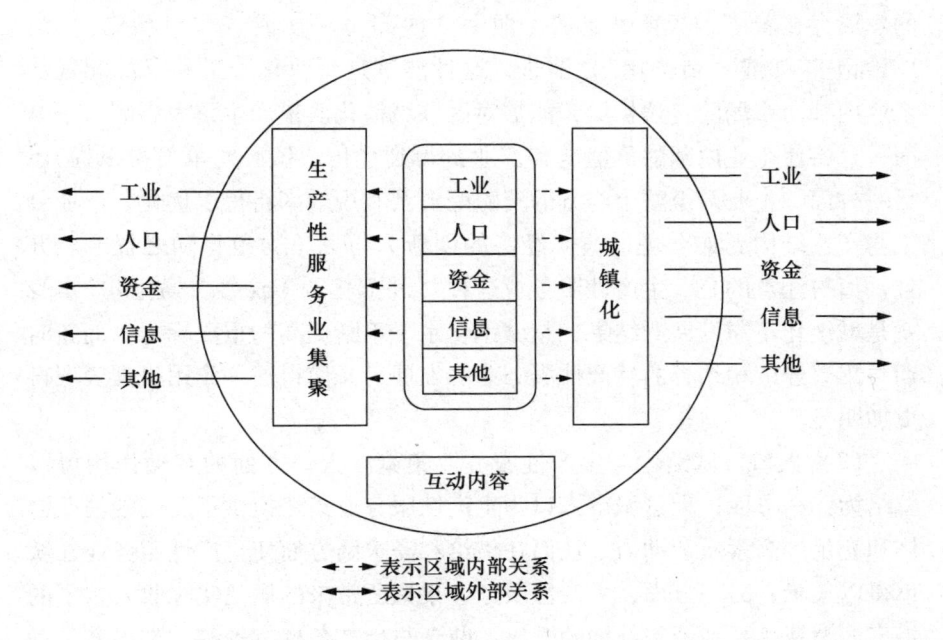

图4-2 基于内容维度的互动机理分析

1. 区域内生产性服务业集聚与城镇化互动机理

区域内生产性服务业集聚与城镇化的互动发展机理主要通过人口、资金、信息、工业、空间等内容实现。一方面，物流服务业的集聚有助于解决大机器工业生产分工带来的原料、产品和市场等问题，有利于工业集聚和城镇化的进一步发展；金融保险、信息咨询等产业的集聚能够促进资本扩张，进而带动城市经济的持续稳定发展，这体现了生产性服务业集聚对城镇化发展的促进作用。另一方面，城镇本身作为资源和要素的集聚地，也是工业的主要集聚场所，不仅能够为生产性服务业集聚提供充足的生产要素（劳动力、资金等），同时也为生产性服务业集聚提供了广阔的需求空间，促进其集聚发展。下面将从工业、人口、资金、信息等角度依次阐述区域内生产性服务业集聚与城镇化互动机理。

（1）工业。众所周知，生产性服务业是指为生产者提供作为中间投入的服务的部门与行业的统称，它与工业及其他产业密不可分。而生产性服务业集聚也往往是在工业集聚的基础上发展起来的,因此,探讨生产性服务业集聚与城镇化的互动关系必须考虑到工业这一纽带。生产性服务业的发展存在着一个规律性趋势,即由"内部化"(或"非市场化")向"外部化"(或"市场化")演进,这种演进是专业化分工和资源配置从企业内部向市场的自然扩展,能够对区域城镇化质量产生重大影响。一方面,这将使企业内部的价值链和产业链得到优化、核心竞争力得以提升;另一方面,企业乃至整个经济的资源配置及利用效率将得以优化,产业分工与产业结构更加合理,整体经济的创新力与竞争力也将随之提升。并且,值得注意的是,生产性服务业这种"外部化"(或"市场化")本身就是城镇化不断发展的结果,是城镇化水平不断提高的重要标志,而新时期与集聚经济相结合的生产性服务业的发展,又使得这一作用机理表现得更加明显。

(2)人口。城镇化与生产性服务业集聚在人口方面的互动作用可以总结为:一方面,大量城市人口为生产性服务业集聚提供了广阔的消费群体和充足的高素质劳动力,从而在供给和需求两方面使生产性服务业在城市得以集聚;另一方面,生产性服务业集聚所带来的居民实际收入水平的提高、消费水平和消费结构的升级、劳动与生产条件改善等,都提高了城镇化的质量,并吸引了大量人口进一步向城市集聚(如图4-3所示)。

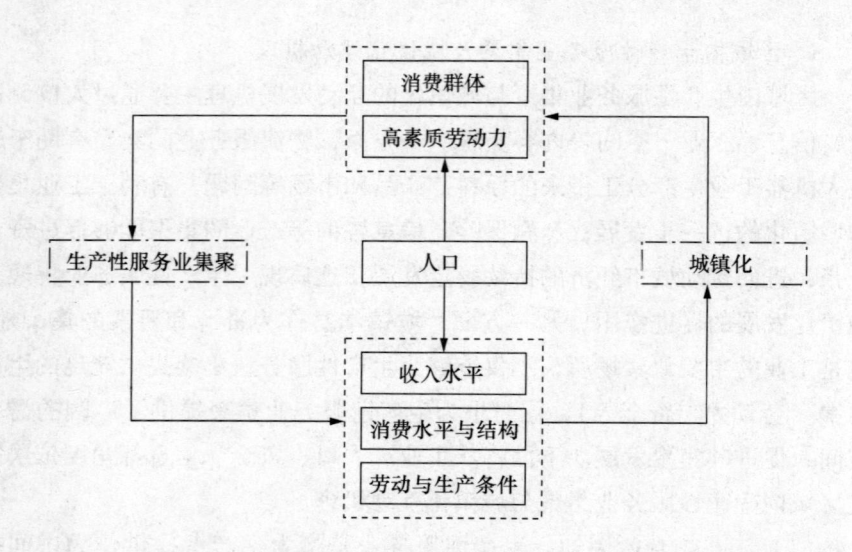

图4-3 生产性服务业集聚与城镇化互动机理——人口

（3）资金。城镇与农村相比，资金收益更高，这主要是由于城镇拥有更多的投资机会、更广阔的市场需求空间以及政策支持等。因而在城镇化过程中，资金作为最重要的生产要素之一，在追求高收益的激励下，往往会自发在城镇集聚，为城镇产业发展提供资金支持。生产性服务业作为资金密集型行业，对资金的迫切需求使其更愿意在城镇集聚；同时，生产性服务业具有较高的回报率和较强的产业关联性，这一特性不仅使其自身发展推动了经济水平的提高，也促进了相关产业高速发展，推动了城市经济的进一步发展。

（4）信息。城镇作为信息的汇集地，不仅拥有大量的信息需求，同时也能提供充足的信息供给，为信息密集型生产性服务业集聚提供发展所需的供求条件。生产性服务业集聚的形成，有利于进一步发挥城市集聚信息的优势，增强城市竞争力。

2. 跨区域生产性服务业集聚与城镇化的互动机理

生产性服务业集聚与城镇化的互动作用不仅存在于区域内部，同时也存在于不同的区域之间。具体来说，这种区域之间的联系体现为本地区城镇发展借助外部资源（生产性服务业集聚）的实现过程，以及本地区生产性服务业集聚通过占领区外市场，进而推动其他地区城镇化的过程。当区域内生产性服务业集聚程度较低，不能有效地为工业生产和城镇化服务时，就相应地需要区外的生产性服务业来满足城镇化发展的需求；反之，当区域内城镇化和工业发展水平较低，生产性服务供过于求时，就需要开拓区外市场，向区外输出生产性服务，从而间接促进其他地区的城镇化进程。从本质上来看，跨区域生产性服务业集聚与城镇化的互动发展机理与区域内是一样的，唯一不同的是空间范围的差异。

（二）基于空间维度的生产性服务业集聚与城镇化互动机理

在空间维度，生产性服务业集聚与城镇化之间的互动作用主要存在于企业、城镇、区域三个层面，如图4-4所示。

1. 企业层面

在企业层面，生产性服务业集聚与城镇化的互动机理主要体现在以下几个方面（如图4-5所示）。

（1）要素整合。生产性服务业在某一地区的集聚将大大增强企业对本地资源的整合能力，提高资源利用效率，从而提升城镇化质量；同时，城镇化进程本身也是一个要素整合和产业整合的过程，并且能够通过一系

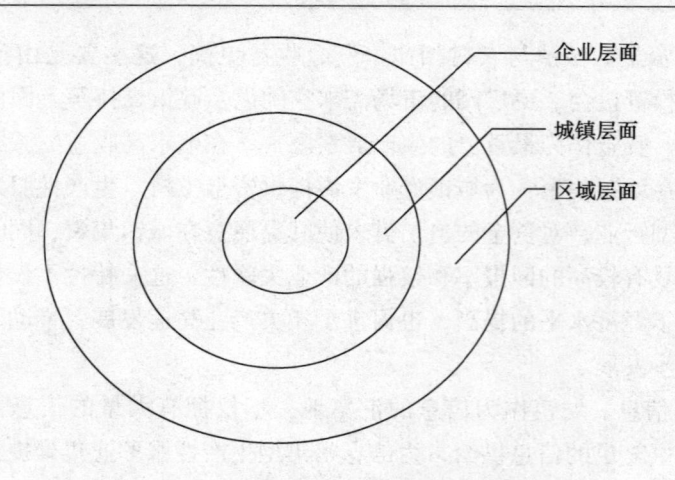

图 4-4 基于空间维度的互动机理分析

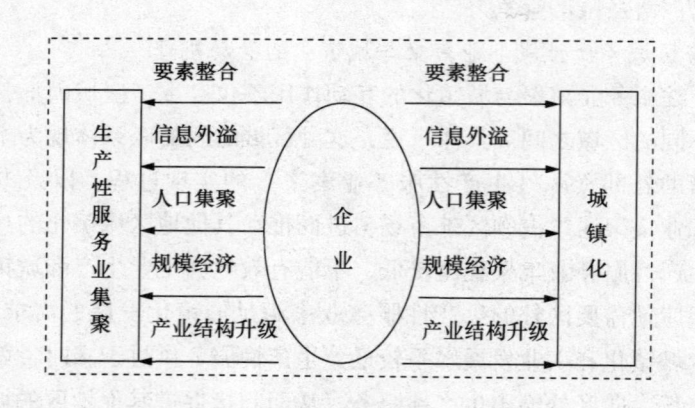

图 4-5 基于企业层面的生产性服务业集聚与城镇化互动发展机理

列整合,使互不相干的企业形成产业链,进而使整个城镇都变成生产和经营场所,促使资源向本地区集聚,推动生产性服务业集聚的产生和发展。

(2) 信息外溢。城市是信息生产和交换的中心,信息又具有公共产品的特性,而多数的生产性服务业都属于知识和信息密集型行业,对信息的需求较高,因此,从事生产性服务的企业会集聚到城市来交换和分享信息的外部性收益。与此同时,生产性服务业的集聚又会加速信息外溢的产生,促进城市知识增长和积累,吸引相关企业集聚。

(3) 人口集聚。无论是生产性服务业集聚还是城镇化,首先都是一个人口集聚的过程。城镇化不仅为企业提供了大量熟练劳动力,还提供了广大的消费需求。同样，企业集聚由于带来了大量的非农人口集聚，能够极大地促进城镇非农人口比重提高，推动人口城镇化进程。

（4）规模经济。区域经济的空间结构理论认为，集聚会产生规模经济效益，生产性服务业更是如此。当生产性服务业在一定的城镇区位上集聚时，它的投入量和产出量便会创造出诱人的商机，带动价值链中相关企业快速发展，从而刺激服务市场、劳动力市场、资本市场、信息市场和相关基础设施建设需求的出现，推动城镇扩张。此外，城镇与农村的最大不同之处在于它是一个要素集聚地，能够充分吸纳和高效利用各种资源，从而促使企业更加便捷、廉价地利用这些资源，在相对有限的地域空间内创造出更大的效益，以此促进生产性服务业的集聚。

（5）产业结构升级。生产性服务业集聚的过程也是产业结构不断调整的过程，表现为第一产业就业人口减少，第二、第三产业就业人口增加。与之对应，第一产业企业数量及规模下降，第二、第三产业企业数量及规模提高。而第二、第三产业的发展往往以城市为载体，因此，这一过程也是城镇人口不断增加、农村人口不断减少的城镇化过程。同样，城镇化过程中第二、第三产业比重的不断提高，也会带来企业数量增加及规模扩大，使生产性服务业加速发展，并通过前向关联和后向关联扩大服务范围，形成集聚。

除此之外，还有许多其他因素也会对企业层面上生产性服务业集聚与城镇化之间的作用机理产生影响。总之，基于企业层面的互动关系，是一个包含多种传导机制的不断发展的开放性系统，其中的具体内容会随着经济和社会环境的变化而不断更新。

2. 城镇层面

生产性服务业集聚与城镇化在城镇层面的互动关系如图 4-6 所示。

城镇化主要从要素集聚和产业集聚两个方面来促进生产性服务业集聚。其中，要素集聚包括资本集聚、人力集聚、信息集聚和技术集聚四个方面，以此在资源供给层面为生产性服务业集聚提供了可能；产业集聚主要指工业集聚，它为生产性服务业集聚提供了广大的市场需求。这样，在城镇化对生产性服务业集聚的单向作用机理中就形成了一个"2-4-1"的框架结构。同时，生产性服务业集聚主要通过人口城镇化、经济城镇化、空间城镇化和社会城镇化四个层面对城镇化产生影响：其一，生产性服务业集聚能够通过就业乘数效应，增加服务业就业人数，促进就业结构非农化，促使城镇人口比重增加，从而推动人口城镇化；其二，通过集聚区内企业间的沟通学习，产生知识溢出效应和规模经济效应，直接和间接促进城市经济发展，推动经济城镇化；其三，通过生产性服务业企业在地理空间布局上的集聚性，促进城市用地规模扩大和空间结构变化，推动空间城镇化；其四，通过人们思想意识和国家政策方针的变化，导致企业赖以生存的社会环境不断发生变革，推动社会城镇化。由此形成一个生产性服务业集聚影响城镇化的"4-4-4"框架结构。在城镇范围内，地区城镇化水平会与生产性服务业集聚形成如图4-6所示的闭合的循环发展架构，从而实现二者的良性互动发展。

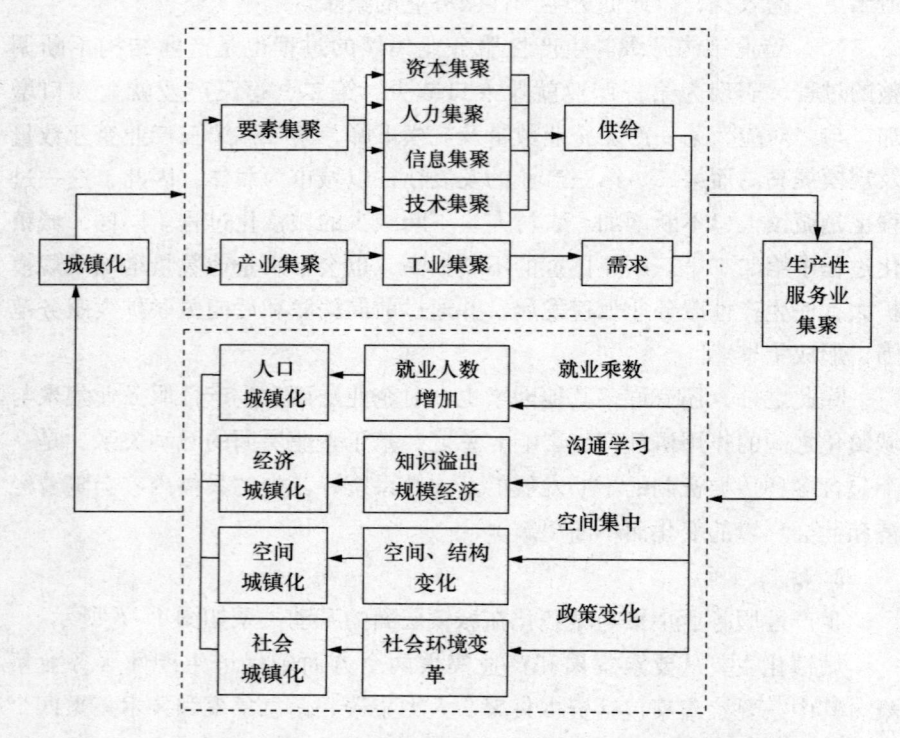

图4-6 基于城镇层面的生产性服务业集聚与城镇化互动发展

3. 区域层面

生产性服务业集聚不仅能够满足本地区工业及其他产业发展对生产性服务的需求，促进城市经济社会发展，同时还能将服务输往区外，满足其他城市发展，从而带动整个地区城镇化水平的提高。反过来，本地区城镇化发展不仅会对其自身的生产性服务业产生需求,促进生产性服务业向该地区集聚,还能够增加对区外生产性服务需求,从而提升整个地区的生产性服务业集聚水平(如图4-7所示)。这样,在一个较大的区域中,许多地域上临近的小城镇就会形成一个紧密联系的集合体,即通常所谓的城市群。

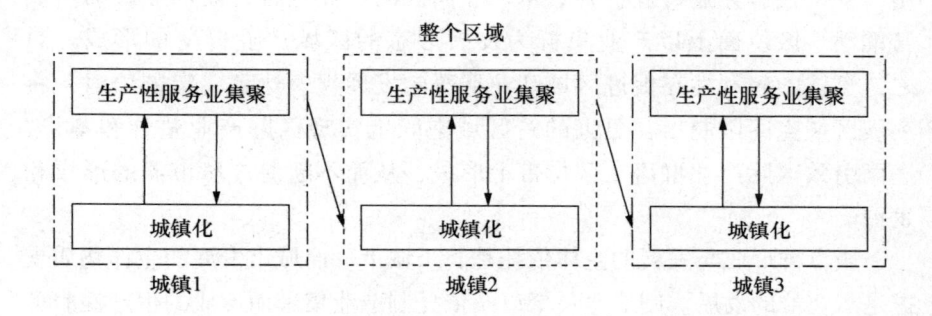

图4-7 基于区域层面的生产性服务业集聚与城镇化互动发展机理

城市群是一个相对完整的城市"集合体",包括特定地域内相当数量但性质、类型、等级和规模不同的城市。这个集合体借助高度通达的现代化交通工具、综合运输网和发达的信息网络,不断加强城市个体之间的内在联系,形成了一个或多个超大或特大城市的地区经济核心,因此,城市群的形成和发展离不开物流业、信息业等生产性服务业的发展。产业集聚是城市群形成的基础,而城镇化的发展是城市群发展的空间依托。同时,城市群将生产性服务业集聚与城镇化的互动发展提升到一个更高的层面,极大地扩展了二者互动发展的区域范围。具体来说,围绕城市群的生产性服务业集聚与城镇化之间的互动机理如图4-8所示。

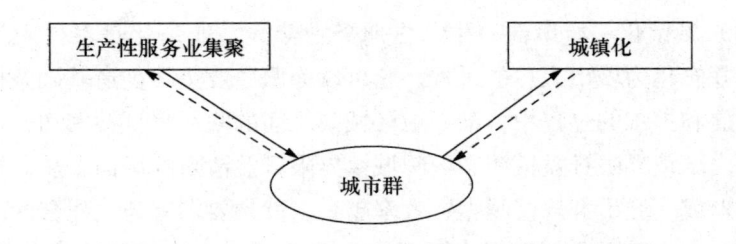

图4-8 围绕城市群的生产性服务业集聚与城镇化之间的互动关系

(1) 生产性服务业集聚→城市群→城镇化。随着某些优势生产性服务产业在一定区位点产生与发展，规模经济效应的作用将日趋明显，进而吸引关联产业向这一地区集中，由此便形成了区位点上的生产性服务业集聚。在外部性作用下，生产性服务业集聚的进一步发展将突破区位点上的地域限制，进行更大区域层面上的布局。并且，为了节省交易费用，生产性服务业将进行有意识、导向性的产业整合，而产业链的形成又推动了区位面上以产业集群为发展形态的区域产业群落的形成。总之，资本的趋利性在促进区域产业群落的发展规模达到一定阈值时，将突破区域空间限制、在更大的跨区域空间上实现区际产业整合和集群，进而引致区际产业群落在区位带上形成，从而不断促进城市群的形成和发展。

城市群形成与发展的主体依托是若干城市，而城市发展的主体物质支撑是产业群的发展。制造业集聚以及依托制造业集聚而形成的生产性服务业集聚，促进了城市最初的形成与发展。当人口和产业规模逐渐增加并达到一定程度时，由于溢出效应和"冰山成本"的作用，某些产业会向城市外迁移，导致新城市的形成。在产业外移的过程中，区域产业群落将在不同城市的产业层级结构下形成，而区域内城市的层级结构也会在区域产业群落发展的支撑下产生，形成以某一大城市或特大城市为中心、以众多中小城市为外围的"单中心—外围"城市群落。当"单中心—外围"城市群落产业和人口规模扩展到一定阈值时，其生产要素的配置就会突破本"中心—外围"城市群落的地域空间，进而与其他区域的产业群落产生关联，进行要素交换和资源配置，跨区域的产业群落整合便促成了区际产业群落的形成与发展，在区际产业群落的支撑下，各"中心—外围"城市群落间也会发生相应的整合与联动发展，进而形成"多中心—外围"城市群落。

(2) 城镇化→城市群→生产性服务业集聚。城镇化是农村人口向城市流动并转化为城市人口的过程，它可以为服务业集聚创造基础条件。在城镇发展和扩张的过程中，某一地区城镇之间的联系将日益密切，逐渐呈现出区内城镇界限日益模糊、区间城镇界限日益清晰的局面，从而推动城市群的形成。城市群规模越大、效率越高，就越要求有与之配套的诸如信息服务业、物流服务业以及金融服务业的发展，从而吸引生产性服务业集聚。

（三）基于能力维度的生产性服务业集聚与城镇化互动机理

1. 创新能力层面

生产性服务业集聚能够带动企业内部和产业内部的服务创新，进而提升整个城市的核心竞争力，推动城镇化进程；同时，城镇化过程本身就是一系列制度创新的过程，而这一系列制度创新对生产性服务业的集聚具有巨大的吸引作用（如图4-9所示）。

图4-9　基于创新能力层面的生产性服务业集聚与城镇化互动机理

首先，生产性服务业集聚通过提升创新能力促进城镇化发展。20世纪末以来，一些学者围绕服务创新过程进行了研究，他们认为生产性服务业具有显著的创新能力，而建立在集聚基础上的生产性服务业创新表现得尤为活跃。这种创新能够从两个方面促进城镇化进程：一方面，创新是经济发展的源泉和不竭动力，能够提高经济发展水平，促进区域可持续发展，推动城镇化；另一方面，创新作为社会思想意识发展的结果，对社会文明进步起着重要作用，能够解决城镇化进程中的诸多问题，对城镇化起到拉力作用（如图4-10所示）。

图4-10　创新推动城镇化进程

其次，城镇化也能够提升创新能力，并促进生产性服务业集聚。城市具备了创新所必需的宏观和微观环境。其中，宏观环境是指城市往往拥有创新所需的操作平台、基础设施、政策配套措施及风险保障机制等，能够为创新提供良好的外部环境；微观环境是指城镇化进程往往能进一步完善市场体系，建立有利于创新的劳动力市场、技术市场、资本市场等微观市场环境，促进创新在各个领域产生及扩散（如图4-11所示）。

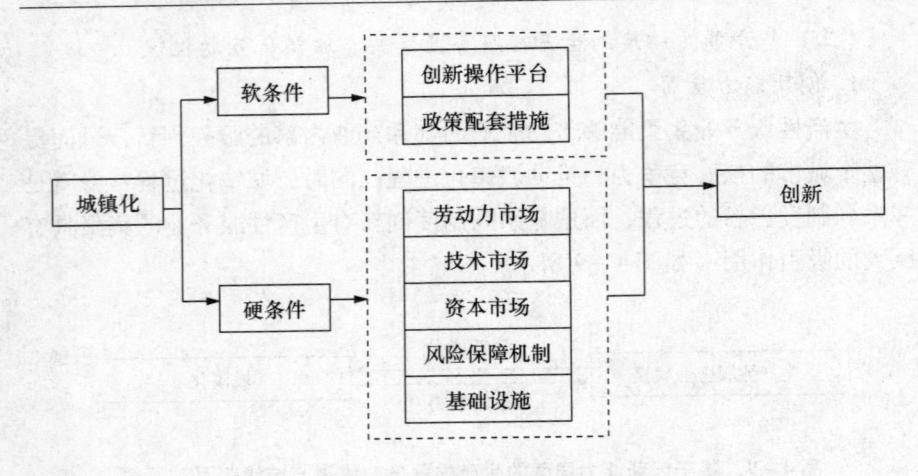

图 4-11　城镇化创新作用逻辑

生产性服务业的一个突出特点是知识性，即以先进科技、专业人才为主要生产要素，技术知识含量较高。因此，生产性服务业往往会选择布局在知识密集且具有较强创新能力的区域。

2. 整合能力层面

在经济和社会发展的过程中，无论是生产性服务业集聚还是城镇化都具有较强的整合能力。因此，整合能力作为中间环节，对二者的互动发展起到了桥梁作用。

如图 4-12 所示，生产性服务业集聚的整合能力主要体现在三个方面，即资源整合、企业整合和产业整合。具体来说，生产性服务业集聚所产生的高额要素回报，能够对资源起到吸收和集聚的作用，使相关资源向生产性服务业集聚区流动，从而提高资源收益，优化资源配置；促进生产

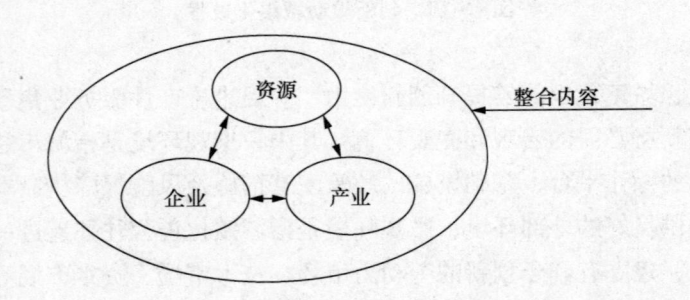

图 4-12　生产性服务业集聚整合能力

性服务业集聚，能够使同类企业在空间布局上趋于集中，提高区域专业化程度和服务生产能力，加强企业之间的沟通与交流，加速技术扩散和技术创新过程，提高整个区域企业竞争能力；生产性服务业集聚不仅有利于服务业的发展，同时也有利于制造业发展和产业结构调整升级。可见，生产性服务业集聚通过整合这些要素，能够大大提高城镇化的水平和质量。

城镇化的整合能力主要体现在四个方面，即对经济、人口、空间和社会的整合（如图4-13所示）。城镇化过程也是城镇不断整合各方面内容的过程，通过整合，经济发展由"工业型"向"服务型"转变，在服务业内部实现由生活性服务业向生产性服务业的转变；就业结构不断调整，形成以服务业为主导的就业结构，增加生产性服务业的就业人数；城市空间布局更加合理高效，形成专业化的服务业集聚区，如生产性服务业集聚区等；人们的观念意识逐渐转变，优化社会制度环境，提高社会科教文卫水平，形成有利于生产性服务业发展的宏观环境。

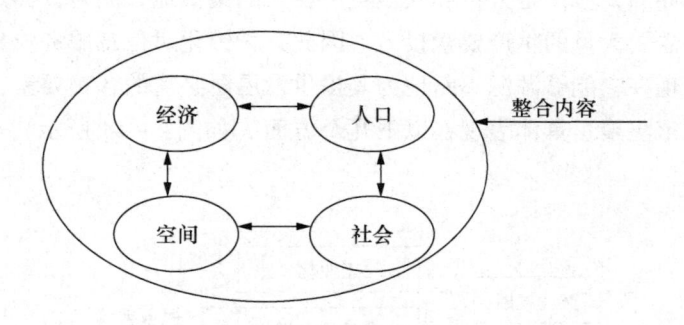

图 4-13　城镇化整合能力

在以上研究中，我们详细探讨了生产性服务业集聚与城镇化互动机理的一般理论框架，但对于具体行业而言，其中的作用机制仍然存在着差异。因此，下文将分行业探讨不同生产性服务业集聚与城镇化之间的作用机理，选择在二者互动的过程中，最典型的影响因素来论述，考察不同行业之间的差异。根据前面章节的分析，信息传输、计算机服务和软件业、交通运输、仓储和邮政业以及金融业都与西部地区的城镇化进程息息相关，且其集聚模式较为典型，涵盖范围广泛、具有代表性。因此，本节主要对这几个行业进行详细探讨。为便于研究，本章借鉴以往文献做法，将信息传输、计算机服务和软件业统称为信息服务业，交通运输、仓储和邮政业统称为物流服务业,金融业称为金融服务业。

二 生产性服务业集聚与城镇化互动机理——基于典型行业的分析

(一) 信息服务业集聚与城镇化互动机理

信息服务业是服务业中非常重要的一类,属于生产性服务业和现代服务业范畴。信息服务业集聚与城镇化进程有着密切联系,是在城镇化发展到一定阶段才产生和发展起来的。信息服务业集聚离不开城市经济的高速发展与工业化的推动,可以说城镇化水平越高就越有利于信息服务业集聚。然而,随着后工业化时代的到来,"服务经济"逐渐取代"工业经济",成为推动城镇化进程的主要动力。因此,发展服务业集聚,提高信息服务业集聚水平对推动城市产业结构转变、提高城镇化水平和质量具有重要意义。本节将从城镇化进程对信息服务业集聚的促进作用与信息服务业集聚对城镇化进程的促进作用两方面,探讨二者之间的互动机制。

1. 城镇化对信息服务业集聚的促进作用

众所周知,城市是人口和其他生产要素的集聚地,同时,信息服务业的发展也需要大量的生产要素投入。因此,城镇化对信息服务业集聚的影响主要体现在它能够源源不断地为其提供发展所必需的各种要素,从而促使其向城市集聚。具体表现在以下几个方面(如图4-14所示)。

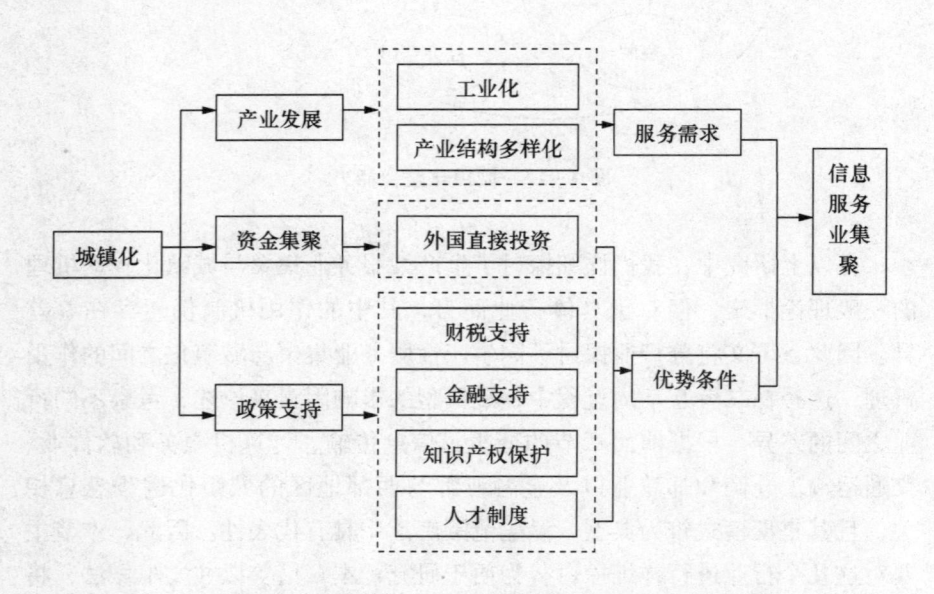

图4-14 城镇化对信息服务业集聚的促进作用

（1）城镇化进程中城市产业发展对信息服务业集聚的作用。与其他经济活动一样，信息服务业在城市集聚源于对利益的追求，即相关企业会通过集聚带来的收益与成本来决定是否在城市集聚，如果成本大于收益，则不会在城市集聚；如果成本小于收益，则会在城市集聚。国外及我国经济发展的实践表明，信息服务业在城市集聚的收益是远远大于其成本的（如图4-15所示）。

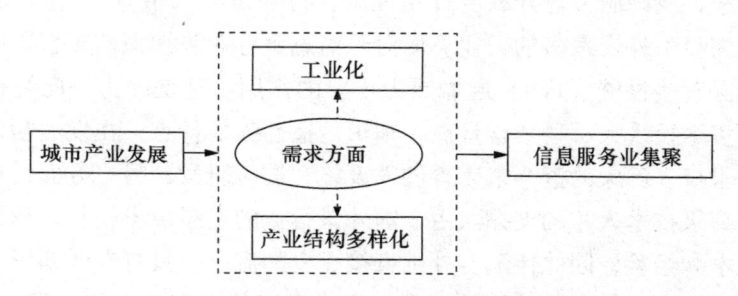

图4-15　城市产业发展对信息服务业集聚的作用

首先，发达的城市工业经济为信息服务业集聚奠定了基础。历史上许多大城市都是在工业化的基础上发展起来的，工业化推动了早期的城镇化。而当城镇化发展到一定阶段后，城市工业体系逐渐趋于完善，工业发展也逐渐从追求量的增加过渡到注重质的提高。传统工业在生产中主要依赖资金和劳动力等生产要素的投入，而现代化工业生产则往往使用计算机系统来完成产品的设计、生产和销售等环节，对劳动力要素的需求大大减少，许多工业经济发达地区都纷纷出现了"无人工厂"，可以说计算机的使用极大地促进了现代工业生产方式的出现。工业发达的另一个标志就是工业生产中对信息服务的需求大大提高。在市场经济快速发展的今天，工业生产不再是闭门造车，只关注自身产品，而是更多地注重市场变化。决定企业成败的不仅仅是产品质量，更要依靠对市场需求的准确把握与符合消费者期望的市场宣传，而这一切都离不开信息服务。因此，城市工业的发展使得信息传输、计算机服务与软件业的需求大大提高，促进了该类产业在城市集聚。

其次，城市多样化的产业结构加速了信息服务业的集聚。与农村以农业为主的单一产业结构相比，城市多样化的产业结构提高了对信息服务业的需求，从而促使其在城市集聚。随着区域产业结构多样化的发展，专业化分工越来越细,使得区域内经济活动越来越多地需要由不同个体来完成,而信息传输业能够加强各个企业之间的信息沟通和交流,计算机服务和软件业能够为企业间的分工与合作提供一个虚拟平台,从而成为促进经济活动良性循环的润滑剂。总而言之,产业结构多样化为信息服务业集聚提供了广阔的市场需求。

(2)城镇化进程中的城市资金集聚对信息服务业集聚的作用。改革开放以来,我国服务业开放度日益提高,特别是加入 WTO 以来,服务业更是成为吸引外资最多的行业。而对于信息服务业等知识密集型服务业来说,外国直接投资(FDI)起着更为重要的作用。这是因为,此类行业往往具有资金投入大、科技含量高、知识传播性强的特点。在发展初期,一方面要求投入巨大的资金来完善硬件设施和进行研发;另一方面,也需要大量的高级技术人才的支撑。由于国外该行业的发展历史较长,积累了大量的技术和经验,因此伴随着外国直接投资的流入,具有专业知识的外国工程师、技术人员的进入能够极大地促进我国信息服务业的发展。同时,信息传输、计算机服务及软件业外资企业具有很强的技术溢出效应,因此国外企业的进入,能够加速区域产业集聚,培育专业人才,带动国内同行业的发展。并且国内企业通过与国外企业联盟,还能够提升行业竞争力。可见,FDI 的作用不可忽视(如图 4-16 所示)。

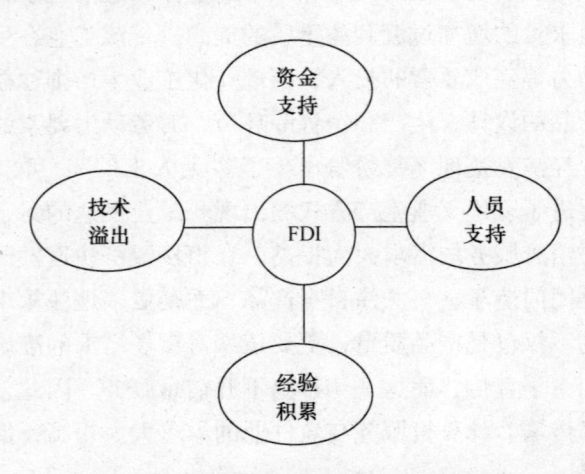

图 4-16 FDI 对信息服务业集聚的作用

一直以来,城市由于其良好的基础设施条件、较高的交通通达性、多样化的产业结构以及广阔的消费市场等,成为外国直接投资的主要载体,

第四章　服务业集聚与城镇化互动发展的机理　·83·

而这些生产要素在我国广大农村地区极为罕见。因而，伴随着资金在城市的集聚，信息服务业也会逐渐在城市集聚，远离资金匮乏的广大农村地区。

（3）城镇化进程中政府政策支持对信息服务业集聚的作用。在我国，信息服务业虽然不属于新兴产业，却也仍处于发展初期，需要政府的大力扶持。政府通过税收优惠、资金支持等手段吸引其在城市集聚。近年来，许多地方政府致力于打造高新技术园区，营造良好的基础设施环境、人才环境和政策环境，吸引了大批信息服务业企业的集聚。实践证明，这种城市发展模式是成功的，在很大程度上促进了当地经济发展和综合实力提高（如图4-17所示）。

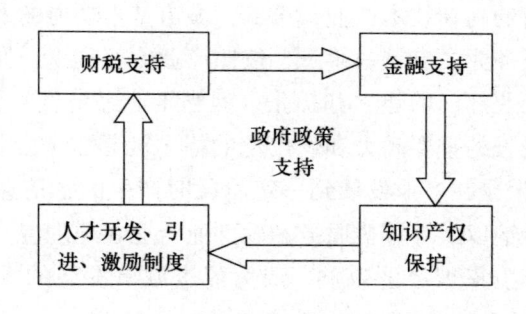

图4-17　城镇化进程中政府政策支持

①财税支持。政府通过财政和税收政策支持能够促进信息服务业集聚的形成和发展。首先，政府通过建立完善的采购制度，能够扩大对信息服务业的需求；其次，政府加大对信息服务业的财政投入，并由对科研机构、科技人员的一般支持，改为以项目为主的重点支持，同时通过发展和完善科技型中小企业技术创新基金，为此类产业技术成果转化活动提供资金支持；最后，政府通过税收优惠政策，采取多样化的科技税收优惠方式，减免此类企业的增值税，也有利于区域信息服务业的集聚。

②金融支持。政府通过发挥银行的金融支持作用，建立风险投资机制和中小企业担保机制，为信息服务业提供有力的金融支持，解决企业发展中资金不足的问题，从而为产业集聚创造条件。

③知识产权保护。与其他产业不同，信息传输、计算机服务与软件业具有很强的知识外溢性，企业在集聚区相互学习交流的过程中，也极易造成核心知识和技术的泄露。因此，政府加强知识产权保护意识、完善相关法律制度，有利于保护相关企业切身利益，促进企业在知识产权保护区

集聚。

④人才开发、引进与激励制度。政府通过制定适应信息传输、计算机服务与软件业发展的人才战略和规划,坚持以高科技企业为载体,推动人才资源开发,能够为此类企业提供充足的人力资源,并且能够通过建立合适的人才激励制度,鼓励相关人才从事信息服务业,为地区吸引此类产业集聚提供动力。

2. 信息服务业集聚对城镇化的促进作用

信息服务业对推动城市发展具有重要意义,这是因为:第一,城市的运转需要巨额的成本来维持,但传统产业难以负担这一成本,必须依靠低能耗、高附加值的高新技术产业;第二,城市基本功能的发挥需要高新技术产业和现代服务业的支持;第三,按照产业更替理论,城市经济发展的早期主要依靠工业部门的建立和扩张,但当工业经济发展到一定程度后,推动城市经济增长的重要动力和现代化的标志就是服务业发展(李京文,2005)。产业集聚是在产业发展到一定阶段时产生的,信息服务业集聚表现为大量信息传输以及计算机服务和软件业企业在地理空间上的集中聚合现象,并由此产生集聚经济效益,成为促进城市发展的重要因素和动力(如图4-18所示)。

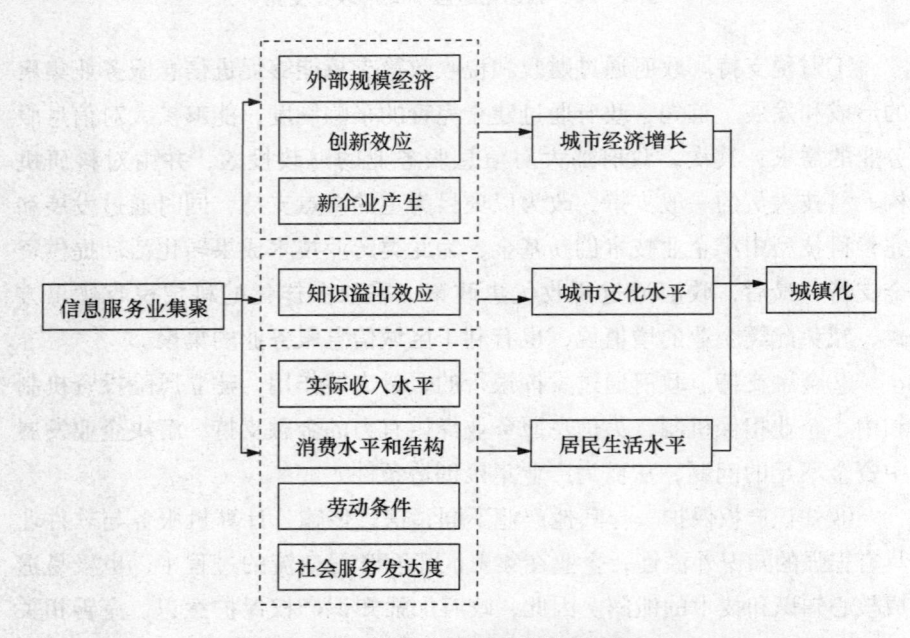

图4-18 信息服务业集聚对城镇化的促进作用

(1) 信息服务业集聚对城镇化进程中城市经济增长的作用。信息服务业集聚具有外部规模经济效应。一般来说，集聚能提供更高的劳动生产率、人均服务业产值和国民收入等，从而对城市经济增长具有更大的拉动作用。要了解信息服务业集聚促进城市经济增长的作用机制，首先应从新经济增长理论入手。由于新古典经济增长理论将对生产有着决定作用的技术视为外生变量存在重大缺陷，因此新经济增长理论就是在这种缺陷的基础上发展起来的。该理论认为技术创新对生产具有重要意义，并将人力资本作为创新技术进步的一个关键要素投入，更多的科研人员就会产生更多的创新，并且由于创新非竞争性的存在，经济中每个人都会从中受益。也就是说，总人口中科研人员的比例越高，对经济增长的推动作用就越大，最终成为经济持续增长的动力源泉。总之，集聚能够从供给效应和需求效应两方面来促进创新：一方面，人口越密集、教育水平越高、人力资源投入越多的经济体，提供的潜在创新者就越多，创新的可能性就越强，即存在创新的供给效应；另一方面，如果人口和企业高度集中，创新的潜在市场也就越大，科研人员创新的积极性也就越高，即存在创新的需求效应。

信息服务业作为知识和技术密集型行业能够通过创新来推动城市经济增长。然而，由于创新活动具有不确定性、创新过程具有持续性、对即期研究依赖较高、创新成果需要历史积累等原因，经济中个体往往需要通过集聚与合作来减小创新活动的风险。因此，信息服务业集聚更有利于开展创新活动，促进经济增长。

此外，信息服务业集聚区内更容易出现新的厂商，从而加速区域经济发展。这是因为，集聚会产生更多商业机会，所需资产、技能、劳动力等生产要素更容易在当地获得，这都有利于新企业的产生和发展；同时集聚区内具有相对完善的金融、保险等其他配套服务，新企业更容易获得资金支持；并且，由于集聚形成了一个庞大人才库，大量的熟练劳动力吸引了新企业的进入。

(2) 信息服务业集聚对城镇化进程中城市文化水平提升的作用。信息服务业集聚对城镇化进程中城市文化水平的影响主要表现在知识溢出效应方面。信息服务业所进行的创新活动的固化结果通常表现在知识上，而知识根据其传播与学习特征可分为明示知识和默示知识两类。所谓明示知识是指公共知识，也称模式化知识，特点是容易储存、复制和传播，且距离传输成本低；而默示知识则指隐含知识，即非模式化知识，只有通过个人经验、参与或者面对面交谈、示范和指导等方式才能获得，是通过个体之间的互动学习来传输的，距离传输成本高。信息传输、计算机服务与软件业所积累的知识属于默示知识，因此企业在地理位置上的集聚有利于相互交流和学习。并且通过这种学习能够显著提高该地区的科学技术水平和相关人员的知识水平，同时也能为其他行业从业人员学习这种知识提供便利，从而为整个地区的文化水平的提高营造一种良好的氛围。以往发展历史也表明，信息服务业活动较为集中的地区，往往也是科技人口云集和科技人员迅速增长的地区。

（3）信息服务业集聚对城镇化进程中居民生活水平提升的作用。居民生活水平的高低直接影响了城市生活的幸福指数，是城镇化质量的重要指标。具体内容包括：居民的实际收入水平、消费水平和消费结构、劳动的社会条件和生产条件、社会服务的发达程度等，这些内容都能直观表现居民生活水平的高低。下面将从这几个方面来具体阐述：

①居民实际收入水平。一般来说，信息服务业从业人员往往具有较高的收入水平，因此信息服务业集聚能够通过提高某地区该行业的就业人员比例，来提高当地居民实际收入水平。表4-1显示了我国2006年到2010年间城镇单位服务业就业人员的平均工资。由表4-1可见，从2006年到2008年，信息服务业在所有服务业中平均工资最高，而2009年和2010年平均工资水平仅次于金融业，这种高收入水平，促进了城镇居民生活水平的提高。

表4-1　　　　　城镇单位服务业就业人员平均工资　　　　　单位：元

项目＼年份	2006	2007	2008	2009	2010
物流服务业	24111	27903	32041	35315	40466
信息服务业	43435	47700	54906	58154	64436
批发和零售业	17796	21074	25818	29139	33635
住宿和餐饮业	15236	17046	19321	20860	23382
金融业	34595	44011	53897	60398	70146
房地产业	22238	26085	30118	32242	35870
租赁和商务服务业	24510	27807	32915	35494	39566

续表

年份 项目	2006	2007	2008	2009	2010
科学研究、技术服务和地质勘查业	31644	38432	45512	50143	56376
水利、环境和公共设施管理业	15630	18383	21103	23159	25544
居民服务和其他服务业	18030	20370	22858	25172	28206
教育	20918	25908	29831	34543	38968
卫生、社会保障和社会福利业	23590	27892	32185	35662	40232
文化、体育和娱乐业	25847	30430	34158	37755	41428
公共管理和社会组织	22546	27731	32296	35326	38242

资料来源：2007—2011 年的《中国统计年鉴》。

②消费水平和消费结构。信息服务业集聚能够为当地居民提供更广泛的消费选择，从而提高居民消费水平，改善消费结构。如信息传输业能够为居民提供更加便捷的通信服务，固定电话、移动电话和互联网服务能够使人们的沟通方式更加多样，使沟通突破地域和时间限制，而广播电视传输服务能够使人们的生活更加丰富多彩，提高生活质量。

③劳动的社会条件和生产条件。信息服务业作为生产性服务业之一，能够为生产活动提供服务，改善劳动的社会条件和生产条件。因此，大量信息服务业企业集聚能够更加方便地服务当地工业和其他产业，从而减轻居民的工作压力。如计算机服务和软件业集聚能够为工业、金融、财务、审计、通信、交通等行业提供相关的计算机数据处理和应用软件服务，从而减少人工劳动，改善工作条件。

④社会服务的发达程度。信息服务业是服务业发展到一定阶段的产物，是社会服务发达程度的体现。信息服务业集聚提高了城市社会服务的发达程度，促进了居民生活水平的提高。

（二）物流服务业集聚与城镇化互动机理

以交通运输、仓储和邮政业为主的物流服务业是一个国家或地区经济发展的基础，也是连接客流、物流和信息流的重要枢纽。物流服务业所涵盖的范围十分广泛，与生产生活息息相关。物流服务业集聚一般是指大量相关企业在某地布局，且表现为完善的交通基础设施、多样化的交通运输方式、方便快捷的物资运送手段以及较高的物流服务业产值和从业人员比重等。物流服务业集聚不仅能够提高一个地区的交通运输能力、完善城镇基础设施，还能够加强区域经济的内外联系，提高区域发展效率和对外开放度，进而促进区域城镇化水平的提高。同时，城镇化水平的不断提高，又会导致对物流服务业投资的增加和需求扩大，使得该产业在区域内进一步集聚。

1. 城镇化对物流服务业集聚的促进作用

城镇化主要从生产方式和生活方式两方面对物流服务业集聚产生促进作用，其作用机理如图 4 – 19 所示。

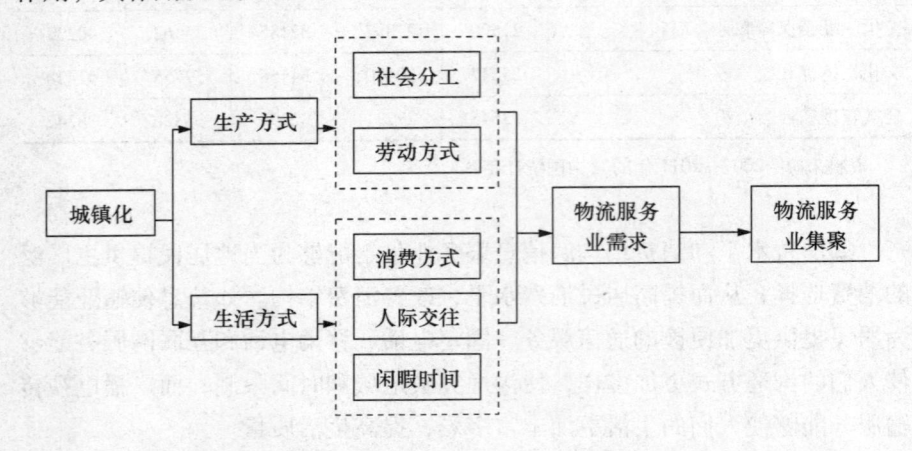

图 4 – 19　城镇化对物流服务业集聚的促进作用

（1）城镇化进程中社会分工对物流服务业集聚的作用。现代城市经济发展离不开市场经济，而社会分工是市场经济产生的前提条件，同时市场经济的发展又促进了社会分工的进一步深化。市场经济本身所具有的交换、竞争和开放等特征都反映了社会分工的重要性。马克思认为，一个民族的生产力发展水平，最明显地表现在该民族的社会分工程度上。因此发展市场经济的关键之一就在于社会分工的拓展和深化，没有社会分工，就没有市场经济。

具体而言，市场经济通过社会分工使不同的生产活动由不同企业来完成，并通过物流服务业将上下游生产活动联系起来，最终使产品到达消费者手中，因而无论是国际、国内分工，还是垂直、水平分工都离不开物流服务业的支持。可以说，物流服务业在社会分工中充当了各个生产环节之间的纽带作用，并通过提供完善的物流服务保证了市场经济的正常运转和循环往复。随着城镇化的发展，城市体系日趋复杂，城镇网络逐渐由区域性发展为国际性，因而社会分工也逐渐由国内分工扩展为国际分工，相应地要求物流服务业能够为企业提供跨国服务。随着新需求和利润增长点的出现，大量企业为了实现利润最大化，会选择在靠近客户的地区布局，从而更好地为客户服务以获取更多利益，这一过程也是物流服务业走向集聚的过程；同时，城市空间规模的扩大和城市群的兴起，增加了横向分工和纵向分工对远距离交通运输的需求，促进了新交通运输方式的发展和完善，如城际间高速列车网的发展。伴随着城镇化进程的不断深入和社会分工的加强，对物流服务业服务的需求日益多样化、优质化，推动各种交通运输方式之间以及仓储和邮政企业之间的竞争关系逐渐向协作发展的关系转变，使得物流服务业集聚更加有利可图，促使企业通过沟通协作共同为用户提供良好服务。

（2）城镇化进程中城市生活方式对物流服务业集聚的作用。在我国，城市生活方式与农村生活方式有显著差异，这也造成二者对物流服务业集聚影响不同。

对比农村生活方式与城市生活方式（如表4-2所示）可以发现：从劳动方式来看，城市生活方式由于劳动分工较多，更需要物流服务业的支持，以加强各个部门之间的联系；而农村居民往往独立地在自己的土地上劳动来进行生产，与外界联系较少，因而对物流服务业的需求也较少。从消费方式来看，城市居民的消费品主要由市场供应，且消费结构多样，这就要求各企业能够通过快捷发达的物流体系将产品运送到城镇居民手中，满足城镇居民的日常生活需求；而农村居民的消费品主要靠自给自足且消费结构单一，不需要通过市场销售和购买，因而物流服务需求较少。从人际交往来看，城镇居民的人际交往范围较大，且商务活动较多，需要多样化的交通方式来满足出行需求；而农村居民由于活动范围小，主要依靠步行和自有机动车辆就能满足出行需要。从闲暇时间来看，城镇居民的闲暇时间较多，工作之余还往往有旅行等休闲活动；而农村居民的这一需求则相对较少。综上所述，城市生活方式相对于农村生活方式而言，对物流服务业具有更大的需求，能够为其提供更多的利益，有利于物流服务业集聚。

2. 物流服务业集聚对城镇化的促进作用

物流服务业集聚主要通过其产业集聚效应、产业关联效应和空间效应对城镇化过程中的城市竞争力、城市经济发展和城镇的空间演变产生积极影响，从而促进城镇化发展（如图4-20所示）。

表 4-2　　　　　　　农村生活方式与城市生活方式的差异

	农村生活方式	城市生活方式
劳动方式	以手工劳动为主，劳动分工较少	以机械化大生产为主，劳动分工较多
消费方式	自给自足，消费结构单一	市场供应，消费结构多样
人际交往	范围小，以血缘、地缘关系为主	范围大，以工作关系为主
闲暇时间	闲暇时间较少，生活单调贫乏	闲暇时间较多，业余生活丰富

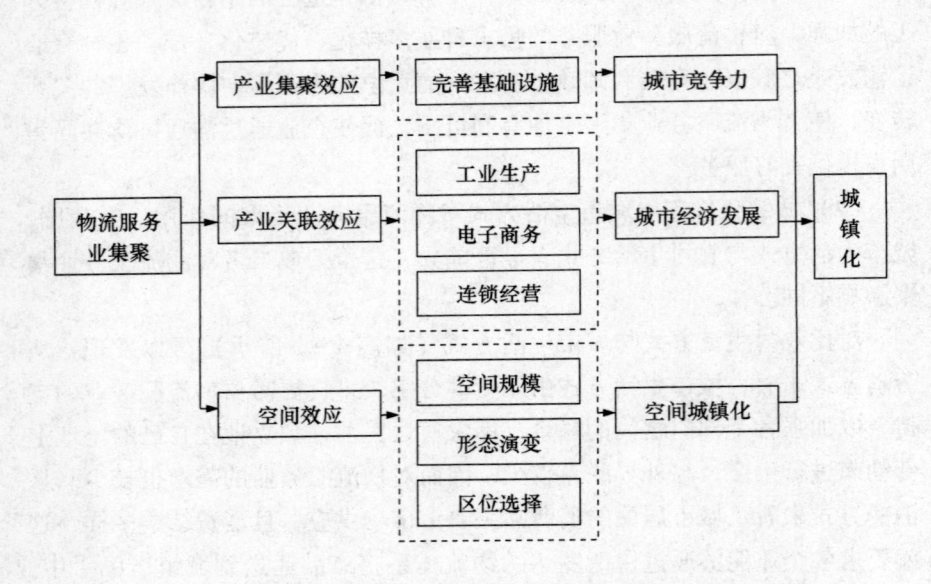

图 4-20　物流服务业集聚对城镇化的促进作用

（1）物流服务业集聚通过产业集聚效应提升城市竞争力。物流服务业集聚能够完善一个地区的基础设施，加强与其他地区的联系，提高地区经济的外向性。物流服务业通过其产业集聚效应，能够为其他产业的发展提供支撑。因此，物流服务业集聚有利于提高城市的吸引力和综合竞争力。

（2）物流服务业集聚通过产业关联效应促进城市经济发展。一方面，物流服务业的发展和集聚能够带动相关的商流、资金流、信息流和技术流的集聚，促进以城市为中心的区域市场的形成和发展，调配城市的产业布局形式，带动城市经济发展。另一方面，交通运输、仓储及邮政等服务业，对其他行业的发展具有重要影响，特别是工业和商贸流通业。本书将从以下三个方面来具体分析物流服务业集聚对城市经济发展的影响：

第一，物流服务业集聚能够降低企业生产成本，提高经营效率。企业生产是由诸多复杂且紧密联系的环节构成的，包括原材料采购、生产加工和产品销售等环节，无论哪一个环节，都离不开物流服务业的支持，如图4-21所示。

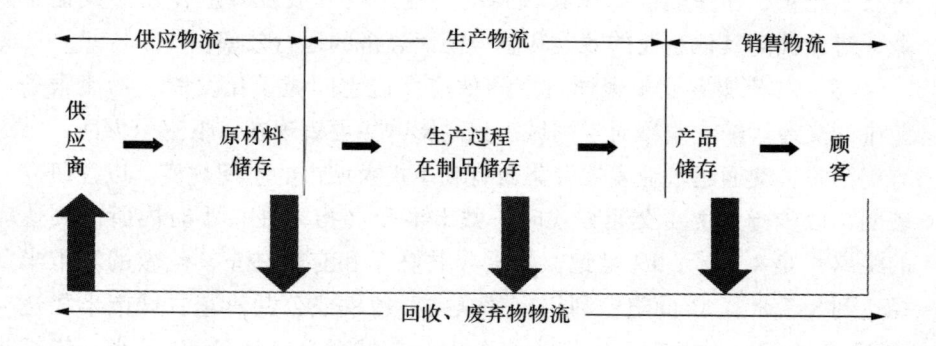

图4-21 企业生产中的物流活动

物流服务业集聚能够确保企业生产和经营所需要的原材料、半成品或产成品供应充足，保障产品和服务快速送达给消费者，降低采购、生产、库存及配送的成本，提高企业的效率和收益。

第二，物流服务业集聚能够促进电子商务发展和壮大。电子商务作为跨越时间和空间距离的新型贸易方式，具有其独特的优势，如"24×7"的经营模式突破了商务活动的时间限制，以网络为平台的虚拟经营空间突破了商务活动的地域限制，使人们可以在任何时间、任何地点开展商务活动，大大提高了经济活动的效率。然而，如果没有完善的交通基础设施、发达的物流配送网络和第三方物流的支持，电子商务也只能停留在理论探讨层面，难以付诸实践，因此物流服务业集聚是电子商务发展壮大的必要前提。从我国电子商务发展的实践来看，一个地区的物流服务业集聚程度越高、物流网络越发达，该地区的电子商务活动也就越活跃，对城市经济发展的贡献也就越大。

第三，物流服务业集聚能够提升连锁经营的效率。连锁经营作为第二次零售商业革命的标志，其核心是有效地实现进货和销售职能的分离，关键是统一采购和统一配送，发展方向是共同配送、社会化配送。可见，连锁经营模式的成功运营离不开物流服务业的支持，而物流服务业能够通过集聚为连锁经营企业提供方便、快捷的低成本物流服务。

从以上分析可以看出，物流服务业集聚具有较强的产业影响和波及效应，也就是说物流服务业集聚能够促进各个企业间的交流和学习，从而在各个企业间营造一种技术创新的氛围，促进技术进步。而物流服务业的这种技术进步，往往能够通过其较强的产业影响和波及效应作用于其他企业，进而提高其他企业的效益和整个国民经济的运行效率。

(3) 物流服务业集聚通过空间效应促进空间城镇化发展。物流服务业中的交通运输业集聚对空间城镇化的影响主要表现在以下三个方面：

第一，交通运输业发展和集聚有利于扩大城市的空间规模。以往研究表明，以步行为主要交通方式时，城市半径（指人在一小时内所能到达的距离）是4千米；19世纪，依靠公共马车和有轨马车，伦敦的城市半径达到8千米；20世纪，利用市郊铁路、地铁或公共汽车，城市半径达到25千米；20世纪末，依靠小汽车出行，城市半径达到50千米；依靠快速轨道交通出行，城市半径可达200千米；21世纪的磁悬浮列车甚至可将城市半径扩大到500千米。可见，随着交通运输方式的变迁，城市的空间规模不断扩大。

第二，新型交通运输业集聚能够促进城市形态的优化演变。传统的交通技术发展到极致时，整个城市的空间可达性因距离城市中心的远近呈现出明显的同心环状，城市各个方向上接受中心区辐射的距离大致相同。新技术支撑下的新型交通线牵引人口、工业、商业向远离中心的方向发展，随着发展轴的极化及其不均匀分布，原有的环状格局被打破，代之以星形或扇形模式。

第三，交通运输业集聚会影响城市的区位选择。随着运河、铁路、现代高速公路和航空业的陆续崛起，城市的区位选择也随之变化。在铁路运输为主要交通运输方式的时代，许多城市都是依靠铁路发展起来的，如河北的石家庄等，而随着主要交通运输方式的转变，更多的城市依赖新型的运输方式发展起来。

另外，物流服务业集聚对城市区位选择的影响还表现为郊区城镇化。所谓郊区城镇化（又称城镇郊区化），是指人口、产业和就业岗位等经济要素从大城市中心向郊区迁移的过程。具体包括三种外迁：一是人口外迁，即因城市中心巨大的人口压力对生活环境产生了不利影响，从而引发城市人口向郊区迁移;二是工业外迁,即因郊区拥有大面积价格低廉的土地,并能更好地接触铁路、港口、高速公路等交通设施,导致工业企业向城市外围迁移;三是零售业外迁,主要是因为人口和工业外迁后,市中心商业面对来自郊区商业的激烈竞争而被迫向郊区迁移。综上所述,物流服务业集聚从两个方面对城市区位选择产生影响:一方面,城市中心区由于发展历史较长,基础设施老化,交通运输不堪重负,生活环境恶化等因素,形成了对人口和产业的推力;另一方面,由于郊区完善的基础设施、廉价的土地成本以及良好的自然环境,形成了对人口和产业的拉力。

(三)金融服务业集聚与城镇化的互动机理

金融服务业是指经营金融商品的特殊行业,包括银行业、保险业、证券业和其他金融行业,它具有指标性、垄断性、高风险性、效益依赖性和高负债经营性等特点,是国民经济发展的"晴雨表"。金融服务业提供的产品主要是投融资产品和金融中介服务,交易媒介包括货币和金融工具,该行业主要由金融经营组织、金融监管机构、金融产品生产和流通市场等构成。从动态角度来看,金融服务业集聚是指金融资源以及其他相关资源和活动在地域间的转移,并最终在特定地域范围内达到一定的密度和规模,形成金融服务业集聚区的过程,它不仅包括金融机构、人才的集聚,还包括金融市场、金融合作、金融研究与信息以及其他相关服务部门的集聚。对于金融服务业集聚的影响因素及成因,许多学者已经进行了相关研究,概括起来主要如图4-22所示。

此处,本书着重阐述城镇化与金融服务业集聚的互动机理:

1. 城镇化对金融服务业集聚的促进作用

城市发展、人口集聚和城市产业集聚(如制造业集聚)是城镇化的重要内容,它们能够带动人口、信息、产业等相关资源的集聚,并能够完善基础设施,从而促进金融服务业集聚(如图4-23所示)。

(1)城镇化中的制造业集聚对金融服务业集聚的促进作用。首先,制造业集聚对金融服务的需求能促进金融服务业的发展和集聚。可以说,金融服务业是在为制造业服务的基础上发展起来的,其集聚和进一步发展离不开制造业的行业需求和实体经济的发展,这一现象在国际贸易学中称为"客户追随"效应。从企业层面上讲,相同类型企业的集聚会增加集聚区内的资金需求和金融服务需求,因而需要大量的金融机构为其提供借贷和金融交易等服务。而金融机构为了维护自身客户资源,会选择采取

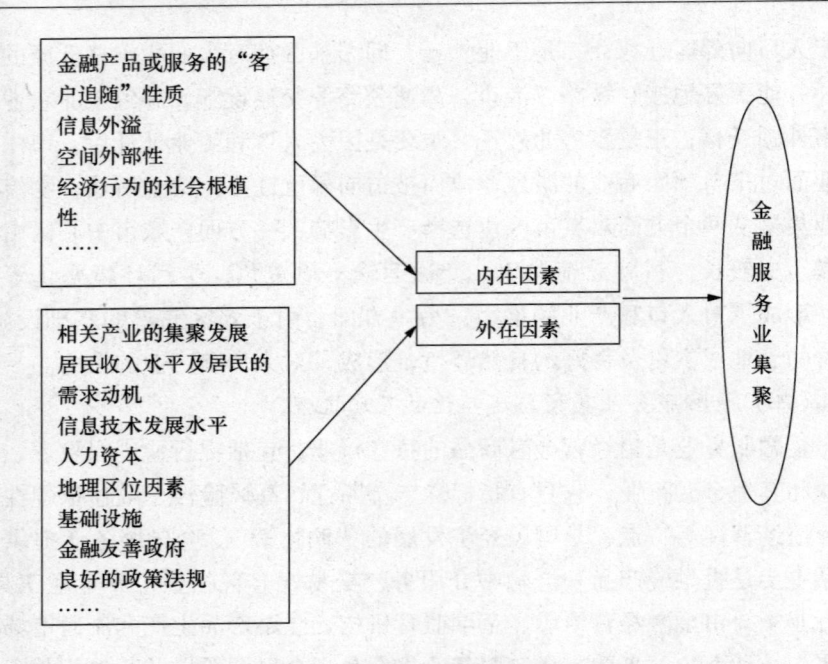

图 4-22　金融服务业集聚动因及影响因素

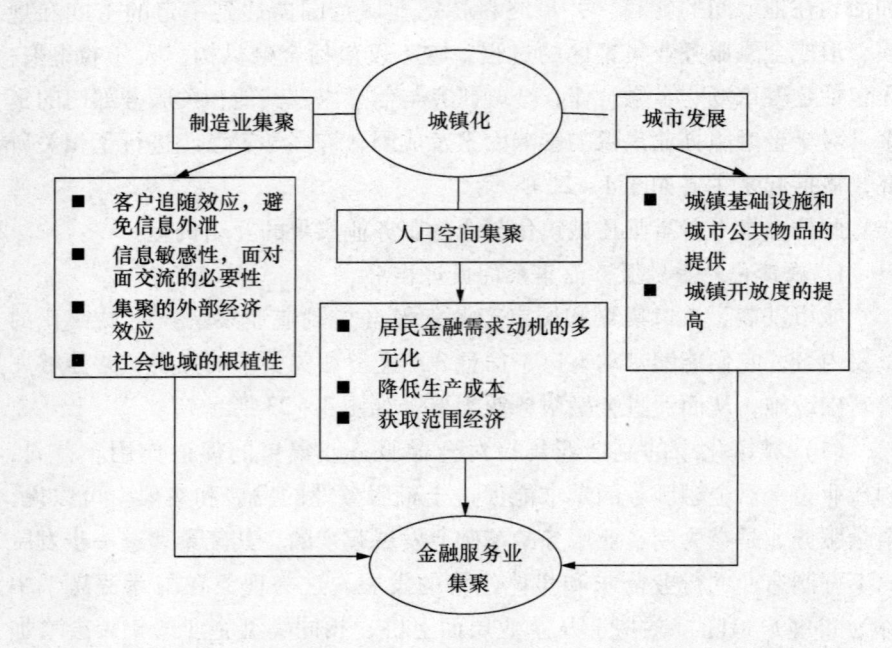

图 4-23　城镇化促进金融服务业集聚的作用机理

客户追随战略,这样一来,实体企业的聚集以及集聚区地域的扩张将促进金融服务业集聚。因此,城市制造业和其他产业的集聚对金融服务业集聚具有促进作用。

其次,为降低信息搜寻成本,金融服务业会向制造业集聚区汇集。信息是金融机构的重要资源,金融服务业对信息具有很强的敏感性。信息获取能力的强弱直接关系到金融机构的经营成本,信息的正确与否直接关系到金融机构的经营决策。虽然,随着城镇化水平的提高,信息的传递技术更为先进、方式更加多样、渠道更加通畅,但是依然有学者证明金融地理接近具有重要意义。这是因为,虽然电子信息技术大大削弱了金融系统在地理上接近的必要性,但是却不能完全忽略市场信息在地理上的差异性,单纯依赖电子信息技术无法完全解决金融服务业中的信息不对称问题。金融服务人员仍然需要与客户进行面对面交流,因此,金融服务业会选择与制造业等实体产业集聚相伴而生。

最后,制造业集聚存在较为明显的外部经济效应,能够吸引金融服务业集聚。在相互支持的集群环境中,企业的生存能力和市场竞争能力要强于集群外部分散的企业,这为金融机构业务的扩展提供了比较稳定的客户群,优化了集群所在地的金融环境,有助于进一步吸引金融资源的流入。另外,由于金融机构获取集群企业信息的渠道多于外部企业,且集聚区内企业的违约成本较高,故其对信誉的重视程度也高于外部企业。因此,制造业集聚将为金融服务业集聚提供良好的信誉环境,进而吸引金融资源流入。

(2)城镇化中的人口集聚对金融服务业集聚的促进作用。首先,城镇人口对金融产品和服务的多元化需求会带动金融服务业集聚。随着城镇化的发展,居民收入水平相对提高,居民对于金融产品和服务的需求也会更加多元化。人们通常希望能尽可能方便地获得各种金融服务,最好能在同一地点就可以得到所需的服务。然而金融企业往往存在异质性,不同金融机构会根据其特有的生产要素和资源进行生产,从而形成了各具特点的核心竞争力。若为了满足客户的多样化需求而进行多元化经营,金融机构的生产成本就会提高。因此,在服务产品存在互补的情况下,实行金融服务业集聚更容易获得范围经济。

其次,人力资本的外溢效应能够为金融集聚提供集聚动力。现如今,城镇经济已由社会产品和资本的集聚发展为智力和人力资本的集聚,而人力资本和包含在社会产品中的技术和知识都能够产生外溢效应。因此，城镇化通过将不同才能、教育背景、种族、文化和语言背景的人聚集在一起，为技术进步及其外溢提供了最适宜的环境。人力资本影响金融集聚的最关键因素在于，金融风险是金融机构最看重的因素。为了尽量控制金融风险，金融机构对于从业人员的资质提出了一系列高水平的要求，这使得那些具有高水平资质的人更容易获得金融上的支持，最终，人力资本集中的地区也将更容易提供多样化的低风险业务。于是，金融机构更倾向于向人力资本丰富的地区集聚。

（3）城镇化中的城市发展对金融服务业集聚的促进作用。首先，城市基础设施和公共物品能为金融服务业集聚提供基础保障。作为人流、物流和信息流的载体，城市基础设施发展水平已经成为衡量城市发展水平的重要依据。可以说，城镇化速度和发展水平直接受城市基础设施承载能力和公共物品数量和质量的影响。因此，随着城镇化进程的加快，城市基础设施建设也必将更加完善，公共物品的供给也会更上一个台阶。具体而言，城镇化的发展带动了城市基础设施中交通、通信设施的发展，从而为金融服务业集聚提供硬件保障。

其次，城市金融开放度的提升能够推动金融服务业集聚。金融服务业的经营活动大多涉及货币资金、金融信息等要素，在经济全球化浪潮下，国际贸易、外商直接投资等国际经济活动频繁地展开，势必将推动金融服务业的集聚。

2. 金融服务业集聚对城镇化的促进作用

金融服务业集聚具有较强的辐射效应，在其辐射效应的影响下，城市经济得以快速发展；同时，金融服务业集聚中相应的资金和产业机制能够有效推动产业结构的优化升级。因此，金融服务业集聚对城镇化具有重要作用（如图 4-24 所示）。

（1）金融服务业集聚能推动城市产业结构升级。第一，金融服务业集聚通过资金形成机制，有助于缓解城市产业结构升级中的资金约束压力。金融集聚区内金融机构通过发挥其强大的融资功能，可以在投资与储蓄主体日益分离的情况下，有效减少从单个不同储户集聚资金的交易成本和信息不对称问题，并依靠融资制度安排，发挥制度创新对社会资金的引导作用，改变资金供给水平和配置格局，以弥补市场缺陷，为城市产业结构升级提供充足的资金保障。

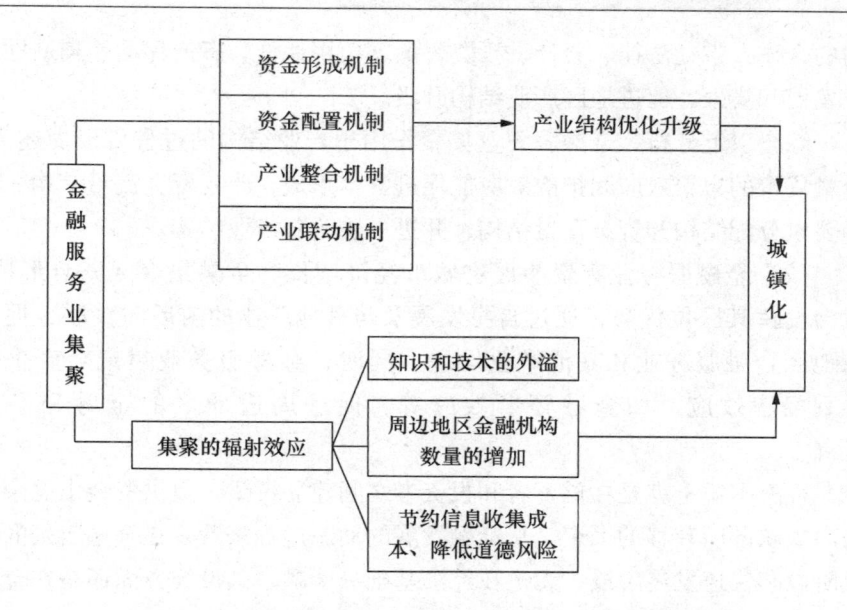

第四章 服务业集聚与城镇化互动发展的机理 ·97·

图 4-24 金融服务业集聚对城镇化的作用机理

第二，金融服务业集聚通过资金配置机制，能够形成完善有效的资金配置网络体系，为城镇化进程中的基础设施建设和社会环境改善提供充足的资金支持。城镇化是一项耗资巨大的工程，城市经济发展需要资金支持，完善城市基础设施、发展城市科教文卫以及养老产业等社会城镇化也需要巨额的资金投入。因此，城镇化过程需要完善的融资保障体系，金融服务业集聚在该体系中具有重要作用。

第三，金融服务业集聚通过产业整合机制，能够为产业成长提供必要的金融资源配置和重组服务，加快产业结构调整。金融集聚支持下的主导产业能够有效吸收创新成果，对其他产业的发展产生"示范"效应，并能够通过产业链联动作用带动相关产业发展，促进生产要素优化配置，真正实现产业整合功能；同时，金融服务业在资本市场的重组功能可以推动资源向优势企业和产业聚集，加速经济发展。

第四，金融服务业集聚通过产业联动机制，能够为产业发展带来外部规模经济效益。金融市场的规模越大，金融工具的流动性就越强，其降低融资成本和投资风险的能力也就越高。金融产业集聚将大大简化金融机构之间的合作流程，增强交流和信任，有利于进一步开拓新市场。通过商业银行和投资银行之间、商业银行与保险公司之间、保险公司与证券公司之间的合作，带动法律、会计、投资咨询、信用评估、资产评估等辅助性产业发展和集聚，促进地区产业结构升级。

综合以上分析，金融服务业集聚作用于产业结构的过程可以简述为：金融集聚的集聚效应和扩散效应能促进资本形成，改善资金流量结构、金融要素分配结构和资金存量结构，并进一步改善产业结构。

（2）金融服务业集聚能促进城市经济增长。金融集聚区一旦形成，就会发挥其区位优势，通过自身发展及与其他产业的前后向关联，促进该地区金融服务业和其他产业发展。同时，金融服务业集聚会产生一系列经济效应，如金融辐射效应等，促进周边地区的金融和经济发展。

金融本质上就是在储蓄者和投资者之间建立桥梁，提供资金由盈余部门向短缺部门转移的渠道。从金融发展的动态过程来看，在金融集聚的形成阶段和快速发展阶段，无论在经济基础、金融基础设施方面还是在金融规模和自然环境条件方面，金融核心地区都具有明显的优势条件，可以吸收周边地区的金融资源。但是，随着金融集聚区内集聚的金融资源越来越多，部分低端的金融资源自然会被淘汰，为高端资源提供更多的发展空间。这样一来，低端金融资源将通过辐射效应，逐渐被边缘化并渗透到周边地区，发挥低端金融资源配置能力，带动周边地区金融和经济的发展。

具体而言，金融服务业集聚对周边地区经济发展的带动作用主要是通过技术进步、资本积累和储蓄投资相互转化来实现的。第一，金融资源向边缘区扩散，会带来知识和技术的溢出。由于金融集聚区内网络的系统性特征会大大加快区域内技术信息的流动，新的技术会很快传播到边缘区企业，推动创新知识的扩散，为提高产品性能带来了技术保证。第二，金融资源向边缘扩散，金融机构数量会不断增加，有利于储蓄者得到更为全面、真实的金融交易信息，降低交易成本，资本积累的速度和质量都能够得到较好的保证。此外，风险承担能力增强，信息搜寻和处理的成本降低，使参与者的交易信息质量提高，为经济发展提供了信息保障。第三，金融机构和金融中介通过专业技术收集信息，节约了个人搜寻信息的成本并降低了道德风险，可以调动群众的储蓄积极性；金融体系可以通过多样化的投资工具降低企业的风险，引导资金的投资流向。

第二节 非生产性服务业集聚与城镇化的互动机理

一 非生产性服务业集聚与城镇化互动机理的理论框架

非生产性服务业指采用一定的设备、工具为消费者而非生产者提供一定服务性劳务或产品的企业和单位的总称，如批发和零售业、餐饮和住宿业、旅游业、教育业等。非生产性服务业的显著特点主要有：第一，无形性，即虽然服务的载体（如场所、设备、工具等）是有形的，但服务本身却是无形的，因而为服务的评价和监督带来了一定难度；第二，生产与消费同时性，即生产和消费同时发生，无法储存；第三，可变性，即非生产性服务业的服务范围和内容是随着时间推移和消费者的偏好变化而不断演进的，是一个不断高级化、细分化的过程；第四，微利性，非生产性服务业作为与居民生活息息相关的行业，对保障居民基本生活水平和质量具有重要意义，因而必须保持微利性；第五，社会福利性，非生产性服务业所涉及的行业具有较强的社会福利性，因此需要在政府引导和扶持下，逐步提高我国非生产性服务企业整体社会责任感。

非生产性服务业的发展在很大程度上依赖于当地的服务产品需求规模以及地区自身所具有的资源禀赋，基于此，非生产性服务业可以分为以下几类：第一类，依赖当地服务业产品需求规模的非生产性服务业，主要包括商贸服务业、房地产业等；第二类，依赖地区自身所具有的资源禀赋的非生产性服务业，主要包括旅游业等；第三类，同时依赖当地服务产品需求规模和地区资源禀赋的非生产性服务业，主要包括教育服务业等。之所以将教育服务业归为第三类，主要原因在于：教育服务业的发展首先要看当地是否有数量充足的、对教育产品存在稳定需求的人口以达到形成规模需求的条件，另外，教育业发展往往同地区的历史以及经济发展水平相关，这些均可看作是地区所拥有的资源禀赋。一般说来，若地区具有悠久的历史、深厚文化积淀以及较高的经济发展水平，教育业的发展将会更加迅速，质量也相对较优。

基于以上特点可知，一个地区的非生产性服务业集聚水平与城镇化水平关系密切。在我国城镇化发展质量亟待提高的背景下，探索非生产性服务业发展和集聚对城镇化质量提升的作用，以及城镇化对非生产服务业集聚的促进机制具有重要意义。然而，以往学者关于非生产性服务业集聚与城镇化的互动关系研究相对较少，尚未构建起可供参考的理论框架。因此，本书参照前文关于生产性服务业集聚与城镇化互动关系的分析框架，建立非生产性服务业集聚与城镇化的互动机理的研究逻辑（如图4-25所示）。

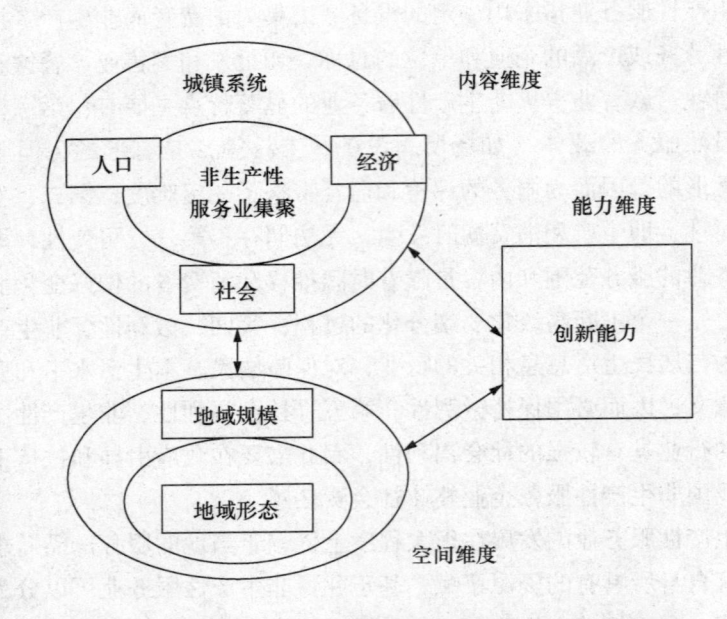

图4-25 非生产性服务业集聚与城镇化的互动机理研究逻辑

如图4-25所示，非生产性服务业集聚与城镇化同样在内容、空间和能力三个维度之间存在互动关系。在内容维度，二者通过人口、经济和社会三个方面的关系实现互动；在空间维度，二者通过地域规模及地域形态实现互动发展；在能力维度，二者通过创新能力和融合能力实现互动发展。

（一）基于内容维度的互动机理

与城镇化系统类似，非生产性服务业集聚系统也是一个内容广泛的综合系统，包括了经济社会的方方面面，如人口、经济、社会等。通过这些具体方面，非生产性服务业集聚能够与城镇化进行互动，从而实现人均收入水平提高、经济发展和社会进步等目标（如图4-26所示）。

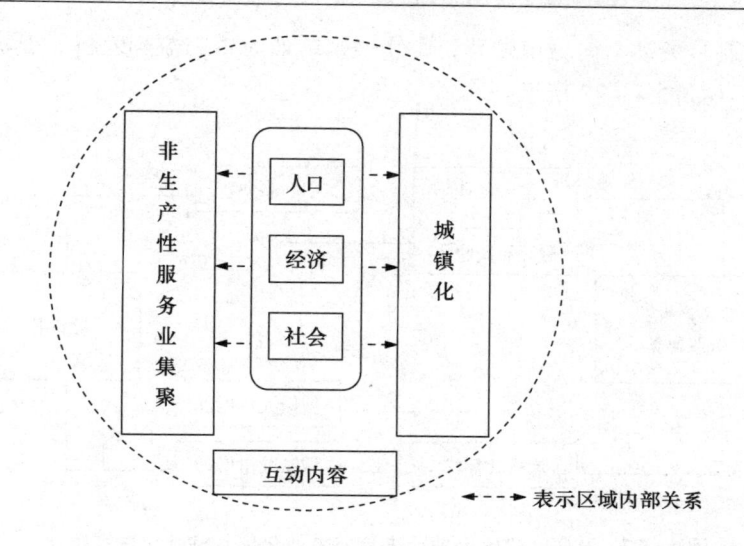

图 4-26 基于内容维度的非生产性服务业集聚与城镇化互动机理

非生产性服务业自身所具备的服务于生活的性质，决定了其较小的服务半径，不便于跨区域提供服务，即主要以满足附近居民的生活需要为主。因此，非生产性服务业集聚与城镇化在内容维度的互动关系主要体现为区域内部关系，区际关系特点不明显。然而，随着科技进步和国家政策的放松，非生产性服务业的服务半径将不断扩大，区域内部关系将逐渐扩展到区际关系，这也是未来二者互动关系的发展方向。

1. 人口方面

一方面，非生产性服务业集聚能够扩大地区社会就业，增加第三产业就业人员比重，提高居民收入，从而提高城镇人口或非农就业人口占总人口的比重，提升人口城镇化水平。一般而言，非生产性服务业属于劳动密集型产业，是我国扩大就业的重要领域。除部分行业（如科学、教育、文化、卫生等）对劳动者的文化水平和专业技能要求较高外，我国非生产性服务业的总体就业门槛较低，能够吸纳不同年龄阶段、不同文化程度的人就业，甚至能够吸纳部分残疾人就业（如盲人按摩）。并且，非生产性服务业还具有再就业周期短、返乡农民工和城市下岗工人经过短期培训即可上岗的特点，更增加了其就业弹性，扩大了第三产业就业人员比重，为人口城镇化发展提供重要的产业支撑。与此同时，非生产性服务业集聚所带来的第三产业就业人数的增加，也有利于提高城镇居民收入水平，吸引农村剩余劳动力向城镇转移，防止城镇就业人口回流到农村，保护城镇化成果（如图 4-27 所示）。

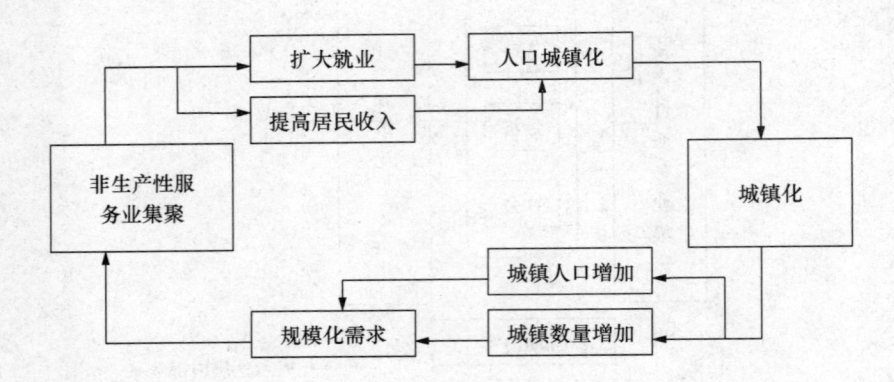

图 4-27　基于人口方面非生产性服务业集聚与城镇化互动机理

另一方面，城镇化能够为非生产性服务业提供规模化需求，促进其集聚发展。城镇化发展的显著特点之一就是城镇人口及城镇数量的增加，其中，城镇人口增加可以为非生产性服务业提供需求空间这一必要发展要素；而城镇数量的增加则主要是为非生产性服务业提供更广阔的市场空间，城镇数量较多，城镇间联系便捷、密切，有利于非生产性服务业跨区域提供服务，促进非生产性服务企业市场竞争。

2. 经济方面

在经济方面，非生产性服务业集聚主要通过两条路径影响城镇化发展：一是促进城市经济发展；二是促进城市产业结构优化。非生产性服务业集聚将提高该产业产值，在扩大城市经济总量、促进消费、拉动内需方面意义显著。同时，非生产性服务业集聚还能够扩大第三产业在国民经济中的比重，从而起到优化城市产业结构的作用，而产业结构升级是城镇化发展的重要表现。

城镇化对非生产性服务业集聚的影响主要体现为增加城镇人口对非生产性服务业的需求，从而促进该产业集聚。城市居民具有更高的购买力和更强烈的消费欲望，因而对非生产性服务业的需求更为旺盛。随着城镇化发展，居民收入水平不断提高，在其基本的生存需求得到满足后，倾向于追求更高层次的消费需求，因而对非生产性服务的需求更加多样化、高层次化。在这种需求的驱动下，非生产性服务业在城市集聚将成为趋势

（如图 4-28 所示）。

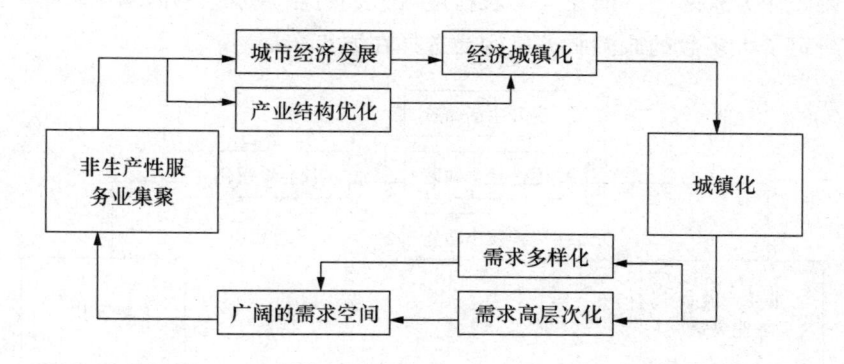

图 4-28　基于经济方面非生产性服务业集聚与城镇化互动机理

3. 社会方面

在社会方面，非生产性服务业集聚能够从三方面推动城镇化进程：第一，提升城市生活品质，促进人口和社会城镇化发展。房地产业发展和集聚能够在保障居民基本住房需求得到满足的同时，享受更高层次的居住环境；教育服务业集聚能够为附近居民提供高水平、多样化的教育服务；医疗卫生服务业集聚能够满足人们的医疗、健康、养老等需求；文化娱乐服务业集聚能够使居民生活更加丰富多彩，满足人们休闲享受需求；旅游服务业集聚能够为人们提供更加综合化的娱乐放松方式，对提高人们生活品质具有重要意义。综上可以看出，非生产性服务业集聚的发展能够影响人们社会生活的各个方面，从而全面提高城市生活品质，推动城镇化发展。第二，提高相关行业就业人员收入水平，缩小城乡贫富差距，促进社会和谐，为城镇化创造良好的社会环境。非生产性服务业的从业人员大多属于社会低收入阶层，或者是由农村剩余劳动力转化而来，他们是我国提高收入水平的重点对象，因此促进非生产性服务业集聚是实现社会稳定的重要途径。第三，有利于完善城市功能，提升城市竞争力。通过大力发展关系民生的非生产性服务业，能够使城市功能更加丰富、完善，增强城市竞争力和吸引力（如图 4-29 所示）。

城镇化对非生产性服务业集聚也具有重要作用。在城镇化过程中，新的思想观念不断产生、传播，由此也不断催发了新的消费需求，为非生产性服务业集聚提供了动力。以旅游业为例，城镇居民的旅游热情及其用于旅游的支出都远远高于农村地区，旅游活动日益成为城镇居民必不可少的休闲娱乐方式之一，而在广大农村地区人们对旅游服务的需求则较少，这就决定了大多数的旅游服务机构会选择在城市布局。

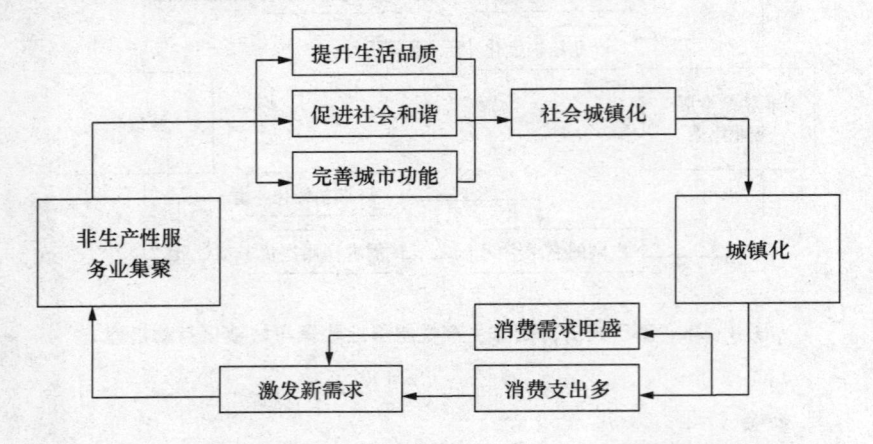

图4-29　基于社会方面非生产性服务业集聚与城镇化互动机理

（二）基于空间维度的互动机理

在空间维度上，非生产性服务业集聚与城镇化的互动作用主要表现为城市规模和数量及城市空间结构的变化（如图4-20所示）。

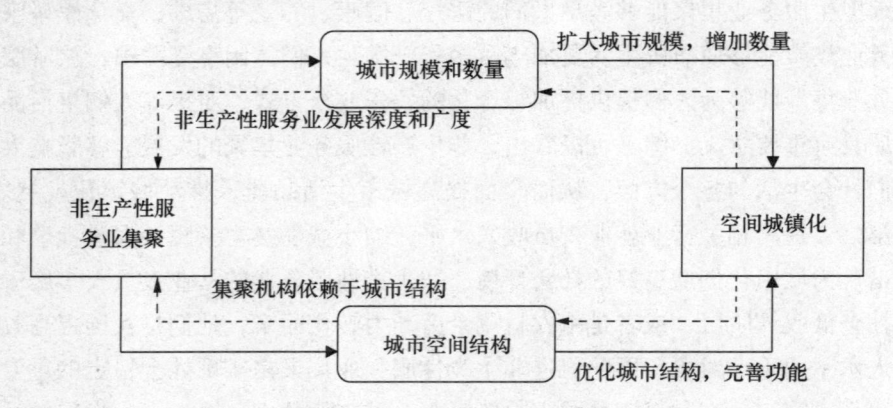

图4-30　基于空间维度的非生产性服务业集聚与城镇化互动机理

首先，在改变城市规模和数量方面，非生产性服务业集聚能够扩大城市规模、增加城市数量；反过来，城市规模和数量的扩大也能够促进非生产性服务业集聚。具体来说，依托于人口形成的非生产性服务业集聚，能够扩大原有人口集聚区的地域规模，使城市中心区扩大，边缘外移，从而形成更大规模的人口和城市群;而依靠政策力量兴建的大型非生产性服务业集聚区(如依靠教育服务业形成的大学城、依靠医疗和养老服务业形成的健康城等)对城镇化的影响,主要表现为城市的形成和城市数量的增加,从而实现空间城镇化,并进而带动人口、经济和社会的城镇化。反过来,城市作为非生产性服务业集聚的空间载体,其规模和数量决定了非生产性服务业的发展空间及成熟水平,同时也决定了非生产性服务业布局的深度和广度。一般而言,城市规模越大、数量越多,非生产性服务业的布局范围也就越广,专业化程度越高,行业细分越清晰,服务形式也就越新颖。

其次,在改变城市空间结构方面,非生产性服务业集聚具有优化城市地域结构、完善城市功能的作用;城市空间结构的变化将反过来影响非生产性服务业集聚的区位选择。由于非生产性服务业企业在原有的地理区位上进行扩张发展,从而会对原有区位上的企业产生一种排挤作用,导致原有效率较低的企业向外迁移,从而促进城镇内部空间结构的优化。同时,城市在城镇化过程中所形成的固有的空间结构形态,会影响非生产性服务业企业的区位选择,因而由此形成的非生产性服务业集聚也必然带有浓厚的城市色彩。比如,依托于河流形成的带状城市,其非生产性服务业的集聚区也倾向于在整体上呈现出一种条带状布局形态;而组团式的城市结构更容易在城市各个组成部分之间形成相对独立的非生产性服务业集聚区,为各自区域提供服务。

(三)基于能力维度的互动机理

创新能力在非生产性服务业集聚与城镇化的互动过程中表现较为明显。

一方面,非生产性服务业集聚具有较强的创新能力,该能力会对城镇化产生重要影响。这种创新能力主要表现在两个层面,即居民层面和企业层面(如图4-31所示)。

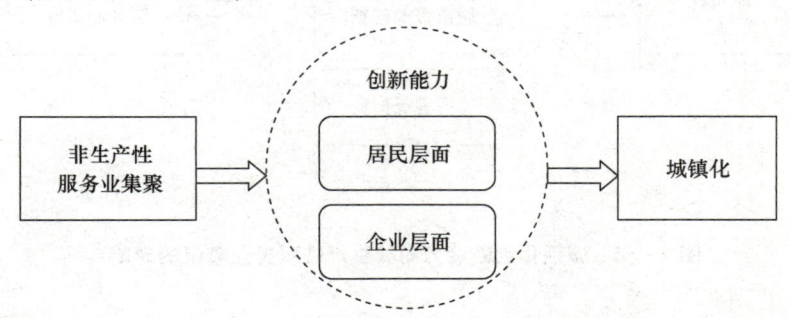

图4-31 基于创新能力非生产性服务业集聚对城镇化的影响

第一，居民层面。由非生产性服务业的性质可知，其集聚对社会产生的一个重要影响就是促进社会意识形态的转变和升级，推动社会城镇化发展。人与人之间频繁的交流能够促进思想碰撞，有利于新生事物的产生和发展，这种新生事物既包括有形事物，也包括无形事物。所谓的有形事物主要有新的交易方式、新的制度安排以及新的交易内容等，而无形事物即指新思想的产生。此外，农村剩余劳动力进入城镇从事非农产业，其生活方式和日常行为也将受到城镇方式潜移默化的影响，继而改变乡村地区传统的生活方式和行为，这在一定程度上将能够对整个社会环境、居民生活状态等产生重要影响，有利于城市社会的可持续发展。

第二，企业层面。就企业而言，非生产性服务业集聚首先带来的是企业数量的增多和企业间竞争加剧，优胜劣汰的市场机制将表现得更为充分。因此，为了在企业之中形成竞争优势，各企业都在提升服务质量、创新企业合作模式、更新服务产品内容等方面做出了不懈的努力，以增强企业活力，提高市场竞争力。这也客观上促进了城市经济发展和城市竞争力的提升。

另一方面，城镇化本身所具备的创新能力，能够为非生产性服务业集聚提供良好的发展基础，吸引非生产性服务业集聚。城镇化过程中的创新能力主要体现在以下三个方面（如图4-32所示）。

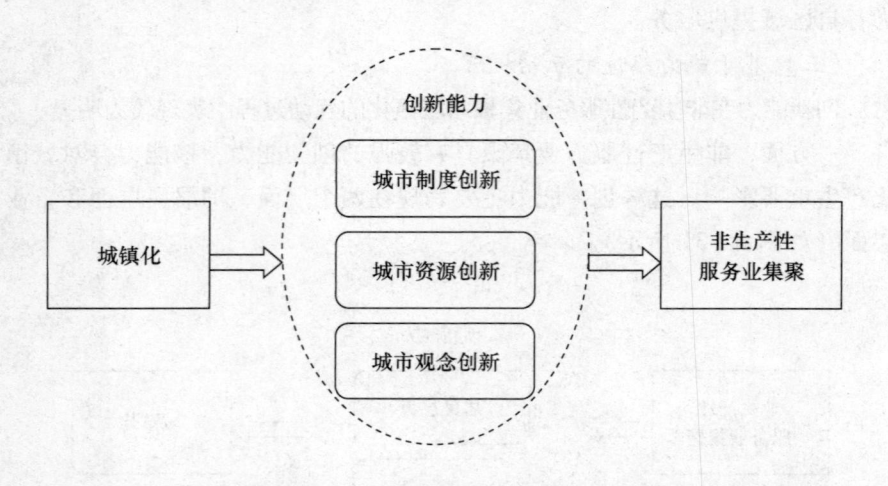

图4-32 城镇化创新能力对非生产性服务业集聚的影响

第一，城市制度创新。与农村相比，城市地区在制度创新上表现出了极大的优越性。城市对于产业发展政策的有益探索，为非生产性服务业集聚提供了发展动力和有力的财政、税收及法律保障措施；城镇促进要素自由流动、建立统一市场的制度创新，为非生产性服务业集聚提供了大量优质廉价的生产要素以及公平竞争的市场环境；城市促进区域合作的制度创新，为非生产性服务业的产业分工与协作、资源整合、联动发展等带来了新的机遇。

第二，城市资源创新。城市具备非生产性服务业集聚所需的所有资源要素，并能通过资源创新，满足日益产生的新服务的需要。城市是知识分子和高级技术工人的集聚地，也是思想交流、碰撞和创新的集中地，通过人才培养，发挥人才的创新意识，能够为非生产性服务业提供更多高素质的管理和技术人才；城市通过创新资金来源渠道、融资模式等，能够为非生产性服务业集聚提供充足的资金保障；城市通过对技术进行创新并将其运用到非生产性服务业中，能够提高其生产效率和运行效率。

第三，城市观念创新。城市作为最先接触新思想和新观念的地区，能够通过观念创新，产生新的消费热点和需求，进而激发非生产性服务业的内容及形式创新，提高非生产性服务业发展活力。

基于以上分析，本书选择非生产性服务业中与城镇化互动关系显著的重要行业（非严格对照国家标准的行业划分）进行探讨，分析非生产性服务业的细分行业与城镇化的作用机制。

二　非生产性服务业集聚与城镇化互动机理——基于典型行业的分析

（一）商贸服务业集聚与城镇化互动机理

目前，大多数文献认为商贸服务业范围较广，包括批发零售业及其密切关联的行业，如物流配送、消费信贷、维修服务等，但对其定义尚缺乏一致表述。本书从商贸服务业的核心——批发和零售业出发，探讨商贸服务业和城镇化的互动机理。因此，后文出现的商贸服务业，如不做特殊说明，即为批发和零售业。其中，批发业是指向批发、零售单位及其他企业事业、机关批量销售生活用品和生产资料的相关企业，以及从事进出口贸易和贸易经纪与代理活动的相关部门的总称；零售业指从工农业生产者、批发贸易业或居民购进商品，转卖给城乡居民作为生活消费和出售给社会集团作为公共消费的商品流通企业的总称。

商贸服务业是社会化大生产中的重要环节，是决定经济运行速度、质量和效益的重要力量，也是我国市场化程度最高、竞争最为激烈的行业之一。商贸服务业集聚是市场经济繁荣发展的重要表现,对我国城镇化进程具有显著影响;反过来,我国城镇化水平的不断提高也为批发和零售业的集聚提供了更加坚实的基础,促进了商贸服务业集聚的深入发展,二者是相互依赖、相互影响的。由于商贸服务业既包括实体经营,又包括网络上的虚拟经营,而虚拟经营的集聚程度难以测量,且对城镇化影响较小,因此本书所说的商贸服务业集聚主要是指实体经营企业的集聚。

1. 城镇化对商贸服务业集聚的促进作用

城镇化对商贸服务业集聚的促进作用主要体现在两个方面:一方面,城镇化改善了交通基础设施,为商贸服务业集聚提供了良好的集聚条件;另一方面,城镇化带动城市经济发展,从而为商贸服务业集聚提供了充足的服务需求(如图4-33所示)。

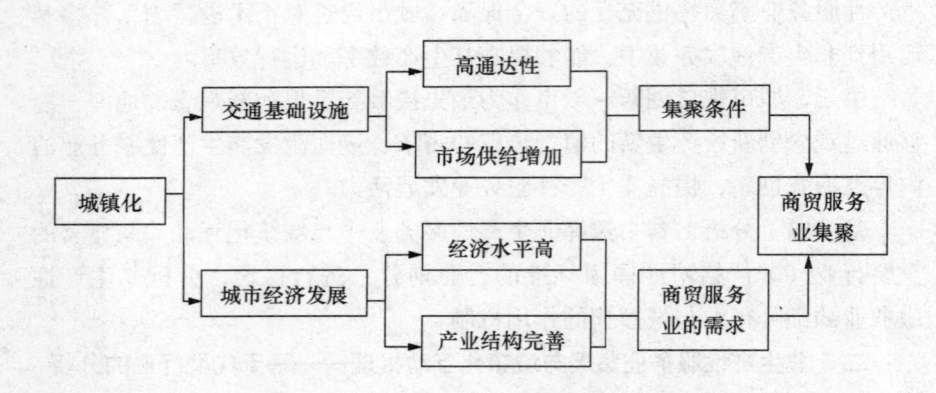

图4-33 城镇化对商贸服务业集聚的促进作用

(1)交通基础设施对商贸服务业集聚的影响。交通基础设施对商贸服务业集聚的影响非常明显:一方面,由于商贸服务业集聚和发展需要大量的买者和卖者,从而导致集聚区内人口密度较高、人流量较大,因此,良好的交通基础设施能够保证地区通达性,使人们较为容易地到达该地区,减少交通费用;另一方面,由于商贸服务业的交易商品一般为实物,大量商品运输需要完善的交通基础设施来保障。因此,城市本身所具备发达的交通基础设施、多样化的交通运输方式以及低廉的交通运输费用成为商贸服务业在城市发展的重要基础。

随着城镇化所处阶段的变化,商贸服务业的区位选择会有所差异,但是其对交通基础设施的要求是始终不变的。在城镇化的早期发展过程中,商贸服务业往往选择靠近市场、交通便利的城市中心区域，不仅与需求者相接近，而且便于物资集散。随着城市经济发展和城镇化水平的不断提高，城市中心作为一个地区的经济、政治和文化集聚地，基础配套设施完善，信息集中，交通便捷，吸引众多行业迅速向城区集聚，城市中心商务区也应运而生。由于商贸服务业难以支付中心商务区的高昂地价，于是选择向交通基础设施等条件较为完善的郊区或者市区边缘的城乡接合部迁移，从而降低成本，保持原有利润。由此可见，交通基础设施对商贸服务业集聚具有重要影响。

（2）城市经济发展对商贸服务业集聚的影响。城市经济发展对商贸服务业集聚的影响表现在两个方面，一是城市经济水平的影响；二是城市产业结构的影响。

一般而言，一个地区的经济水平越高，其经济活动就越活跃，需要交换或销售的商品也就越多，因此该地区对商贸服务业的需求也就越大。商贸服务业集聚需要大量的买者和卖者，以及与产品和资金流动有关的便捷交通运输业和发达的金融业的支持，并且要求产品和资金的流动性较强，这些只有经济发展水平较高的城镇才能提供。首先，城镇是地区人口和产业的集聚中心，汇集了大量的生产者和消费者；其次，城镇往往拥有完善的交通运输基础设施，交通运输业发展水平较高，表现为多样化的交通运输方式和全方位的交通运输服务，能满足批发和零售业集聚所产生的实物流的运输需要；最后，城镇作为金融集聚中心，能够提供便捷的融资服务，满足产业发展的资金需要。因此，城市经济水平的提升能够促进商贸服务业集聚。

与农村地区相比，城市产业结构中工业所占比重较大，且工业体系健全，发展水平较高。工业既是商品贸易的产品来源，也是其发展的前提条件。因此，商贸服务业在工业企业附近集聚不仅能够减少运输费用、降低成本，还能够通过地理优势更加了解与生产相关的信息，促进企业经营决策的科学化、合理化。可见，商贸服务业集聚与城市工业发展密不可分。

2. 商贸服务业集聚对城镇化的促进作用

商贸服务业集聚对城镇化的促进作用主要表现在四个方面，即人口集聚效应、经济增长效应、产业关联效应和空间结构重组效应，如图4-34所示。

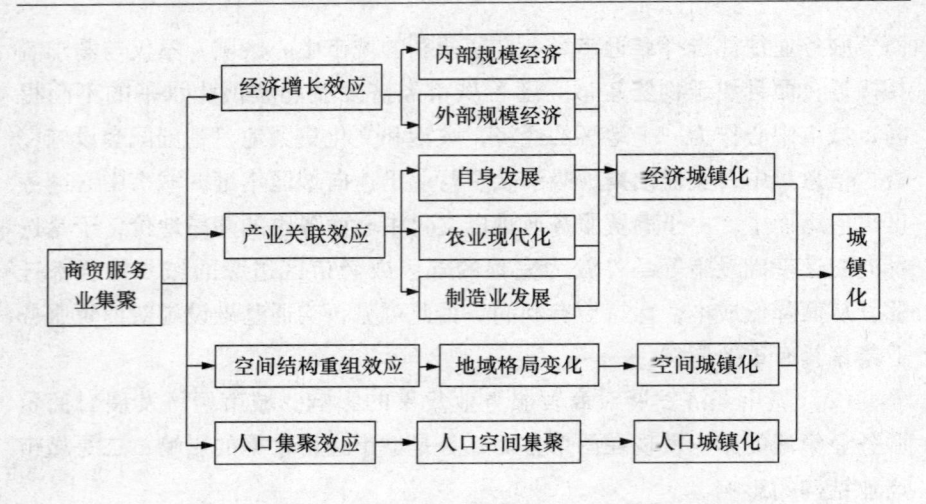

```
                    ┌──────────────┐     ┌──────────┐
                    │   经济增长效应  │──┬──│ 内部规模经济 │
                    └──────────────┘  │  └──────────┘
                                      │  ┌──────────┐
                                      └──│ 外部规模经济 │
                                         └──────────┘
                    ┌──────────────┐     ┌──────┐   ┌────────┐
              ┌─────│   产业关联效应  │──┬──│ 自身发展 │──│ 经济城镇化 │──┐
┌────────┐    │     └──────────────┘  │  └──────┘   └────────┘  │  ┌────┐
│ 商贸服务 │────┤                        ├──│农业现代化│              ├──│ 城 │
│ 业集聚  │    │                        │  └──────┘              │  │ 镇 │
└────────┘    │                        └──│制造业发展│              │  │ 化 │
              │     ┌──────────────┐     ┌──────────┐ ┌────────┐ │  └────┘
              ├─────│ 空间结构重组效应 │──│ 地域格局变化 │─│ 空间城镇化 │─┤
              │     └──────────────┘     └──────────┘ └────────┘ │
              │     ┌──────────────┐     ┌──────────┐ ┌────────┐ │
              └─────│   人口集聚效应  │──│  人口空间集聚│─│ 人口城镇化 │─┘
                    └──────────────┘     └──────────┘ └────────┘
```

图 4-34 商贸服务业集聚对城镇化的促进作用

(1) 商贸服务业集聚带来的经济增长效应促进城镇化发展。商贸服务业集聚的经济增长效应主要是指城市通过发展以小商品流通为主的商贸业，不断积累资本、扩大经营规模，并促使商业资本向制造业和城市基础设施建设等领域扩张，实现市场与产业、城市的联动发展，推进区域经济工业化、城市化、国际化进程（王祖强，2004）。虽然许多服务业都可以通过集聚带来经济增长效应，然而对于商贸服务业而言，集聚有着更为重要的意义。以批发和零售业为代表的商贸服务业的性质决定了消费者在做出购买决策前，往往会货比三家，由于集聚区内集中了大量同类企业，因此区域内的企业更容易与顾客达成交易，提高企业的销售收入。所以，商贸服务业通过集聚能够获得更好的生存和发展条件。商贸服务业集聚的经济增长效应反映在两个方面：

第一，内部规模经济。这里所说的内部规模经济主要是由企业本身经营规模的扩大所带来的经济效应。随着集聚内企业销售收入的增加，企业会扩大经营规模，这样分摊到每个商品上的固定成本（如运输成本、人力成本、管理成本、租金等）就会越来越少，使产品的平均成本下降。这样相对于其他企业而言，集聚区内企业就具有了更低的产品成本和更强的竞争优势。

第二，外部规模经济。外部规模经济主要是由集聚区内企业数量的增加带来的经济效应。一般而言，批发和零售业的单个企业经营规模较小，所经营的产品种类较为单一，通过集聚更能满足消费者的多样化需求，吸引更多的消费者。因此，商贸服务业集聚能够实现企业间的优势互补作用，提高单个企业的销售收入，实现外部规模经济。

（2）商贸服务业集聚带来的产业关联效应促进城镇化发展。首先，商贸服务业集聚能够推动会展、金融、运输、仓储、中介与餐饮住宿等关联性服务业的快速发展。通过开展以专业市场为依托的会展活动，既有利于扩大销售、宣传品牌，也能使全国各地甚至世界各国的人们了解城市，提高城市的知名度，这对于吸引资本流入、推动城市发展至关重要。在商贸服务业集聚区内，每天都会发生巨额的现金和转账结算、贷款业务等，因此需要金融服务的支持，资金的流通需要金融业的支持，而商品的流通则需要运输和仓储业的支持。同样，对于这样一个拥有大量批发商、零售商及游客的经济活动高度活跃的地区而言，与之配套的餐饮住宿服务业也是必不可少的。

其次，商贸服务业集聚能够促进现代化农业的发展。商贸服务业不仅使农业生产更加市场化，同时也为农产品提供了广阔而稳定的销售市场，有利于应对农业生产中因需求波动带来的风险，提高农产品附加值，促进现代化农业的发展。

最后，商贸服务业集聚能够促进相关制造业的发展。在商贸服务业发展的早期，批发商的货源往往来源于全国各地，集聚区则只是起到了中转地的作用。随着集聚的进一步发展和深化，越来越多的人意识到，此种做法既增加了交易的经营成本和运输成本，又影响到了市场的实效性。因此，许多眼光长远的批发商利用他们的原始积累，开始兴办工厂，涉足制造业，促进了当地制造业的发展。

楼洪豪等（2007）在对义乌城镇化的研究中指出，义乌的快速城镇化过程是受大型专业批发市场发展的产业集聚和产业连锁机制影响而得以实现的。栾晓梅、毛义友（2007）采用包含了流通要素的 C – D 生产函数，研究了批发和零售业对 GDP 增长的贡献率及其与交通运输业、建筑业、金融业和房地产业之间的关系，发现批发和零售业通过商品交换和为其他产业服务把各产业紧密联系起来，提高了产业之间的关联度。这种产业关联效应的最终结果是城市各产业协同发展以及产业结构的优化，促进城镇化质量的提高。

（3）商贸服务业集聚带来的空间结构重组效应促进城镇化发展。随着专业化批发和零售市场的发展,城市空间结构得到重组,形成以专业交易市场为特色的地域格局,具有明显的商圈性。批发和零售业在起初发展时往往规模和影响力较小,后由于国家政策支持或市场自发行为,吸引了更多的批发商和零售商进入,实现了规模经济。该地区的其他产业也随着本地区产业专业化程度的提高而不断迁出,在外围地区为本地服务。这样,一个中心—外围产业布局便形成了。虽然批发和零售业不会直接对城市空间结构产生影响,但却可以通过不同业态的批发和零售企业的区位选择来实现(张水清,2002;徐田强,2008;管驰明、崔功豪,2003;何丹、谭会慧,2010)。

(4)商贸服务业集聚带来的人口集聚效应促进城镇化发展。从本质上来说,城镇化是人口和经济要素在空间上的集聚,商贸服务业的集聚对人口集聚有显著的促进作用。一方面,农民在比较利益的驱动下,倾向于选择涌向第二、第三产业集聚的城镇,由此农村人口在城镇形成集聚;另一方面,商贸服务业集聚带来生产和交易规模不断扩大,产生大量的劳动力需求,从而吸引劳动人口的大规模汇集。此外,商贸服务业往往进入门槛较低,对从业人员知识、技能要求较低,对于解决大量农村劳动力的就业问题具有重要意义。因此,商贸服务业集聚能够提供更多的就业机会,促使农村劳动力的转移和集聚,促进人口城镇化发展。

除批发和零售业外,边贸服务业(相邻国家在其边境地区进行的经济贸易联系与交往活动)也是西部地区商贸服务业的重要内容,该行业与城镇化的互动发展对西部地区具有重要意义。边贸服务业从贸易方式上来说,包括边境互市贸易、边境小额贸易和边境技术合作贸易。我国内陆边界线大体可分为三段,分别为东北部边界线段、西北部边界线段和西南部边界线段。与此对应,在我国边境地区形成了三大边境贸易区,分别为东北部边境贸易区、西北部边境贸易区和西南部边境贸易区,其中,西北部边境贸易区和西南部边境贸易区位于我国西部地区。由于历史和政策等因素的影响,西部边境贸易区经济发展和城镇化进程滞后,阻碍了边贸服务业的繁荣,而边贸服务业发展和集聚程度的不足,又反过来抑制了城镇化的快速发展,由此形成恶性循环。因此,探寻边贸服务业集聚与城镇化之间的互动发展机制,促进二者形成良性循环,对西部地区商贸服务业集聚与城镇化互动发展具有重要意义。

一方面,城镇化发展能够促使边贸服务业集聚。从供给条件的角度看，城镇化的推进伴随着要素的集聚和发展、基础设施的建设，人才、资本、技术等要素的流入与集聚为边贸服务业的集聚奠定了基础，金融业、物流业等行业的成熟为边贸服务业的进行提供了良好的产业支撑，现代交通基础设施及配套设施的多样性、便利性有力地保障了边贸服务业的顺利开展，而减少运输成本和经营成本的要求则使得边贸服务业的供给必须以集群的方式进行才有更强的竞争优势；从需求的角度看，城镇化的发展会使得一个地区的生产者和消费者产生商品交换的需求。经济水平的提高使得消费者生活水平提高，自然地，其消费需求趋于多样化，而生产者出于满足消费者多样化需求、技术交流共享、降低生产成本、资源禀赋受限等各方面原因，也会促进边贸服务业的集聚。另一方面，边贸服务业集聚能够从四个方面推进西部地区的城镇化进程，分别为城市基础设施建设、城市要素流动、城市经济增长和城市空间结构。首先，随着边贸服务业集聚的发展，边境口岸将逐步开放并投入使用，口岸的基础设施也将不断完善，为城市形成和发展奠定基础。边贸服务业集聚区的形成将一改过去边境口岸上荒无人烟、条件简陋的落后情况，公路、铁路等交通基础设施及相关生活配套设施将逐渐完善，从而形成一个功能齐全的口岸新城。其次，边贸服务业集聚能够带来大量资金流、信息流、人流及物流，促进地区和国家交流，激活城市活力。通过促进资金流动，提高资金使用效率和收益水平，通过促进信息流动，实现信息共享，减少信息不对称和道德风险，通过促进人才流动，加强国家间民间交流及思想文化沟通，促进边境地区的和平稳定，通过促进商品流动，扩大生产规模，密切国与国之间的联系。再次，边贸服务业通过经济增长效应及产业关联效应，带动其他产业发展，促进城市经济增长。最后，边贸服务业发展过程中，城市空间结构将会重组，形成以专业交易市场为特色的地域结构格局，具有明显的商圈性质。在国家政策支持和市场自发行为的作用下，将会有更多的同类市场主体进入西部地区，使西部地区产业专业化程度进一步提高，市场规模进一步扩大，进而从根本上改变城市性质和地域结构。

(二) 房地产业集聚与城镇化互动机理

房地产业是一个包括土地开发，房屋建设，维修，管理，土地使用权的有偿划拨、转让，房屋所有权的买卖、租赁，房地产的抵押、贷款以及由此形成的房地产市场的综合性产业。国家统计局将房地产业列为第三产业第二层次的服务部门。从目前房地产业发展情况来看，该产业已经成为国民经济的支柱产业,其对城镇化的作用日益重要。

一直以来,城镇化和房地产业就被认为是一对"孪生兄弟"(蒋建新、金维兴、何云峰,2003)。城镇化进程的不同阶段,其相应的人口构成、经济水平、文化氛围、基础建设等方面的特征通过多种传导机制影响着房地产业的动态走势;而房地产行业作为城镇化的直观表现形式,又能通过推动经济发展的多个链条,有力地作用于城镇化的方方面面。

1. 城镇化对房地产业集聚的促进作用

城镇化主要通过影响房地产市场的需求与供给两方面,从而促使房地产业集聚(如图4-35所示)。

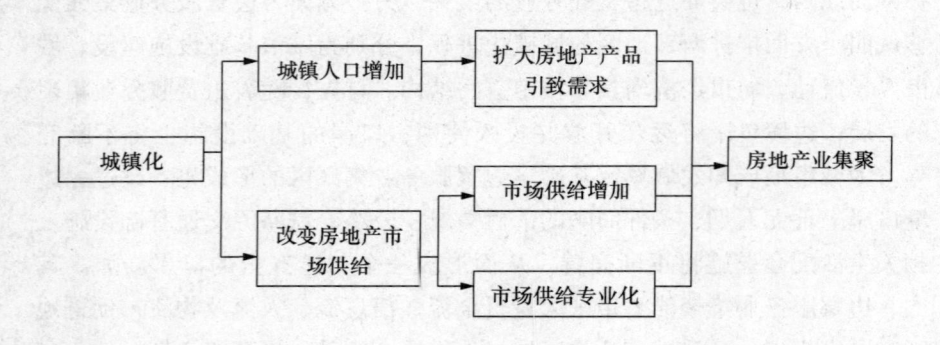

图4-35 城镇化对房地产业集聚的促进作用

(1)城镇人口增加扩大房地产市场的引致需求,促进房地产业集聚。首先,城镇化发展使得城镇人口规模扩大、人口结构变化,一部分来自农村和乡镇的人口向城镇转移,他们在城镇定居并取得城镇户籍,进而成为城镇居民。农村人口之所以能向城镇转移并定居下来,根本原因在于村镇地区经济的发展,人们收入水平提高使得农村居民对生活质量有了更高的追求。城镇相对于农村地区拥有更加完善的交通设施、良好的教育环境以及其他各种优良的生活条件,能够充分满足居民生存发展的需要。随着这部分人口向城镇的转移,必然会对城镇住宅产生大量的引致需求。此外,城镇化使得房地产有效需求增加的另一个源头则来自原有的城镇居民。在城镇化水平提高的同时,城镇居民的生活水平也会相应地得到改善,人们的收入水平提高以后,以居住面积扩大、房屋格局优化、居住环境改善为主要特点的住房消费需求也会逐步增加。这些引致性需求的增加,势必引发房地产业集聚。

（2）城镇化发展改变房地产市场供给，促进房地产业集聚。首先，城镇化发展增加了房地产市场的供给量。由于城镇土地资源是有限的，一定时期内可供开发的土地量也是有限的，城镇化带来城镇人口的增加，住房需求也不断增加。因此，住房价格上涨，房地产商也将拥有更大的利润空间，房地产商会集聚到适宜开发区并竞相从政府手中购入更多的土地以进行房地产开发。

其次，城镇化发展将调整房地产业的市场供给结构。随着城镇化进程的推进，按照居住、工作、休闲和交通四大功能进行简单机械划分的传统城镇布局形式已不再适合城镇化快速发展时期的房地产开发模式。地区自然禀赋、交通区位、政府政策等因素的影响日益显著，越来越多的城镇将倾向于向某一专业城市职能发展，例如，旅游城镇、工业城镇、金融中心、商贸城镇等。这样一来，倾向于专业职能发展的城镇将对其支柱产业的房地产产品产生大量需求，进而促进相同类型的房地产企业在某一特定区域的集聚。

2. 房地产业集聚对城镇化发展的促进作用

房地产业集聚通过为城镇化营造良好的外部宏观环境、带动人居环境的改善，促进城镇化（如图4-36所示）。

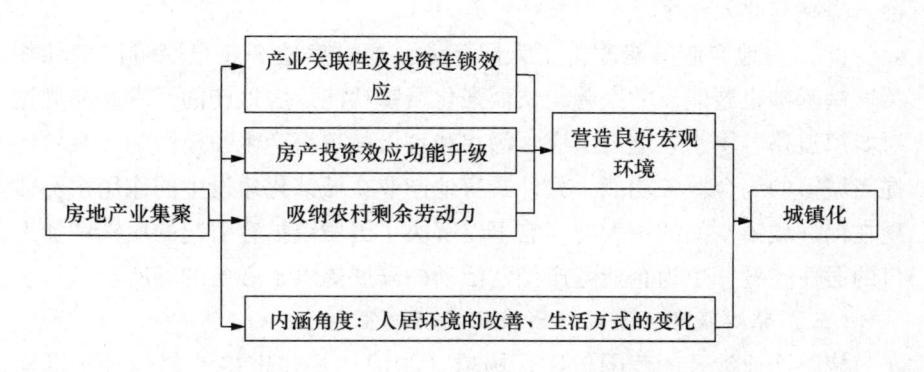

图4-36 房地产业集聚对城镇化的促进作用

（1）房地产业集聚为城镇化营造了良好的宏观环境。首先，房地产业的一个重要特征就是与其他产业之间具有高度关联性。根据投入—产出模型的测算，我国房地产业增加的每单位产值对各产业的总带动效应为

1.416，并且至少可以对50个关联产业产生带动效应（王国军、刘水杏，2004）。此外，根据产业之间的投入—产出关系，与房地产业存在关联的产业可分为前向关联产业和后向关联产业。其中，前向关联产业是指以房地产业所提供的产品和服务作为投入进行生产的行业，房地产业对他们的发展能够起到推动作用，如装潢业、家具业、家电业、家政业、中介服务业等。后向关联产业主要是指为房地产业提供产品和服务的行业，如建材业、建筑业、建筑机械业、建筑设备业等，房地产业集聚会拉动这些行业的发展。由此可见，房地产业具有"牵一发而动全身"的特点。若资本市场中增加了对房地产业的投资资本，同时将带动对其相关产业的投资需求的增加，使相关产业的生产规模得到扩张，最终实现总产出的大规模增加。

其次，房地产投资作为一项重要的投资途径，其功能不只局限于提供房地产产品。每年新增的房地产投资通过对各地原有固定资产配置格局进行调整，对国民经济发展以及地区间的生产力平衡发挥着重要的调节作用。近年来，房地产业的发展迅速地将居民储蓄转化为投资，房地产投资已经成为拉动我国经济增长的主要动力之一。与房地产联系最为密切的建筑业属于劳动密集型产业，在农村生产力日益提高、剩余劳动力不断增加的背景下，房地产业及相关建筑业能够为大量农村剩余劳动力提供就业机会，提高其收入水平。

（2）房地产业集聚改善了人居环境。通过房地产业集聚可以带动相关城镇基础设施建设的完善，从而强化城镇功能。房地产的开发布局通过对城镇道路、供水、电力供应、污水和垃圾处理等产生积极影响，有效地提高城镇的综合服务功能。另外，房地产业在城镇化建设中的作用主要体现在促进城镇空间的扩大上，它不仅解决了因城镇扩容引起的城镇增加人口的居住问题，也为企业生产经营活动的开展提供了必备的场所。

（三）旅游服务业集聚与城镇化互动机理

旅游产业涉及的范围较广，杨勇（2010）将住宿接待部门、交通运输部门、旅游业务组织、餐饮企业、游览娱乐企业、旅游购物企业以及旅游政府与行业组织7个主体纳入旅游产业的范畴，涵盖了旅游"吃、住、行、游、娱、购"的六要素。旅游产业集聚是指在旅游产业链和其他驱动力的共同作用下，在一定地域内通过旅游要素的整合，形成的具有一定规模、一定组合特征、一定旅游功能和综合经济效应的旅游区域的动态过程（赵黎明、邢雅楠，2011）。旅游产业集聚具有地域集中性、多层次性、关联性、环境共享性等主要特征（邓冰、俞曦、吴必虎，2004），因而能够促使旅游目的地区域竞争力的提升，形成区域品牌。围绕核心吸引物（旅游资源）的旅游产业集聚见图4-37。

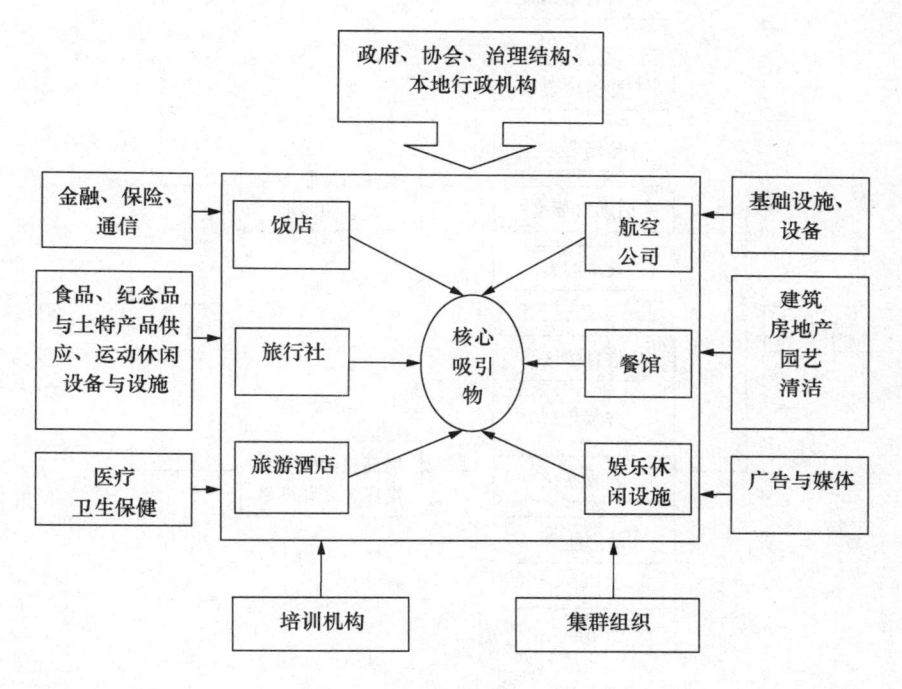

图4-37 旅游产业集群构成[1]

从空间和区域的角度来看，旅游产业往往是集聚发展的，集聚于旅游景区、景区所依托的中心城镇，或者集聚于大城市（冯卫红，2009）。从近年来中国部分超大城市以及旅游城市展现的新型城镇化可以发现：旅游产业的集聚正改变着城镇化的动力机制、发展模式、地域形态，而城镇化质量的变化又将影响区域市场供给的需求状况、要素配置水平等，为旅游服务业集聚创造条件。

---

[1] 尹贻梅、陆玉麒、刘志高：《旅游企业集群：提升目的地竞争力新的战略模式》，《福建论坛》（人文社会科学版）2004年第8期。

1. 城镇化对旅游服务业集聚的促进作用

城镇化通过促进旅游产业所需要素的集聚以及为旅游企业提供创新动力来提高旅游服务业集聚的速度和质量（如图 4-38 所示）。

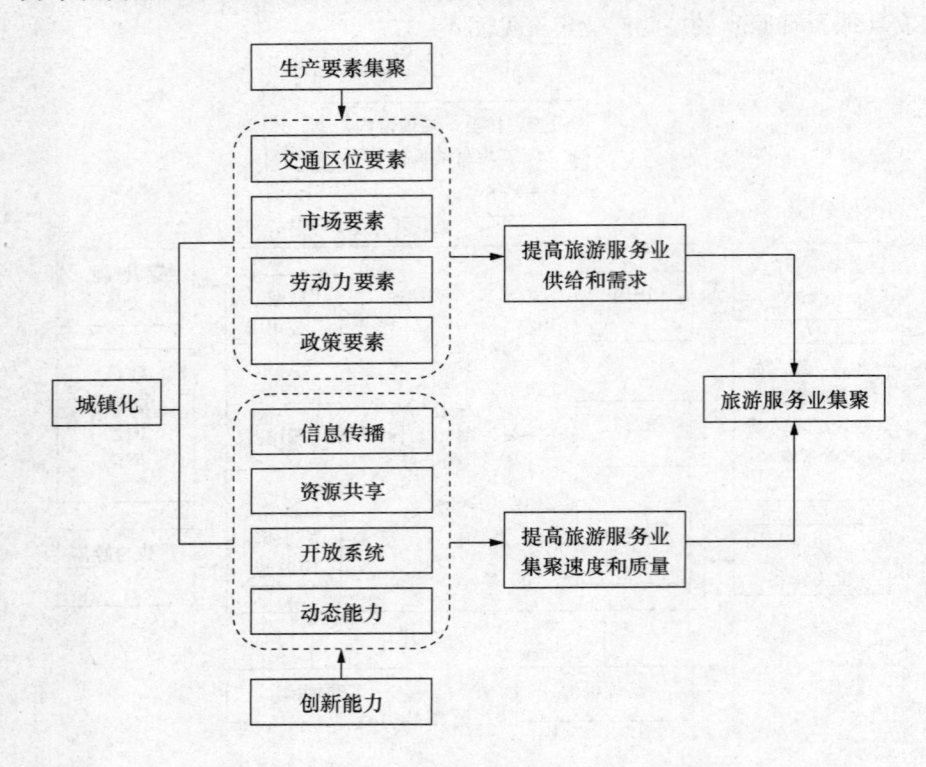

图 4-38　城镇化对旅游服务业集聚的促进作用

（1）城镇化进程中生产要素集聚对旅游产业集聚的影响。旅游产业集聚所需的要素不仅包括旅游资源、交通区位、市场、劳动力等有形要素，还包括知识与信息、技术及管理经验、政策等无形要素。随着城镇化的推进，这些生产要素会不断在城市集聚，并对旅游产业集聚产生强大的吸引作用。

第一，交通区位要素。交通区位是指从客源地到旅游区的空间距离及可达程度。交通区位集聚主要指旅游产业沿着交通便利的地区集聚的现象（何海群，2008）。旅游产品与一般商品有很大区别，旅游产品不能随意运输，而只能由旅游消费者通过自身在距离上的接近，才能实现旅游产品的消费。这一过程意味着旅游目的地的可进入性对旅游产业的发展具有至关重要的作用。城镇化过程中，日益形成的完善的交通体系，能够有效提高旅客流和物流的流动效率，有利于旅游产业集聚。

第二，市场要素。城镇化的直接成果是提升当地经济发展水平，并从供求两方面促进旅游产业集聚。在供给方面，城镇自身的经济发展水平决定着目的地旅游综合接待能力和旅游服务质量，从而影响旅游产业集聚。在需求方面，城镇发展水平在一定程度上也代表了城镇居民的收入水平，加之城镇人口众多，因而为旅游产业集聚提供了广阔的市场需求。

第三，劳动力要素。旅游业是一个劳动密集型产业，在景区服务、旅行社、旅游饭店、旅游交通等各方面都需要大量的劳动力。在城镇化进程中，越来越多的农民从农村进入城市，为旅游业等劳动密集型产业提供了充足的劳动力。

第四，政策要素。城镇化过程中，扩大内需、促进消费，发展假日旅游等政策措施直接促进了旅游产业的发展和集聚。同时，对于拥有旅游资源的城镇来说，政府往往注重为旅游产业创造良好的政策环境，如税收减免、信贷优惠、引入民间资本等，这些措施都促进了旅游产业的集聚。

（2）城镇创新系统提高了旅游产业集聚的速度和质量。健康城镇化是一个涉及面极广的创新系统，该系统融合了政府、科研机构、多企业、消费者等各方面参与者，承载着人才、技术、信息、资源等各要素的流动，该系统在稳定发展中形成的创新潜力激发着旅游产业的集聚。城镇创新系统对旅游业集聚的作用具体体现在两方面：首先，城市创新系统内部越发高效的要素流动和整合，使得旅游业产品在生产、研发、管理、维护的链条上更加快速而有效地形成整体共进，各自具有独特竞争力的趋势，这是旅游业集聚的内部力量。其次，城市创新系统是一个更加开放的系统，内外各方面参与者、内外各方面要素的相互交流和渗透，使得城镇化本身演变为一个更为复杂的网状组织，更有效地实现创新，这将构成促使旅游产业集聚的外在力量。

2. 旅游产业集聚对城镇化的促进作用

旅游服务业集聚通过其产业乘数效应和关联效应、对城镇地域形态发展模式和竞争优势的影响来提升城镇形象和知名度，促进城镇经济发展，进而推进城镇化进程（如图 4-39 所示）。

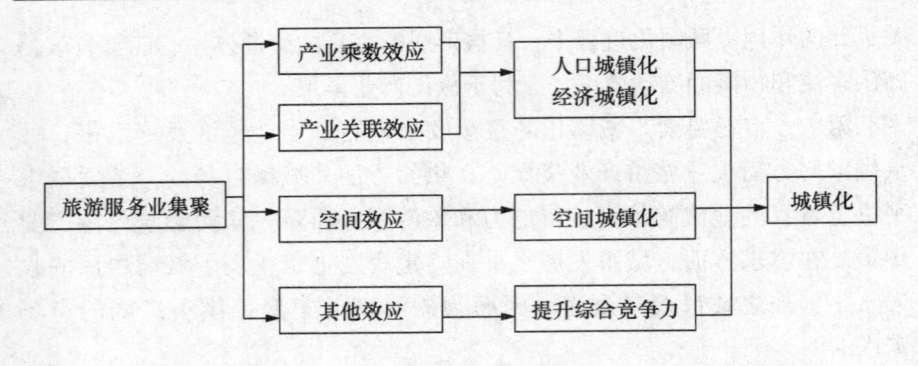

图 4-39 旅游服务业集聚对城镇化的促进作用

（1）旅游产业乘数效应和产业关联效应对城镇化的影响。旅游业的乘数效应主要反映在两个方面，即就业乘数效应和收入乘数效应。就业乘数效应方面，旅游业每增加一个直接就业人员，全社会就能增加 5 个就业机会（赵长华、沈祖祥，1999）。世界旅行与旅游理事会（WTTC）在《2005 年旅行与旅游委员会发展与优势》报告中指出：仅 2005 年，旅行与旅游产业就比 2004 年增加 210 万个就业岗位，就业人数达到 7420 万人，占世界总就业人数的 8.3%，即每 12 个从业人员中就有一个是由旅游经济发展带来的。收入乘数效应方面，世界旅游组织公布的数据显示：旅游业的收入乘数效应明显高于其他行业，旅游业收入每增加 1 元，相关行业的收入就增加 4.3 元，表明旅游业集聚对地区经济具有很强的超前带动性。

作为城镇区域经济系统的组成部分之一，旅游产业集聚之所以能够在城镇地区发挥资源配置作用，并推动产业结构升级，主要在于其具有很强的产业关联性，能够带动其他产业的发展。现代旅游业强调的并非仅仅是旅游本身，还包括带动与旅游产品相关的制造业、餐饮业、商贸业、交通运输业、城市基础建设、文化产业、教育产业等方面的发展。

（2）旅游产业空间集聚对城市地域形态的影响。在旅游产业集聚趋势下，城市地域形态会随之发生变化。第一，由于旅游产业集聚会带来经济发展的规模效应，吸引更多的外部资本流入，为区域经济增长带来持续动力。这种增长会进一步促使生产要素向该地集中，在这一过程中，城市规模将不断扩大。第二，旅游集聚区的形成将会改变城市的空间结构。随着旅游产业集聚区的建立，集聚区本身将会逐渐成为城镇在地域空间上新的资源集聚中心、信息中心、技术中心和创新中心。

(3) 旅游产业集聚对城镇综合竞争力的影响。旅游产业集聚加快了城镇与外部资源、信息、技术、文化之间的相互渗透，使其内部各要素和机构组织更加具有活力，也将城镇塑造为一个更为开放的动态系统，并形成当地独具特色的竞争力。此外，旅游产业集聚所发挥的产业关联效应，带动相关其他服务业、相关制造业的发展以及基础设施、交通运输体系的完善，对旅游者产生吸引力，提高城镇综合竞争力。

(四) 教育服务业集聚与城镇化互动机理

教育服务业集聚指大量教育机构在某一特定区域（地理空间）集中布局而形成强劲、持续竞争优势的现象。由于基础教育具有普遍性、就近性等特点，往往选择在居民区附近分散布局，满足人们的就近入学需求。因此，教育服务业集聚在高等教育中表现得更为突出，其中最典型的例子就是大学城建设，如意大利的博洛尼亚大学城、英国的剑桥和牛津大学城、日本的筑波大学城等。在当前我国大力倡导科教兴国战略的背景下，大学城建设在近几年得到了迅速发展。

目前，世界各国城镇化进程与高等教育发展之间呈现出高度一致性。一所万人大学对于50万人口的中等城市来说，可以提高两个百分点以上的城镇化率。同时，教育服务业集聚将大幅改善每万人的大学生比例、专业人员比例、人口平均受教育年限、万人互联网用户数等指标，使城市的综合竞争力得到明显提高，城镇化进程明显加快（许学刚，2002）。本书以大学城为例探讨教育服务业集聚与城镇化之间的互动机制。

1. 城镇化对大学城建设的促进作用

城镇化通过扩大高等教育的需求和为大学城建设提供物质保障，带动大学城建设，从而促进教育服务业集聚，如图4-40所示。

图4-40 城镇化对大学城建设的促进作用

（1）城镇化引致高等教育需求扩张。城镇化水平提高的一个显著标志就是城镇人口受教育程度或文化素质的提高。随着城镇化水平的提高，公众对教育产生巨大需求。除此之外，工商业的发展也越来越依赖于新知识、新技术和新思想的产生，这都需要教育服务业的支撑。可以预见我国城镇化进程的迅速推进必然对高等教育产生巨大需求，进而推动大学城建设。

（2）城镇经济发展为大学城建设提供物质保障。城镇经济的发展能够为大学城的开发和建设提供物质保障。目前，我国的大学城主要规划布局在城区的边缘地区，这些地区普遍具有城乡二元结构的特征。相对城市而言，其基础设施较为薄弱、交通系统欠发达。为了更好地加强城市与大学城之间的联系，促进大学城和城市的同步发展，需要对边缘地区进行大规模投资建设，城镇经济的发展就为大学城的建设提供了雄厚的资金支持。

2. 大学城建设对城镇化的促进作用

大学城建设对城镇化的促进作用主要表现在人口、经济、空间和社会四个方面（如图4-41所示）。

（1）大学城建设对人口城镇化的影响。大学城建设对人口城镇化的积极作用主要体现在两个方面，即增加城镇人口数量与提升人口素质。在增加城镇人口数量方面，传统城市规划布局时，往往将高等教育机构布局在城市核心地带，但随着城市发展，城市原有规划布局会愈加紧凑，同时，在国家大力倡导发展高等教育的指导方针下，面积较大、地价较低并与城市联系紧密的郊区就成为大学校园进行迁移或扩建的首选地。这样一来，原本郊区的农民因失去土地而成为城镇人口，从而在一定程度上提升了人口城镇化的水平。在提升城镇人口素质方面，在大学城区域内，许多人就业于教育产业，属于高素质人才。另外，凭借大学城的区位优势条件，高新技术产业的集聚也将带来更多人才的涌入，形成人才高地。

（2）大学城建设对经济城镇化的影响。大学城在建设初期主要表现为集聚效应，包括大学城内部专业化水平提高带来的经济效应、人力资源市场集聚的经济效应、中间投入和公共服务的规模经济效应以及信息传播和创新产生的经济效应四个方面。大学城发展后期则是辐射效应占主导，这时候大学城作为区域经济的增长极和区域内创新活动的中心，经济活动和经济要素向周边扩散，对区域经济具有很强的辐射及带动作用。需要注

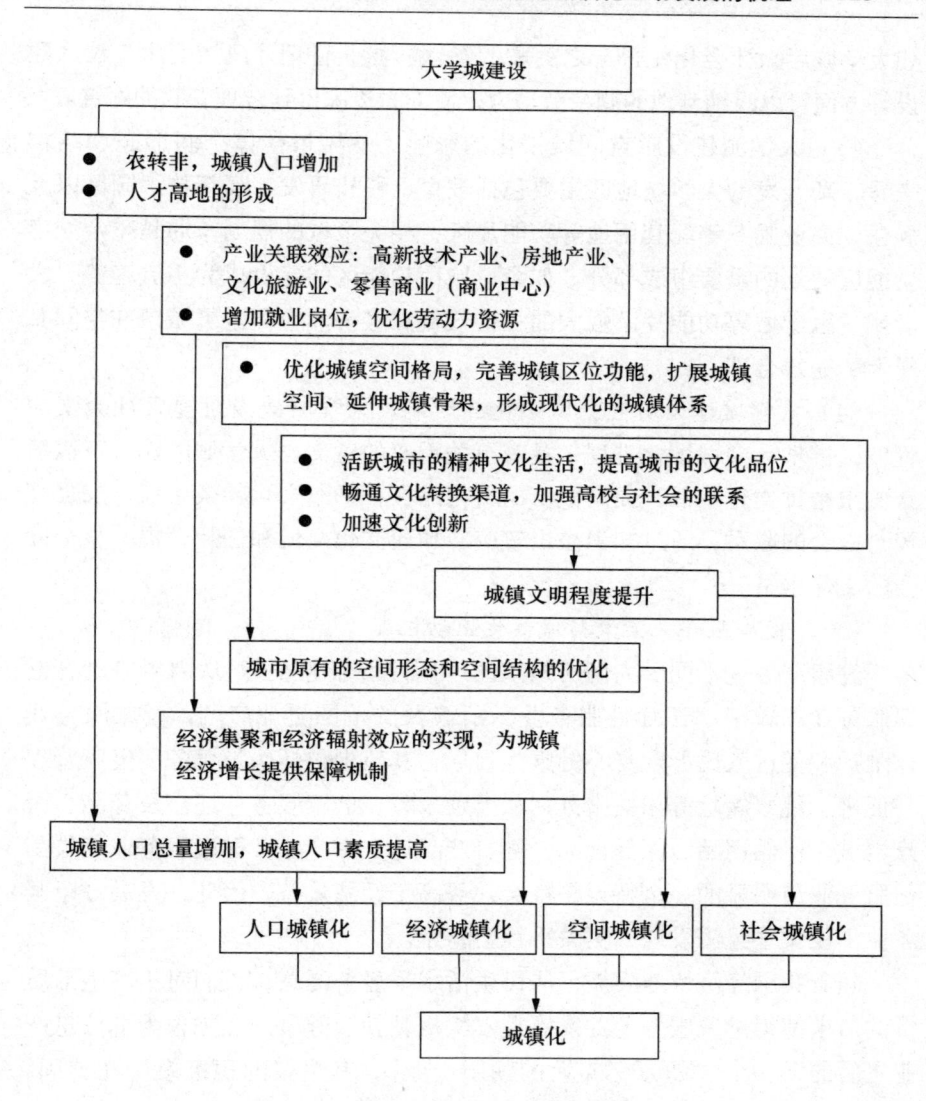

第四章　服务业集聚与城镇化互动发展的机理 · 123 ·

```
                        ┌──────────────┐
                        │  大学城建设    │
                        └──────────────┘
   ● 农转非，城镇人口增加
   ● 人才高地的形成

   ● 产业关联效应：高新技术产业、房地产业、
     文化旅游业、零售商业（商业中心）
   ● 增加就业岗位，优化劳动力资源

     ● 优化城镇空间格局，完善城镇区位功能，扩展城镇
       空间、延伸城镇骨架，形成现代化的城镇体系

       ● 活跃城市的精神文化生活，提高城市的文化品位
       ● 畅通文化转换渠道，加强高校与社会的联系
       ● 加速文化创新

                        ┌──────────────┐
                        │ 城镇文明程度提升│
                        └──────────────┘

        ┌────────────────────────────────┐
        │城市原有的空间形态和空间结构的优化│
        └────────────────────────────────┘

   ┌──────────────────────────────┐
   │经济集聚和经济辐射效应的实现，为城镇│
   │经济增长提供保障机制              │
   └──────────────────────────────┘

   ┌──────────────────────────────┐
   │城镇人口总量增加，城镇人口素质提高│
   └──────────────────────────────┘

   ┌────────┐ ┌────────┐ ┌────────┐ ┌────────┐
   │人口城镇化│ │经济城镇化│ │空间城镇化│ │社会城镇化│
   └────────┘ └────────┘ └────────┘ └────────┘
                    ┌──────┐
                    │ 城镇化│
                    └──────┘
```

图 4 - 41　大学城建设对城镇化的促进作用

意的是，虽然大学城建设能够产生集聚效应和辐射效应，但是两种效应的发挥必须依靠其他产业的发展，换句话说，高等教育的集聚具有很强的产业联动性。这些产业包括了高新技术产业、房地产业、文化旅游业以及零售商业等（商业中心）。

除此之外，大学城的建设将改变原来地区就业结构。实践证明，大学城建设能够为当地提供众多第三产业的就业机会，推动就业结构优化升级。

如大学城后勤社会化使得与之关联的餐饮、物业管理、清洁卫生、校区建设等方面可以吸纳当地的剩余劳动力，使人力资源得到合理有效的配置。

（3）大学城建设对空间城镇化的影响。从城市整体空间形态和结构来看，新开发的大学城地区主要包括教育、科技研发、高新技术园区以及居住、商业服务等配套用地等功能片区，相关区域的规划布局是整个城市功能区规划的重要组成部分。如今，城市功能区的建设成为主流趋势，大学城、医学城等功能片区强大的社会效益和经济效应促进了城镇在空间布局上的完善合理。

（4）大学城建设对社会城镇化的影响。大学城建设对提升社会文明程度，推动社会城镇化进程，具有至关重要的意义。大学城的建设可以活跃城市精神文化生活，提高城市的文化品位；畅通文化转换渠道，加强高校与社会的联系；通过知识溢出效应，加速文化交流和创新，提升整个社会的文化水平。

（五）健康服务业集聚与城镇化互动机理

健康服务业不同于人们所熟知的"医疗性服务业"。从内涵来看，健康服务业相较于"医疗性服务业"所涉及的范围更加广阔。健康服务业以维护和促进人民群众身心健康为目标，其范围包括医疗服务、健康管理与促进、健康保险等相关服务；从外延来看，健康服务业还涉及药品、医疗器械、保健用品、保健食品、健身产品等支撑产业。健康服务业相较其他服务业最明显的一个特点是社会效益高于经济效益，因此，发展健康服务业不仅关乎经济发展，更关乎社会稳定。

随着我国经济快速发展，居民生活水平显著提高，人们对于高生活质量的追求使得健康服务业的发展越发生机勃勃。健康产业被誉为继信息产业之后的下一个"超万亿美元的朝阳产业"，其集聚的积极效应在美国、日本、加拿大等发达国家和地区已经得到了充分验证。作为健康产业链中占最大份额且最有活力的组成部分，健康服务业能充分带动医疗服务体系和非医疗服务体系的发展壮大，同时拉动诸如医药制造、新型生物医药材料、医疗器械、保健产品、娱乐健身等多个健康产业革新。

2013年10月14日，国务院颁布的《关于促进健康服务业发展的若干意见》中提出了健康服务业的发展目标：到2020年，基本建立覆盖全生命周期、内涵丰富、结构合理的健康服务业体系，打造一批知名品牌和良性循环的健康服务产业集群，并形成一定的国际竞争力，基本满足广大

第四章　服务业集聚与城镇化互动发展的机理　·125·

人民群众的健康服务需求。为了实现这一目标，应积极推动健康服务业集聚区建设，并充分发挥健康服务业集聚与城镇化的互动作用，进而推动社会城镇化水平的全面提高。

1. 城镇化发展对健康服务业集聚的积极作用

城镇化通过规模化和专业化效应为健康服务业集聚提供广阔的需求空间，并通过资金、人才、技术、政策支持来完善健康服务业集聚的供给条件，促进健康服务业集聚（如图4-42所示）。

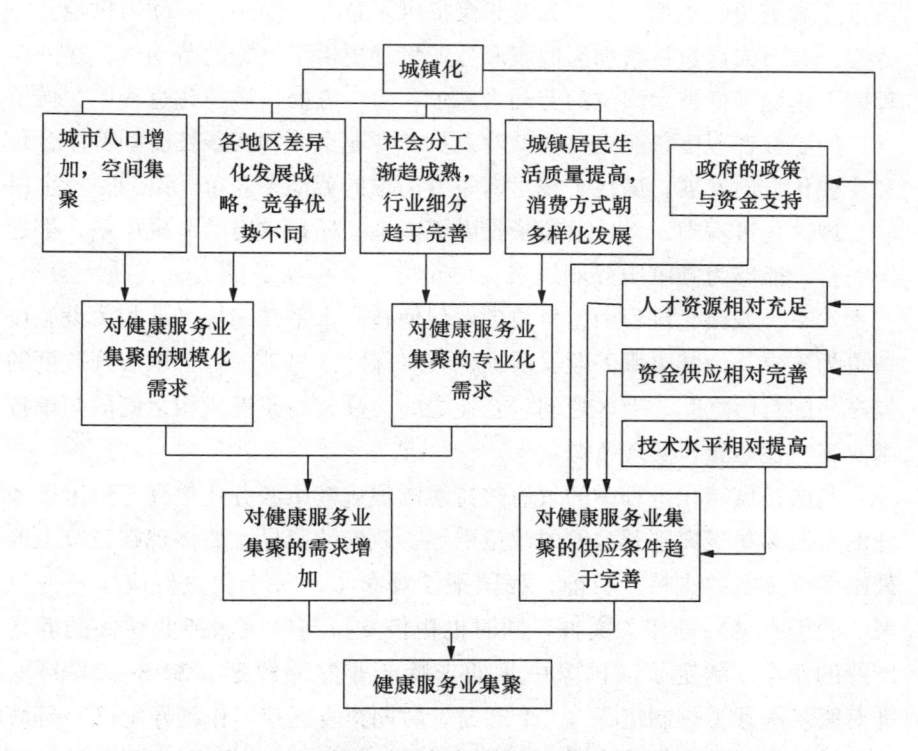

图4-42　城镇化对健康服务业集聚的促进作用

（1）城镇化发展引致健康服务业集聚需求。首先，城镇化发展引致了对健康服务业集聚的规模化需求。在城镇化进程中，城市人口增加并且在空间上呈现集聚态势，形成了对健康服务业集聚的规模化需求。此外，受现代基础设施、公共服务业和社区总体规划的影响，人们的居住和日常所需的娱乐、保健、医疗服务逐渐出现了共同的集聚趋势，健康服务业与医疗机构、旅游业、保险业、教育业、信息和通信技术产业逐渐构成了一个更大的复合产业,在更大的范围中,整合要素资源,实现规模化发展。

其次,城镇化发展引致了对健康服务业集聚的专业化需求。城镇化进程中,社会分工渐趋成熟,行业细分渐趋完善,呈现出各行业各司其职、合作共赢的局面。健康服务业涉及的产品与服务范围十分广泛,不可能依靠单一的机构或组织完成"一条龙服务",只有通过专业化分工协作,才能更好地满足人们对健康服务的多样化需求。

(2) 城镇化发展为健康服务业集聚提供支撑条件。首先,城镇化促进了要素资源的集聚,为服务业集聚提供了条件。第一,劳动力供给。一方面,城市人口数量增加为健康服务业发展提供了充足的劳动力,在一定程度上满足了低技术岗位的劳动力需求;另一方面,城镇化过程中,城市人口的受教育程度普遍提高,就业人员的专业素养和实践技能朝着综合化和专业化方向发展,满足了技术密集型岗位的劳动力需求。第二,资金供应。城镇化进程中,无论是市场投融资体系,还是政府的财税体系,都趋于完善,能够为健康服务业发展提供全方位、多渠道的资金支持。第三,技术水平。城镇化进程中,科技创新促使技术水平普遍提高,相关设施设备更为先进,为健康服务业发展提供技术保障。另外,随着城市开放度的提高,国与国之间、地区之间、企业之间、高校与研发机构之间的知识技术交流日益频繁,实现资源共享。

其次,城镇化进程中的政府扶持能够促进健康服务业集聚。健康服务业的发展和集聚离不开政府的政策引导。政府的引导主要体现在政策上的鼓励和资金上的支持。目前,我国不仅颁布了《关于促进健康服务业发展的若干意见》等相关文件,同时也积极支持与健康服务业相关的养老产业的发展,制定了《国家中长期老龄产业发展规划(2013—2020)》,针对康复医疗工作制定了《"十二五"时期康复医疗工作指导意见》等政府文件,针对健康保险和健康管理发布了《关于健康保险产品提供健康管理服务有关事项的通知》等文件。大量政策的制定与颁布实施极大地促进了健康服务业集聚的形成。

2. 健康服务业集聚对城镇化的积极作用

(1) 健康服务业集聚对人口城镇化的影响。健康服务业集聚对人口城镇化的积极作用主要表现在增加城市人口数量和提升人口质量两个方面(如图4-43所示)。

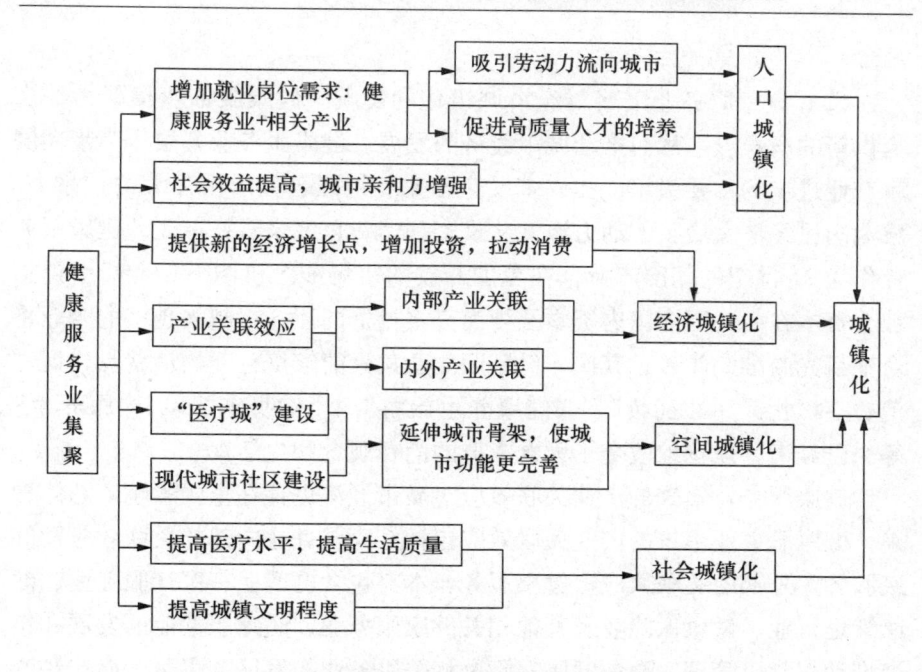

图 4-43 健康服务业集聚对城镇化的促进作用

首先，健康服务业集聚不仅能够增加本行业就业岗位，同时也能够通过就业乘数效应，增加相关制造业及战略新兴产业的就业岗位，如保健用品及食品制造业、健身器械及运动用品制造业、生物医药产业、医疗器械业等，就业机会的增多自然吸引更多人口往城镇集聚。其次，健康服务业集聚具有巨大的社会效益，有利于城市形象的提升。城市通过开展"大众健身"、"职工定期体检"、"公共营养师进社区"、"健康服务社区化"、"心理健康普及"等活动，促使健康生活观念深入人心，使城市逐渐成为一个具有亲和力的和谐住所，使得人们更愿意选择生活在符合健康需求的城市环境中，从而提高城市人口比重。

从城市人口质量上来看，健康服务业自身及其关联产业都对高素质人才具有迫切需求，并且这一需求贯穿于整个健康产业链。从高校及研究所的健康教育、相关产品研发人员到各相关产业所需配备的高素质人才（如临床执业医师，康复治疗中的 PT、OT、ST 等技术人员，大众健身指导，健身场所及大型运动超市的体能健身教练，社区的公共营养师和心理咨询师，商业健康保险公司的高级人才等）都为城市发展注入了新的动力，提高了城市人口构成中高素质人才的比例，有利于提高城镇化的质量。

（2）健康服务业集聚对经济城镇化的影响。健康服务业集聚为经济提供新的增长点，从而推动城市经济的发展。健康服务业集聚作为带动健康产业进步的重要引擎，在许多发达国家和地区已显示出强大的生命力，成为国民经济发展新的动力源。从投资和消费角度来看：首先，健康服务业作为21世纪的朝阳产业，在更加开放的市场准入机制下，会吸引包括社会资本在内的更多国内资本及外商直接投资的注入，越来越多的企业将会把目光瞄准此领域；其次，健康服务业集聚能够培育新的消费点，促进消费多样化，如"药妆"、"健康养生旅游"、"健身卡"、"中医养生"等，已经潜移默化地改变了大众人群的消费观念和生活观念。

健康服务业集聚的产业关联效应对城市经济也存在重要影响。总体看来，健康服务业集聚的产业关联效应包括健康服务业内部的关联效应及健康服务业外部的关联效应。健康服务业本身包含的产业有医疗服务业、健康管理行业、健康保险业及其他相关健康服务业，医疗服务业的发展和集聚推动着健康管理、商业健康保险及相关服务业的发展与集聚，而这些产业的集聚又反过来优化医疗服务业的集聚质量。与健康服务业相关的外部产业主要有医药产业、旅游业、保险业、教育业、信息和通信技术产业、医疗器械、保健用品、保健食品、健身产品等，外部相关产业的成熟和基础设施的完善能够为健康服务业的集聚打下基础，而健康服务业的集聚也能反过来促进外部相关产业的多样化与专业化。

（3）健康服务业集聚对空间城镇化的影响。健康服务业集聚带来的空间效应主要体现在"医疗城"和"现代城市社区"建设上。从前者看来，我国在引进国外经验的基础上，已先后建立了通州国际医疗城、上海国际医学城、成都温江国际医学城。同时，山东齐鲁医疗城项目、广州医疗城项目也正在筹划中。这些医疗城是集合了教育、科技研发、医疗服务、康复养生、文化旅游、娱乐健身等功能于一体的城市新兴功能区，对完善城市功能、促进经济发展及人才聚集都有显著的促进作用。从后者看来，现代城市社区往往将医疗服务、中小幼教育、心理咨询、娱乐健身、康复养生等功效整合在住房建设中，使城市社区功能更完善，空间布局更具合理性、科学性和前瞻性。可见，打造健康服务业集聚区能够有助于打破城市原有范式和棋盘式格局，大大延伸城市的骨架，形成现代化城市新的卫星城格局，推动空间城镇化进程。

（4）健康服务业集聚对社会城镇化的影响。首先，健康服务业集聚带来的城市环境的改变及城市服务的完善，改善了人民的生活方式和消费结构，使人民的生活质量得到了显著提高。其次，健康服务业集聚使得人们对"健康"观念发生转变，将把对"健康"的追求上升到新的高度，使得城镇文明程度得到提升。最后，健康服务业集聚产生了一系列相关的社会组织，用以加强健康水平管理，促进健康服务的大众化。

第三节 小 结

本章将服务业集聚与城镇化纳入统一的系统中，从内容、空间和能力三大维度分别阐述生产性服务业集聚、非生产性服务业集聚与城镇化的互动机理。并在服务业集聚与城镇化互动机理的一般理论框架下，以典型行业为例，深入了剖析各服务行业的集聚与城镇化互动发展的机理。本章的基本结论如下：

第一，生产性服务业集聚与城镇化主要在内容、空间以及能力三个维度实现互动发展。内容维度，二者的互动主要是通过人口、资金、信息、工业等要素渠道来实现；空间维度，二者的互动主要是通过企业集聚的经济效应、城镇的要素集聚性和产业集聚性以及区域互动发展来实现的；能力维度，二者的互动主要体现在创新能力和整合能力两个方面。从典型生产性服务业行业来看：

①信息服务业集聚与城镇化互动机理：城镇化通过产业发展、资金集聚以及政府政策支持促进信息服务业的集聚；反过来，信息服务业集聚将有效促进城市经济增长、提高城市文化水平和居民生活水平，从而推动城镇化水平的提高。

②物流服务业集聚与城镇化互动机理：城镇化为物流服务业提供了广阔的需求空间，促进其集聚；而物流服务业集聚所具有的产业关联效应、集聚效应和空间效应又能对城市经济、空间等诸多方面产生影响，推动城镇化。

③金融服务业集聚与城镇化互动机理：城镇化进程中的制造业集聚、人口空间集聚、城市发展能够对金融服务业集聚产生重要影响；反过来，金融服务业集聚将带动产业结构升级、促进区域经济增长，从而实现城镇

化水平的提升。

第二，非生产性服务业集聚与城镇化同样在内容、空间和能力三个维度实现互动发展。在内容维度，具体表现为人口、经济、社会三者之间的互动；在空间维度，表现为地域规模和地域形态的互动；在能力维度，集中表现在创新能力的互动上。从典型生产性服务业行业来看：

①商贸服务业集聚与城镇化互动机理：城镇化通过对交通基础设施的完善和对城市经济的促进为商贸服务业集聚提供物质基础；反过来，商贸服务业集聚通过人口集聚效应、经济增长效应、产业关联效应和空间结构重组效应四个方面促进城镇化发展。

②房地产业与城镇化互动机理：城镇化进程中城市人口的增加、房地产市场供给结构的变化是房地产业集聚的重要前提，而房地产业集聚则能够为城镇化营造良好的外部宏观环境、带动人居环境的改善。

③旅游服务业集聚与城镇化互动机理：城镇化通过促进旅游产业所需要素的集聚以及为旅游企业提供创新动力来提高旅游服务业集聚的速度和质量；而旅游服务业集聚通过其就业乘数效应、对城镇发展模式和竞争优势的影响来提升城镇形象和知名度，促进城镇经济发展，进而推进城镇化进程。

④教育服务业集聚与城镇化互动机理：城镇化通过引致高等教育扩张需求和城镇经济发展来促进教育服务业集聚；反过来，教育服务业集聚主要通过人口、经济、空间和社会四个方面来影响城镇化。

⑤健康服务业集聚与城镇化互动机理：城镇化通过规模化和专业化效应为健康服务业集聚提供广阔的需求空间，并通过资金、人才、技术、政策支持来完善健康服务业集聚的供给条件，促进健康服务业集聚；反过来，健康服务业集聚通过人口、经济、空间和社会四个角度，全方面提高城镇化水平。

第五章 西部地区服务业集聚与城镇化互动发展的实证分析

综合前文的文献回顾与理论分析可知,服务业集聚与城镇化这两个系统之间是密切相关、相互促进的关系,二者的互动发展具有理论可行性。那么,在我国西部地区,服务业集聚与城镇化是否存在互动关系?如果存在,目前二者互动发展的结果又是如何?为回答这些问题,本书将在前文理论分析的基础上,进一步从实证角度检验西部地区服务业集聚与城镇化互动关系的存在性,并在此基础上,通过耦合协调检验来分析目前二者互动发展的静态结果。

本书首先构建服务业集聚与城镇化水平的测度指标体系,并采用西部地区12个省(市、自治区)在2002—2011年间其他相关指标和数据,建立联立方程模型,检验服务业集聚与城镇化的双向互动关系;然后,在检验结果的基础上,建立耦合与协调模型,进一步考察当前西部地区服务业集聚与城镇化互动发展的静态结果,并从西部各省、东西部区域对比以及典型省(市、自治区)三个角度对城镇化和服务业集聚的互动耦合性进行实证分析。

第一节 测度指标体系构建、数据说明与系统序参量计算

城镇化由相互依赖的若干组成部分结合而成,是一个具有特定功能的有机整体,因而可视为一个系统,服务业集聚也是如此。从系统构成的角度看,服务业集聚和城镇化则是更大的社会经济系统的组成部分(即子系统),两个子系统彼此影响、相互作用,从而形成特定的"服务业集聚—城镇化"系统。基于此,本书首先分别构建起服务业集聚与城镇化

子系统的测度指标体系,然后计算出两个系统的综合序参量,为后文的实证研究奠定基础。

一 测度指标体系构建

为了能更好地研究城镇化与服务业集聚之间的内生性关系,还原城镇化和服务业集聚的本质,本书参考前文构建的指标体系,并结合专家意见,对城镇化和服务业集聚水平的测度指标体系进行了相应优化:

首先,对城镇化水平的测度指标体系进行了系统设定与优化。城镇化子系统具有多维含义,主要包含人口迁移、经济发展、空间扩张和生活水平提高四个方面(康慕谊,1997)。其中,经济发展是基础,地域扩张和人口迁移是表现,生活水平提高是目标。参照相关文献,本书依次设定人口城镇化、经济城镇化、空间城镇化和社会城镇化四个一级指标,并划分相应的二级指标(如表5-1所示)。其中,人口城镇化方面设定人口城镇化率作为二级指标,通常使用城镇人口比重、非农业人口比重和城市用地比重三种指标计量。经济城镇化水平一般使用每单位建成区土地面积万元产值衡量,但有学者认为"衡量城镇化更多的应该是反映城市功能提升的'质'的指标,反映市场化和社会分工程度'质'的指标,包括服务业比重"(洪银兴,2003),并且将第二、第三产业作为一个整体时集聚效益才显著(吉昱华等,2004)。鉴于此,本书同时也使用非农产业产值占 GDP 之比作为经济城镇化的衡量指标。空间城镇化方面,本书设定城市密度和城市人口密度两个衡量指标。社会城镇化方面,一般从居住和保障两个方面分别设定人均居住面积和万人拥有医生数两个指标(刘耀彬等,2005),由于当前农村城镇化具有重要意义,因此本书在衡量人均居住面积时选择农村人均住房面积作为计算依据。

其次,从集聚水平和产业(集聚)结构两个维度衡量服务业集聚子系统的发展水平。李文秀和谭力文(2008)对传统产业集聚程度测度指标进行了比较分析,他们认为当前使用的指标多侧重于行业的区域集聚或行业内企业集聚的某一个方面。鉴于此,本书也从省域和产业层面出发,构建服务业区域和企业集聚水平与结构的指标体系,并采用区位熵指数 $LQ = (E_i/GDP_i)/(E/GDP)$ 对服务业集聚水平进行测度,其中 E_i/GDP_i 为 i 地区中第三产业增加值与地区生产总值之比,E/GDP 为我国第三产业增加值与 GDP 之比。在产业(集聚)结构方面,从省内产业集聚结构和省内行业的企业集聚结构两个层面展开。由于"空间城镇化"对服务业增加值比重和就业比重具有显著的正向作用（江小涓、李辉，2004），因此，本书分别设定第三产业与第一、第二产业在产业增加值和就业之比两个方面共四个指标，对省内服务业集聚的产业结构进行测度。另外，由于服务业可划分为生产性服务业和非生产性服务业两大类，因而也设定生产性与非生产性服务业产值之比来测度省内服务业在行业层面的集聚结构。

表 5-1　　　　　"服务业集聚—城镇化"系统指标体系

子系统	一级指标	二级指标	单位
城镇化子系统	人口城镇化	人口城镇化率	%
	经济城镇化	每单位建成区土地面积万元产值	10^4 元/平方公里
		非农产业产值占 GDP 之比	%
	空间城镇化	城市密度	座/平方公里
		城市人口密度	人/平方公里
	社会城镇化	农村人均住房面积	平方米/人
		每万人拥有医生数	人/10^4 人
服务业集聚子系统	集聚水平	服务业集聚度	%
	产业（集聚）结构	第三产业产值与第一产业产值之比	%
		第三产业产值与第二产业产值之比	%
		第三产业就业与第一产业就业之比	%
		第三产业就业与第二产业就业之比	%
		生产性服务业产值与非生产性服务业产值之比	%

二　数据说明

下文中，服务业集聚与城镇化综合水平测度所用数据均来源于2003—2012年的《中国统计年鉴》、《中国人口和就业统计年鉴》。由于数据缺失等原因，本书在计算 2002—2004 年的人口城镇化率时，采用的是设市城市市区和县辖建制镇的非农业人口之和占相应地区总人口的比率，其余年份则是根据各省城镇人口占省（市、自治区）总人口的比率计算得出；2011 年第三产业与第一、第二产业就业人数比采用的是"按行业分城镇单位就业人员数（年底数）"指标计算得出，其他年份均是直接采用历年《中国统计年鉴》中三次产业的就业比值；在生产性与非生产性服务业产值比值计算方面，由于年鉴统计口径调整，2002 年、2003 年纳入生产性服务业的包括交通运输仓储及邮电通信业、批发零售部贸易及餐饮业、金融保险业以及房地产业，2004—2011年纳入生产性服务业的包括交通运输仓储和邮政业、批发和零售业、住宿和餐饮业、金融业以及房地产业。其他相关数据来源于2003—2012年的《中国固定资产统计年鉴》以及国泰安数据库等。

三 综合序参量计算

系统在相变点处的内部变量可以分为快驰豫变量和慢驰豫变量两类，而慢驰豫变量是决定系统相变进程的根本变量，即系统的序参量。由于服务业集聚与城镇化是两个不同而又相互作用的子系统，系统内各个序参量有序程度的"总贡献"即综合序参量。

综合序参量可通过集成的方法来实现，在实际部门中一般采用几何平均法和线性加权法（曾珍香，2001），计算公式为：

$$U_i = \sum_{i=1}^{2} \lambda_{ij} x_{ij}, \sum_{j=1}^{n} \lambda_{ij} = 1 \tag{5.1}$$

式（5.1）中，x_{ij}为子系统对总系统有序度的贡献，U_i为总系统序参量的标准化值，λ_{ij}为各个序参量的权重。

（一）确定功效函数

设$U_i(i=1,2)$是"服务业集聚—城镇化"系统序参量，体现子系统i对总系统的贡献；$X_{ij}(j=1,2,\cdots,n)$为第i个序参量的第j个指标，x_{ij}为其标准化后的功效函数值。α_{ij}、β_{ij}是系统稳定临界点序参量的上下限值。这样，"服务业集聚—城镇化"系统的有序功效系数x_{ij}就可表示为：

$$x_{ij} = \begin{cases} (X_{ij} - \beta_{ij})/(\alpha_{ij} - \beta_{ij}), & x_{ij}\text{具有正功效} \\ (\alpha_{ij} - X_{ij})/(\alpha_{ij} - \beta_{ij}), & x_{ij}\text{具有负功效} \end{cases} \tag{5.2}$$

式（5.2）中，x_{ij}为变量X_{ij}对系统的功效贡献值，反映了各指标达到目标的满意程度，其取值范围为[0,1]，0为最不满意，1为最满意。

（二）确定权重

在测度服务业集聚与城镇化两个系统的权重时，主观判断法和层次分析法（AHP）是选择系统权重的常用方法。本部分引入Shannon的熵值思想，根据熵值法算式计算服务业集聚与城镇化的系统权重数值，以期在一定程度上避免上述两种方法主观性强的缺陷。

信息论中，"熵"是系统无序程度的度量。如果某项指标的数值变异程度越大，则对应的熵值越小，表示该指标提供的信息量越大，其权重也就越大；反之亦然。基于客观环境的原始信息，熵值赋权法通过分析各指标之间的关联程度及各指标所提供的信息量，测算各子系统及构成要素指标的权重，步骤为：

第一，对指标做比重变换：$s_{ij} = x_{ij} \Big/ \sum_{i=1}^{n} x_{ij}$ （5.3）

第二，计算指标的熵值：$h_j = -\sum_{i=1}^{n} s_{ij} \ln s_{ij}$ （5.4）

第三，将熵值标准化：$\alpha_j = \max(h_j)/h_j (j = 1,2,\cdots,p)$ （5.5）

第四，计算指标 x_j 的权重：$w_j = \alpha_j \Big/ \sum_{j=1}^{p} \alpha_j$ （5.6）

式（5.3）至（5.6）中，x_{ij} 为样本 i 的第 j 个指标的数值（$i=1, 2, \cdots, n; j=1, 2, \cdots, p$），$n$ 和 p 分别为样本与指标个数。

下文中的指标数 p 统一取 13，东、中、西地区的样本数 n 分别取 11、8 和 12，依据熵权法和各指标具体的面板数据，分别计算出三个地区服务业集聚与城镇化的权重数值（见附表 5-1 至附表 5-3）。在功效值计算方面，由于指标的上下限值并无具体可靠的标准参考，本书结合省（市、自治区）在地区发展中的密切联系、定位比较和动态性，将每个省（市、自治区）每个指标的上下限分别设定为同年同地区内指标最高值和最低值。而且由于 13 个指标均是取值越大对子系统的提升越有利，因此都作为正功效类型予以计算。协调度的计算中，参数 a、b 均取值为 0.5，即服务业集聚与城镇化二者同等重要。

（三）计算综合序参量

根据综合序参量的计算方法，结合上文中的权重设定，本书分别计算得到东、中、西三个地区服务业集聚与城镇化系统的综合序参量（见附表 5-4 至附表 5-6）。

第二节 西部地区服务业集聚与城镇化互动关系检验

一 模型设定及变量选择

（一）模型设定

服务业集聚与城镇化在本质上是一个相互影响的内生化过程，而非孤立存在的两种现象。因此，若采用单一方程来对二者关系进行检验，就易产生因忽略二者的双向互动关系和内生性而造成模型错误设定问题。而联立方程模型则能够从系统视角出发考虑变量之间的相互作用关系，从而避免了割裂变量间的关系，能够相对有效地反映出经济系统中的变量联系。因此，本节采用联立方程模型对西部地区服务业集聚与城镇化的互动关系进行实证检验。联立方程模型初步设定为：

$$\begin{cases} service_{it} = \alpha_0 + \alpha_1 city_{it} + \alpha_3 control_{it} + \varepsilon_{it} \\ city_{it} = \beta_0 + \beta_1 service_{it} + \beta_3 control_{it} + \mu_{it} \end{cases} \tag{5.7}$$

（二）变量选择

联立方程模型中的变量分为两类——内生变量和外生变量，具体而言：

（1）$service_{it}$ 和 $city_{it}$ 是内生变量：$service_{it}$ 代表服务业集聚水平，$city_{it}$ 代表城镇化水平，由上一节计算出的城镇化和服务业集聚的综合指标表示。

（2）外生变量指对服务业集聚与城镇化产生影响的变量，参照相关文献并结合数据的可得性，本章主要选择以下外生变量：

①人力资本投入。基于服务业"面对面"交流的行业属性及其专业性，服务业从业人员的素质在很大程度上决定了服务产品质量的优劣。因此，服务业企业倾向于在人力资源丰富的地区集聚，而一个地区的人力资源是否丰富在很大程度上依赖当地教育和科技的发展水平。一般来说，人力资本投入越多，地区高素质劳动力也就越多，从而越能满足本地市场对人才的需求。

②市场规模。服务产品的无形性、生产和消费的同时性决定了其发展将更多地依赖本地市场的消费。因此，本书采用地区人均 GDP 与全国人均 GDP 平均水平之比作为市场规模指标来衡量本地市场效应。

③政府干预水平。无论是在政府主导还是市场主导的发展模式下，服务业集聚都离不开政府的政策引导，尤其是在我国西部地区存在市场失灵且服务业集聚水平较低的情况下，政府在产业引导、监督管理和公共服务等方面的职能水平显得更为重要。

④服务业固定资产投资。西部地区服务业发展水平相对于东中部地区而言较低，增加服务业固定资产投资，能有效促进服务业发展。服务业投资越多，服务业发展的外部环境就越好，其为服务业发展所提供的公共物品就越多，从而越有助于增加服务业企业集聚发展的动力。

⑤知识溢出。用于衡量区域知识外部性水平。通过集聚，各种服务业之间可在资源共享、信息传递和技术扩散的基础上实现互补共生。知识外溢是一个相对抽象的概念，在计量分析中并没有一个统一的度量指标，本文采用地区专利授权量占全国专利授权量的比重衡量地区的知识溢出水平。

⑥经济发展水平。经济发展首先通过提高居民的收入水平来增加其对社会产品的需求并引致居民需求结构的变化，而需求结构的变动又会相应地带动就业结构和产业结构在三次产业之间的转移，进而促进各种人力资本和物质资本的空间流动和集聚，以此来推动城镇化发展。

⑦对外开放度。一般来说，对外开放程度越高，越有利于企业尤其是出口导向型企业的发展。同时，出口这一外部力量又能增强地区的要素吸纳能力，促进要素加速流动和集中，进而推动城镇化进程。本书以出口额占地区 GDP 的比重来衡量区域对外开放程度，出口额用各年的平均汇率折算成人民币。

⑧产业结构。城镇化的重要表现之一就是农业人口向非农人口的转变，而产业结构升级为这一转变提供了持续不断的动力。在产业结构转型升级过程中，随着非农产业比重的提升，非农产业就业人口的比重也将不断上升，从而促进一个国家或地区由农村社会向城市社会转型升级。

⑨城市基础设施建设。城市是经济活动的主要集聚地，而城市基础设施为经济活动的产生和活跃提供了最基本的物质条件，直接影响了城镇化的速度和质量。城市基础设施建设水平越高，城市的集聚效应和吸引力就越大，进而对城市经济增长的贡献率也就越大。本书采用各省（市、自治区）的公路里程密度和铁路里程密度和来表示基础设施建设情况。

基于以上分析，本书根据线性函数形式建立的服务业集聚与城镇化联立方程模型的完整形式为：

$$\begin{cases} service_{it} = \alpha_{0i} + \alpha_{1i}city_{it} + \alpha_{2i}hum_{it} + \alpha_{3i}ms_{it} + \alpha_{4i}inv_{it} + \alpha_{5i}gov_{it} + \alpha_{6i}ks_{it} + \delta_{it} \\ city_{it} = \beta_{0i} + \beta_{1i}service_{it} + \alpha_{2i}\log(gdp_{it}) + \beta_{3i}ind_{it} + \beta_{4i}open_{it} + \beta_{5i}\log(inf_{it})\eta_{it} \end{cases}$$

(5.8)

表 5-2 变量一览

变量性质	变量名称	变量符号	变量定义	变量单位	预期符号
内生变量	服务业集聚水平	service	服务业集聚综合序参量	—	+
	城镇化率	city	城镇化综合序参量	%	+
外生变量	人力资本投入	hum	教育科技事业支出占地区财政支出的比重	%	+
	市场规模	ms	各地区人均 GDP 与全国人均 GDP 之比	—	+
	政府干预水平	gov	除教育科技事业支出外的财政支出占地区生产总值的比重	%	+
	服务业固定资产投资	inv	人均服务业固定资产投资	元	+
	知识溢出	ks	各地区每年专利授权量与全国专利授权量的平均水平之比	—	+
	经济发展水平	gdp	人均 GDP	元	+
	对外开放度	open	地区出口额占地区生产总值的比重	%	+
	产业结构	ind	非农产业产值占地区生产总值的比重	%	+
	城市基础设施建设	inf	公路和铁路里程密度和	公里/万公顷	+

二 模型识别及估计方法选择

(一) 联立方程模型识别

联立方程是否具有可识别性是决定联立方程模型是否能够进行实证回归分析的重要前提。只有当联立方程模型中的任何一个方程都达到可识别的状态,才能够进行联立方程模型的回归分析。具体原理是:

确定整个联立方程中的内生变量和预定变量的个数,记 $G=$ 联立方程中内生变量和预定变量的总个数,$K_i=$ 第 i 个方程中内生变量和预定变量的个数,$M=$ 联立方程中内生变量的个数。

(1) 当 $G-K_i=M-1$ 时,第 i 个方程可识别,且为恰好识别;

(2) 当 $G-K_i>M-1$ 时,第 i 个方程可识别,且为过度识别;

(3) 当 $G-K_i<M-1$ 时,第 i 个方程不可识别。

通过观察服务业集聚与城镇化的联立方程模型并根据识别原理可知:在服务业集聚方程中,有 2 个内生变量和 5 个预定变量,在整个服务业集聚与城镇化联立方程中有 2 个内生变量和 9 个预定变量。根据识别原理,

$(2+9)-(2+5)=4>2-1=1$，服务业集聚方程是过度识别的。在城镇化方程中，有2个内生变量和4个预定变量，在整个服务业集聚与城镇化联立方程中，有2个内生变量和9个预定变量。$(2+9)-(2+4)=5>2-1=1$，城镇化方程也是过度识别的。因此，本书得出结论：服务业集聚和城镇化的联立方程模型是可识别的，且为过度识别。

（二）联立方程模型估计方法选择

专门针对联立方程模型的估计方法主要有单方程估计方法和系统估计方法。单方程估计方法主要是对联立方程中的各个方程进行单独逐次的估计，系统估计方法则是在同时考虑联立方程中所有变量信息的基础上进行一次性的估计。一般来说，系统估计方法比单方程估计方法更优越。但也正是由于系统估计法对变量信息考察的全面性，如果出现某一方程设定误差的问题，该误差将会传递给系统中的其他方程，并引起参数的非线性问题（丁焕峰等，2012）。因此，本书选择单方程估计方法中普遍使用的一种方法——两阶段最小二乘法（2SLS）对服务业集聚与城镇化的联立方程模型进行估计。

三 模型估计、检验及回归结果分析

（一）服务业集聚方程和城镇化方程的估计过程

第一阶段——工具变量的创造阶段。

根据伍德里奇（2010）的方法建立内生变量 *service* 对城镇化方程中所有外生变量的回归模型并采用OLS方法对方程进行回归估计，回归模型为：

$$service = \lambda_0 + \lambda_1 \log(gdp) + \lambda_2 ind + \lambda_3 open + \lambda_4 \log(inf) + \psi \quad (5.9)$$

其中，ψ 是OLS估计所得到的残差，然后得到服务业集聚的拟合值 *fservice*。

第二阶段——对城镇化方程进行估计。

将在第一阶段得到的服务业集聚的拟合值 *fservice* 代替原方程中的服务业集聚（*service*），并采用OLS方法进行第二次回归，回归模型为：

$$city = \gamma_0 + \gamma_1 fservice + \gamma_2 \log(gdp) + \gamma_3 ind + \gamma_4 open + \gamma_5 \log(inf) + v$$

$$(5.10)$$

城镇化方程的估计过程。

第一阶段——工具变量的创造阶段。

建立内生变量 *city* 对服务业集聚方程中所有外生变量的回归模型，并

使用 OLS 方法对方程进行回归估计，回归模型为：

$$city = \chi_0 + \chi_1 hum + \chi_2 ms + \chi_3 inv + \chi_4 gov + \chi_5 ks + \zeta \qquad (5.11)$$

其中，ζ 是 OLS 估计所得到的残差，同时得到城镇化的拟合值 $fcity$。

第二阶段——对服务业集聚方程进行回归估计。

将在第一阶段得到的城镇化 $city$ 的拟合值 $fcity$ 代替原方程中的城镇化（$city$）变量，同时使用 OLS 估计方法进行第二次回归，回归模型为：

$$service = \theta_0 + \theta_1 fcity + \theta_2 hum + \theta_3 ms + \theta_4 inv + \theta_5 gov + \theta_6 ks + \omega \qquad (5.12)$$

（二）联立方程的联立性检验

为了验证内生性问题的存在性，本书采用 Hausman 检验进行考察。具体方法分为两步：第一步，将待检验变量 $city$ 对模型中所有外生变量用 OLS 法进行回归，获得残差（$resid$）；第二步，将获得的残差作为附加变量加入服务业集聚方程中再次使用 OLS 法进行回归。若 $resid$ 系数统计上显著，则拒绝 $city$ 外生变量的假设，内生检验结果如表5-3、表5-4所示。

表5-3　　　　　　　城镇化的内生性检验

$$service_{it} = \rho_{0i} + \rho_{1i}city_{it} + \rho_{2i}hum_{it} + \rho_{3i}ms_{it} + \rho_{4i}inv_{it} + \rho_{5i}gov_{it} + \rho_{6i}ksit + \tau_{it}resid_{it} + o_{it}$$

变量	系数	标准误差	t 值	p
$resid$	0.461	0.163	2.821	0.002

表5-4　　　　　　　服务业集聚的内生性检验

$$city_{it} = \phi_{0t} + \phi_{1i}service_{it} + \phi_{2i}\log(gdp_{it}) + \phi_{3i}ind_{it} + \phi_{4i}open_{it} + \phi_{5i}\log(inf_{it}) + \phi_{it}resid + \eta_{it}$$

变量	系数	标准误差	t 值	p
$resid$	0.855	0.398	2.147	0.034

经过 Hausman 检验发现，在服务业集聚方程的内生性检验中，$resid$ 的系数不为0且在1%的水平下显著，西部地区城镇化对服务业集聚有着显著的内生性影响。在城镇化方程的内生性检验中，$resid$ 的系数不为0且在1%的水平下显著，西部地区服务业集聚对城镇化也具有显著的内生性影响。因此，西部地区服务业集聚与城镇化之间的内生性关系是双向的。以上检验结果表明：在联立方程模型中，西部地区的服务业集聚与城镇化之间存在联立性关系。

四 西部地区服务业集聚与城镇化方程回归结果分析

对西部地区服务业集聚与城镇化方程进行 2 SLS 估计,结果如表 5 – 5 所示。

表 5 – 5　西部地区服务业集聚与城镇化联立方程的 2 SLS 回归结果

服务业集聚方程			城镇化方程		
变量名	系数	t 值	变量名	系数	t 值
常数项	1.132***	7.88	常数项	-0.81***	-8.33
$city$	1.784***	3.85	$service$	0.626***	4.59
hum	0.656*	1.66	$\log(gdp)$	0.071***	5.3
ms	0.103*	1.77	ind	-0.087	-0.71
inv	-0.126***	-3.01	$open$	0.232*	1.77
gov	0.371***	2.94	$\log(inf)$	0.009***	1.75
ks	0.054***	2.08			
R^2	0.625		R^2	0.507	

注：*、**、***、分别代表在 10%、5%、1% 的水平下显著。

(一) 西部地区服务业集聚与城镇化互动结果分析

比较服务业集聚方程中城镇化对服务业集聚的回归结果以及城镇化方程中服务业集聚对城镇化的回归结果,可以发现：西部地区服务业集聚($service$)与城镇化($city$)之间存在良性的互动关系,且互动发展效应显著。城镇化水平每提高 1%,服务业集聚水平提高约 1.784%；而服务业集聚水平每提高 1%,城镇化水平提高约 0.626%。但通过比较二者的系数发现：西部地区城镇化对服务业集聚的促进作用大于服务业集聚对城镇化的促进作用,究其原因,主要有以下几个方面：

第一,城镇化的发展能够带动服务业所需的要素集聚,为服务业集聚创造条件。西部地区城镇化发展水平不断提高的首要表现就是人口集中,这一方面能够为服务业集聚提供劳动力,另外也为服务业集聚提供了巨大的潜在需求。如果需求和劳动力供应这一前提条件没有得到满足,服务业便难以实现集聚发展。

第二,现阶段西部地区是服务业集聚水平质量相对较低,服务业集聚这一经济子系统不可避免地会因其低水平和低质量的发展现状而导致其作用难以正常发挥。目前西部地区虽然已经形成了一些服务业集聚区,但这些集聚区多是依靠政府的优惠政策发展起来的,且区内企业也只是简单机械地集中到一起，彼此之间的产业关联度并不高，缺乏必要的交流与沟通。因此，当集聚区这一经济子系统出现系统功能不完善和市场失灵的时候，其应对能力明显不足，进而影响了服务业的进一步良性集聚。服务业集聚水平越低，其对劳动力的吸纳能力以及促进劳动力转移的能力也就越低，越不利于城镇功能的发挥。此外，由于西部地区服务业集聚水平发展较高的主要为传统服务业和非生产性服务业，从而导致其对工业化和城镇化的作用有限。

第三，服务业集聚对城镇化进程的推动作用相对较小，其原因主要是受到城镇化发展的影响。目前，西部地区城镇化水平提高的一个主要推动力就是人口流动，且主要是人口向城市的流动。但现实情况是，西部地区的城市尤其是大中城市的数量比较少，小城市和城镇的数量较多。而服务业集聚的发展除了受到"规模需求"和"劳动力供应"等因素的影响外，还要受到城市基础设施、信息发展水平等因素的影响，若城市的基础设施以及信息化水平不高，则无法对服务业集聚发展产生应有的吸引力。因此，西部地区大城市发育不足的现实状况，在一定程度上抑制了服务业集聚对城镇化的促进作用。

（二）西部地区服务业集聚影响因素分析

除服务业固定资产投资这一因素外，服务业集聚方程中各外生变量对服务业集聚均具有显著的正效应。具体来说：

①人力资本（hum）投入的增加有利于改善西部地区人力资源匮乏的现状，政府通过加大对教育事业的投入力度，可以满足区域服务业集聚对人才、技能以及知识的需求。

②市场规模（ms）对服务业集聚的显著正效应表明，本地市场效应在促进经济活动空间集聚方面具有重要作用，然而相对于我国东、中部而言，西部地区的市场规模还具有很大的上升空间。

③服务业固定资产投资（inv）对西部服务业集聚并未起到正向作用，这与预期结果相反。究其原因，主要有以下几点：第一，服务业固定资产投资方向与西部地区服务业潜在发展行业与方向不匹配，资源配置缺乏一定的合理性；第二，政府行政体制上的"区隔性"，导致各管理部门间无法进行有效的沟通和协调，使得服务业固定资产投资效率低下；第三，投资具有时滞效应，投资效应在当期表现不明显。

④政府干预水平（gov）对西部地区的服务业集聚具有显著的正向作

用。由于在西部地区，与服务业集聚水平具有密切关联的经济发展水平以及工业化水平较低，使得经济系统不完善，从而导致了服务业集聚的动力不足及发展畸形。应对这一问题，需要积极发挥宏观调控职能，适当干预服务业集聚过程，促进服务业更好集聚。

⑤知识溢出水平（ks）虽对西部服务业集聚水平的提高起到了显著的正向作用，但影响系数相对较小。由于西部地区的高校和科研机构同其他地区有着明显的"质"与"量"的差别，知识溢出水平相对较低，从而导致其对服务业集聚的促进作用有限。

（三）西部地区城镇化影响因素分析

城镇化方程中，除产业结构外，其他各外生变量的回归结果均与预期相符。具体来看：

①外生变量中对城镇化水平提高起到较大推动作用的是对外开放度（$open$）。对外开放对城镇化的发展起到较大作用的原因主要在于：第一，目前，服务外包已成为服务业发展的重要形式，而区域对外开放度则是推动服务外包的最重要因素之一。随着对外开放度的不断提高，服务外包对地区劳动力转移和经济发展的作用日益明显，从而在城市人口增加以及经济增长两个方面带动城镇化水平的提高。第二，地区开放程度提高能加速各种要素资源根据收益率的高低选择"停留地"，从而为区域城镇化发展提供资源要素支撑。

②经济发展（gdp）对城镇化有显著的正向作用，为城市基础设施建设的完善、人民生活水平的提高及产业结构的优化等提供了基础支持，推动了城镇化进程。

③基础设施（inf）对西部地区城镇化发展的促进作用相对较小，虽然近年来各省（市、自治区）加大了对基础设施建设的投资力度，但由于受历史发展及基础设施建设滞后性的影响，其对城镇化的推动作用仍不明显。

第三节 西部地区服务业集聚与城镇化的耦合协调检验

一 服务业集聚与城镇化的耦合协调模型

耦合（coupling）是指两个或两个以上的系统或运动方式通过各种相

互作用而彼此影响并联合起来的现象，是在各个子系统之间的良性互动下，相互依赖、互相协调与相互促进的动态关联关系。一般地，系统耦合是通过各个子系统以及各子系统要素的交互作用和相互影响，促进系统逐渐从无序向有序转变的过程。系统从无序走向有序机理的关键在于系统内部序参量之间的协同作用，耦合度正是对这种协同作用的度量。

城镇化由相互依赖的若干组成部分结合而成的，是一个具有特定功能的有机整体，因而可视为一个系统，服务业集聚也是如此。从系统构成的角度看，服务业集聚和城镇化则是更大的社会经济系统的组成部分，两个子系统彼此影响、相互作用，从而形成特定的"服务业集聚—城镇化"系统。服务业集聚子系统与城镇化子系统的关联互动则称为"服务业集聚—城镇化"耦合（如图5-1所示）。

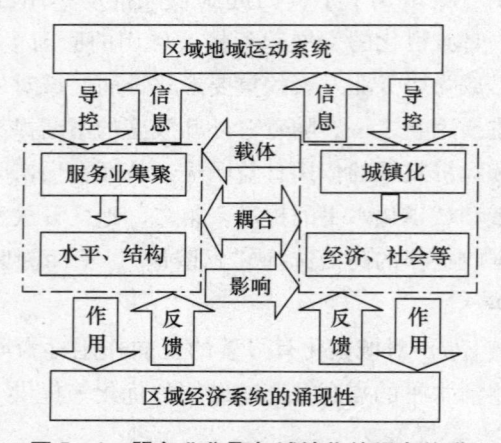

图5-1 服务业集聚与城镇化的耦合关联

（一）服务业集聚与城镇化的耦合模型

根据物理学中容量耦合（Capacitive Coupling）的概念和容量耦合系数的模型，系统耦合度记为 C，并且耦合度 $C \in [0, 1]$。设定 U_1、U_2 分别代表城镇化综合序参量和服务业集聚综合序参量，x_{ij} 为序参量 j 对子系统 i 的功效，λ_{ij} 为序参量对应的权重。综合序参量、功效值及序参量权重的测算方法前文已介绍，具体数值见附表。参照廖重斌（1999）的做法，综合序参量 U_1、U_2 与系统耦合度 C 的函数表达式则可设定为：

$$U_i = \sum_{j=1}^{n} \lambda_{ij} x_{ij}, \sum_{j=1}^{n} \lambda_{ij} = 1, i = 1、2 \tag{5.13}$$

第五章　西部地区服务业集聚与城镇化互动发展的实证分析　·145·

$$C = 2 \cdot \sqrt{(U_1 \times U_2)} \Big/ (U_1 + U_2) \tag{5.14}$$

参照相关研究的做法，"服务业集聚—城镇化"系统耦合的演变可划分为六个渐进阶段：

(1) $C=0$ 表示耦合度极小，系统并无关联且无序发展；

(2) $0<C\leqslant 0.3$ 表示低水平耦合；

(3) $0.3<C<0.5$ 表示系统处于颉颃阶段；

(4) $0.5\leqslant C<0.8$ 表示系统耦合进入磨合阶段；

(5) $0.8\leqslant C<1$ 表示系统处于高水平耦合阶段，二者互动强劲；

(6) $C=1$ 表示二者达到良性耦合共振且趋向新的有序结构。

当然，由于受政策、自然及政治等外在因素的影响，系统也可能会退化到之前较低的耦合阶段。

(二) 服务业集聚与城镇化的协调模型

耦合度作为反映服务业集聚与城镇化耦合程度的重要指标，对于判别服务业集聚与城镇化耦合作用的强度和作用的时序区间，以及预警二者发展秩序等方面具有十分重要的意义。但是，耦合度在某些情况下却很难反映出服务业集聚与城镇化互动的整体"功效"与"协同"效应。特别是在多区域空间对比研究的情况下，地区之间服务业集聚与城镇化都有其交错、动态和不平衡的特性，单纯依靠耦合度对服务业集聚与城镇化互动发展做出判别有可能产生误导。由此，为了评判不同服务业集聚与城镇化交错耦合的协调程度，需构造服务业集聚与城镇化耦合协调度模型。

协调一般指系统演变过程中各个子系统及子系统构成要素各种质的差异部分，在组成一个统一整体时表现出的相互配合与和谐一致的属性。城镇作为经济活动的重要空间，一定程度上决定着服务业集聚发展的容量，而服务业的集聚发展则能提升城镇的质量和功能。如果服务业集聚与城镇化相互协调，就能充分利用服务业集聚与城镇化耦合互动作用，实现二者同步快速发展。然而，由于服务业集聚与城镇化具有交错、动态和不平衡的特性，仅依据耦合度还难以反映出服务业集聚与城镇化互动的整体功效与协同效应。因此，为评判服务业集聚与城镇化交错耦合的协调程度，需构造"服务业集聚—城镇化"系统的协调度模型：

$$\begin{cases} D = \sqrt{C \times T} \\ T = aU_1 + bU_2 \end{cases} \tag{5.15}$$

式（5.15）中，D 为协调度，C 为耦合度，T 为"服务业集聚—城镇化"的综合协调指数，反映了服务业集聚与城镇化的整体协同效应。在实践中，最好使 $T \in (0, 1)$，保证 $D \in (0, 1)$，以便于实践运用。U_1、U_2 分别为服务业集聚与城镇化的综合序参量。a、b 为待定参数。此处，参数 a、b 均取值为 0.5，即服务业集聚与城镇化二者同等重要。

一般地，协调度则可依次划分为四个渐进阶段：
(1) $D \in (0, 0.3]$ 为低度协调耦合；
(2) $D \in (0.3, 0.5]$ 为中度协调耦合；
(3) $D \in (0.5, 0.8]$ 为高度协调耦合；
(4) $D \in (0.8, 1)$ 为极度协调耦合。

二　服务业集聚与城镇化耦合协调的实证分析

（一）西部地区各省（市、自治区）的耦合协调度分析

依据熵值法确定的权重，按照耦合协调度的计算方法，可分别得到西部地区各个省（市、自治区）在 2002—2011 年的耦合度与协调度，如表 5-6、表 5-7 所示。

表 5-6　　　　西部地区各省（市、自治区）
历年"服务业集聚—城镇化"系统耦合度

年份 地区	2002	2003	2004	2005	2006	2007	2008	2009	2010	2011
内蒙古	0.7056	0.7034	0.7002	0.7068	0.7053	0.6896	0.6737	0.6943	0.6887	0.5572
广西	0.7063	0.7041	0.7068	0.7065	0.6738	0.5132	0.4865	0.5133	0.5471	0.5365
重庆	0.6744	0.7071	0.7047	0.7063	0.7026	0.7071	0.7041	0.7069	0.7047	0.7061
四川	0.6887	0.6970	0.7068	0.7033	0.6293	0.5708	0.5279	0.5536	0.5520	0.6251
贵州	0.4529	0.6591	0.7068	0.7051	0.5802	0.6903	0.6816	0.7050	0.7058	0.6679
云南	0.5014	0.6550	0.6683	0.6648	0.5566	0.5427	0.5449	0.5706	0.5995	0.4910
西藏	0.6837	0.6973	0.6967	0.6948	0.6973	0.6994	0.7024	0.7061	0.6887	0.7030
陕西	0.6041	0.6095	0.6632	0.6256	0.6022	0.5263	0.4867	0.5356	0.5149	0.5378
甘肃	0.5784	0.6119	0.4859	0.5268	0.5066	0.5807	0.5805	0.5833	0.5717	0.4875
青海	0.6248	0.6555	0.6948	0.6869	0.6989	0.6732	0.6039	0.6396	0.6114	0.5188
宁夏	0.6750	0.7018	0.6917	0.7071	0.6057	0.6676	0.6063	0.6826	0.6660	0.5738
新疆	0.6926	0.7011	0.6990	0.6702	0.6581	0.6231	0.6020	0.6250	0.5731	0.3832

如表 5-6 所示的西部地区各省（市、自治区）历年的耦合度来看，随着服务业集聚与城镇化的不断发展，每个省（市、自治区）的耦合度都出现了一定的变化。具体来看，2002 年耦合度较好的省（市、自治区）有内蒙古、广西、新疆等省（市、自治区），耦合度均在 0.7 左右，耦合度较低的省（市、自治区）为贵州，耦合度在 0.5 以下。其中，贵州处于服务业集聚与城镇化耦合互动的颉颃阶段，其余 11 个省（市、自治区）处于磨合阶段。相比之下，2011 年各省（市、自治区）的耦合度出现了较大的变化。2011 年耦合度较高的省（市、自治区）为重庆，达到 0.7 以上，而耦合度处于 0.5 以下的省（市、自治区）有三个，分别为云南、甘肃和新疆。其中，云南、甘肃和新疆处于服务业集聚与城镇化耦合互动的颉颃阶段，其余 9 个省（市、自治区）则处于磨合阶段。从各个省（市、自治区）耦合度的变化趋势来看，可以大概分为三个类别：比较稳定型、总体下降型、总体上升型。耦合度比较稳定型的省（市、自治区）有重庆、四川、甘肃；耦合度总体下降型的省（市、自治区）有内蒙古、广西、云南、陕西、青海、宁夏、新疆；耦合度总体上升型的省（市、自治区）有贵州、西藏。

表 5-7　　　　　　　　西部地区各省（市、自治区）
历年"服务业集聚—城镇化"系统协调度

年份 地区	2002	2003	2004	2005	2006	2007	2008	2009	2010	2011
内蒙古	0.4602	0.4272	0.4653	0.4668	0.5352	0.4825	0.4962	0.5617	0.5558	0.3708
广西	0.5397	0.5412	0.5057	0.5082	0.5723	0.3938	0.3879	0.3927	0.4110	0.4091
重庆	0.5110	0.4812	0.4833	0.4758	0.5344	0.5022	0.4907	0.4999	0.5206	0.5323
四川	0.5130	0.4828	0.4217	0.4007	0.5286	0.4719	0.4467	0.4531	0.4545	0.5188
贵州	0.3614	0.4744	0.4698	0.4860	0.4177	0.5795	0.5767	0.6181	0.6324	0.5903
云南	0.3387	0.4068	0.3861	0.3954	0.4598	0.4603	0.4675	0.4754	0.4900	0.4138
西藏	0.6934	0.5937	0.5591	0.5824	0.5939	0.5993	0.6256	0.5825	0.5589	0.5350
陕西	0.5453	0.5856	0.5413	0.5193	0.6347	0.5539	0.5183	0.5545	0.5379	0.5588
甘肃	0.3726	0.5422	0.5266	0.5729	0.4677	0.5358	0.5401	0.5269	0.5241	0.4509
青海	0.5712	0.5598	0.5333	0.5047	0.5399	0.4906	0.4435	0.4706	0.4727	0.3900
宁夏	0.4306	0.3927	0.4336	0.4543	0.6166	0.4837	0.4338	0.5186	0.5295	0.3974
新疆	0.4383	0.3973	0.4088	0.3709	0.5648	0.5134	0.4993	0.4902	0.4928	0.3155

如表 5-7 所示的西部地区各省（市、自治区）历年协调度来看，整体上西部地区各省（市、自治区）服务业集聚与城镇化处于中度协调的状况，并且随着发展各省（市、自治区）的协调度有所变化。具体地，2002 年西部地区服务业集聚与城镇化互动整体都在中度协调及以上，其中处于中度协调的省（市、自治区）为内蒙古、贵州、云南、甘肃、宁夏和新疆六个省（市、自治区），其余六个省（市、自治区）则处于高度协调状态。2011 年，大部分省（市、自治区）服务业集聚与城镇化协调状态有所下降并处于中度协调的阶段，其中处于高度协调状态的有重庆、四川、贵州、西藏、陕西共五个省（市、自治区），其余七个省（市、自治区）均处于中度协调阶段。这表明，随着服务业集聚与城镇化的发展，二者的作用强度会呈现一定的变化，并且这种变化由于二者发展的差异性而并没有表现出良好的确定性趋势。

表 5-8　西部各省（市、自治区）城镇化与服务业集聚综合序参量值

地区	内蒙古	广西	重庆	四川	贵州	云南	西藏	陕西	甘肃	青海	宁夏	新疆
城镇化综合序参量	0.3345	0.4386	0.2490	0.4990	0.5188	0.5261	0.2340	0.8148	0.6321	0.4243	0.3611	0.4428
服务业集聚综合序参量	0.1591	0.1852	0.5537	0.3622	0.5245	0.1715	0.5802	0.3465	0.2021	0.1620	0.1894	0.0768

从表 5-8 来看，近年来西部地区耦合协调度不理想的原因在于服务业集聚综合序参量值低于城镇化综合序参量值，即服务业集聚发展相对滞后。二者耦合协调不理想的原因在西部各省（市、自治区）间也稍有差异。依据 2011 年西部地区各省（市、自治区）的情况（如表 5-8 所示），城镇化综合序参量数值大于服务业集聚综合序参量数值的省（市、自治区）有内蒙古、广西、四川、云南、陕西、甘肃、青海、宁夏和新疆共九个省（市、自治区），其中陕西、甘肃和新疆表现更为突出。这表明，这九个省（市、自治区）城镇化与服务业集聚互动发展不协调的主要原因在于服务业集聚发展的程度不高，不能与当前城镇化水平相匹配。而另外三个省（市、自治区）重庆、贵州和西藏，则表现为服务业集聚综合序参量高于城镇化综合序参量数值，其中重庆和西藏尤其如此。这意味着，重庆、贵州和西藏三个省（市、自治区）城镇化与服务业集聚互动发展不协调的主要原因在

于城镇化水平相对滞后于服务业集聚发展的水平。因此，重庆、贵州和西藏三个省（市、自治区）在城镇化与服务业集聚协调互动方面，应当更加侧重于提升城镇化的发展，而其他九个省（市、自治区）则应更加侧重提升服务业集聚发展的水平，通过将二者发展水平调整到匹配状态，逐渐形成城镇化与服务业集聚耦合互动的良性协调局面。

（二）西部与东部地区的整体对比分析

本部分将历年西部和东部地区的省（市、自治区）做区内平均处理（结果如表5-9所示），从"区域横向"和"时间纵向"相结合的角度对我国服务业集聚与城镇化系统的耦合协调状况进行比较分析。

表5-9 "服务业集聚—城镇化"系统分区平均的耦合强度与协调程度

年份	西部			东部		
	耦合度	协调度	耦合强度与协调程度	耦合度	协调度	耦合强度与协调程度
2002	0.6323	0.4813	良性耦合中度协调	0.4866	0.3730	中度耦合中度协调
2003	0.6752	0.4904	良性耦合中度协调	0.4983	0.3822	中度耦合中度协调
2004	0.6771	0.4779	良性耦合中度协调	0.4762	0.3745	中度耦合中度协调
2005	0.6753	0.4781	良性耦合中度协调	0.4589	0.3657	中度耦合中度协调
2006	0.6347	0.5388	良性耦合高度协调	0.4399	0.3796	中度耦合中度协调
2007	0.6237	0.5056	良性耦合高度协调	0.4338	0.3765	中度耦合中度协调
2008	0.6000	0.4939	良性耦合中度协调	0.4406	0.3774	中度耦合中度协调
2009	0.6263	0.5120	良性耦合高度协调	0.4394	0.3770	中度耦合中度协调
2010	0.6186	0.5150	良性耦合高度协调	0.4384	0.3737	中度耦合中度协调
2011	0.5657	0.4569	良性耦合中度协调	0.5235	0.4262	良性耦合中度协调

依据表5-9中区域划分的结果来看，平均意义上"服务业集聚—城镇化"系统的耦合协调度呈现为西部地区好于东部地区。自2002年以来，两个地区服务业集聚与城镇化两个子系统的耦合协调度在整体上均呈现了先降后升曲折发展的轨迹，西部地区始终处在磨合阶段，东部地区自2011开始由颉颃阶段进入磨合阶段。这表明，城镇化和服务业集聚虽然各自都实现了十年快速发展，但二者从耦合互动的角度来看并没有形成协同发展的局面，二者互相促进、相互提升的作用未得到发挥，东部地区的状况相比西部地区更糟糕一些。对于这一点，可从以下三个方面进行解释：

其一，由于区域发展战略、推进时间和深度等差异，导致东、西部地区城镇化和服务业集聚处于发展的不同阶段，导致二者耦合协调发展的主要贡献因素也有所差异。东部沿海地区是改革开放早期阶段时中国经济发展的重要阵地，西部地区自实施西部大开发战略以来便开始快速发展，两个地区由于自身经济基础和起步发展的差异，再加上城镇化与制造业集聚发展更受重视，伴随发展的惯性逐步形成了区域间在城镇化和服务业集聚各自发展阶段上的差异。这种阶段差异，又体现在两个子系统各自发展的主要贡献因素方面存在区域差异。从近十年城镇化子系统指标的平均贡献权重来看（见表5-10），西部地区城市人口密度对城镇化子系统的贡献度最大，东部地区更依赖于城市密度的提升，并且第二、第三产业对城镇化的贡献上东部地区远高于西部地区。从服务业集聚子系统看，西部地区第三产业与第二产业在产值和就业方面的结构关系对服务业集聚子系统的贡献更大，结合生产性与非生产性服务业产值比来看，这意味着西部地区生产性服务业发展的贡献最为重要；相比之下，东部地区则相反，第三产业与第一产业的结构关系更为重要，而且生产性与非生产性服务业的结构关系贡献较弱，这意味着在东部地区非生产性服务业对服务业集聚与城镇化互动发展的贡献更大。

表5-10　十年"服务业集聚—城镇化"系统指标的熵权均值

子系统	一级指标	二级指标	西部	东部
城镇化子系统	人口城镇化	人口城镇化率	0.0589	0.1042
	经济城镇化	每单位建成区土地面积万元产值	0.0801	0.0720
		非农产业产值占GDP之比	0.0017	0.0095
	空间城镇化	城市密度	0.2973	0.4591
		城市人口密度	0.4689	0.1179
	社会城镇化	农村人均住房面积	0.0425	0.1212
		每万人拥有医生数	0.0507	0.1161
服务业集聚子系统	集聚水平	服务业集聚度	0.0395	0.0263
	集聚结构	第三产业产值与第一产业产值之比	0.1404	0.4373
		第三产业产值与第二产业产值之比	0.2542	0.0781
		第三产业就业与第一产业就业之比	0.1596	0.3584
		第三产业就业与第二产业就业之比	0.2639	0.0916
		生产性服务业产值与非生产性服务业产值之比	0.1425	0.0082

第五章 西部地区服务业集聚与城镇化互动发展的实证分析 ·151·

其二，由于地区发展的差异，服务业集聚与城镇化耦合不强、发展失衡的原因具有明显的地区特点。虽然近十年来西部地区的服务业集聚与城镇化的耦合协调度主要处于磨合阶段，稍优于东部地区的颉颃阶段，但两个地区均与理想状况存在较大差距且各有原因。2006年之前，西部地区的城镇化综合序参量低于服务业集聚综合序参量（见表5-11），这表明服务业集聚与城镇化耦合协调度不高的原因在于城镇化进程相对落后，不能满足服务业集聚发展的空间需要；2006年之后则形成了反转，西部地区城镇化快速发展的同时，服务业集聚贡献不足，不能满足城镇化质量提升的需要。而对于东部地区，城镇化综合序参量却始终高于服务业集聚综合序参量，这表明二者耦合互动不强的原因在于服务业集聚发展相对落后，没有达到东部城镇化质量和功能提升对产业升级提出的要求。

表5-11　　　分区平均的服务业集聚与城镇化综合序参量值

年份	城镇化综合序参量			服务业集聚综合序参量		
	西部	中部	东部	西部	中部	东部
2002	0.3608	0.4559	0.3709	0.3906	0.5635	0.2193
2003	0.3410	0.3583	0.3732	0.3928	0.4358	0.2321
2004	0.2961	0.3311	0.3886	0.3990	0.4275	0.2219
2005	0.2934	0.3359	0.3843	0.4071	0.3627	0.2260
2006	0.4787	0.4508	0.4374	0.4479	0.3731	0.2331
2007	0.4501	0.4479	0.4423	0.3807	0.3137	0.2281
2008	0.4765	0.4544	0.4334	0.3477	0.2985	0.2316
2009	0.4493	0.4940	0.4323	0.3961	0.3615	0.2336
2010	0.4678	0.4724	0.4186	0.3971	0.3575	0.2380
2011	0.4563	0.4620	0.4278	0.2928	0.4502	0.2823

其三，由于区域内部的省（市、自治区）之间也存在差异，区域层面的平均值反映的状况无法反映内部差异。在确定指标权重时，虽然以区域而非全国同期的极值作为上下限一定程度上更贴近实际，但区域内部的差异仍然可能造成一定的影响。从分区域的排序可以看出（见图5-2），西部省（市、自治区）"服务业集聚—城镇化"的耦合度差异性较小，差距整体集中在0.1以内；东部地区各省（市、自治区）的耦合度则存在着较大的差异性，参差不齐，最大差距将近0.4个度。因此，区域平均的

耦合度在西部地区基本能够反映各省（市、自治区）的状况，但东部地区的均值则与具体省（市、自治区）的情况存在较大差异。从分区平均的耦合度来看，东部与西部存在较大差距，但东部的天津、北京和上海的耦合度排在全国前列。

（三）西部与东部典型省（市、自治区）的对比分析

根据图 5-2 反映的系统耦合度的等级划分情况，为了对西部地区"服务业集聚—城镇化"耦合互动的情况进行更深刻的剖析和理解，本部分分别在西部和东部地区内各自挑选出耦合度最高和最低的省（市、自治区），由此最终挑选出 4 个省（市、自治区）作为典型进行"服务业集聚—城镇化"系统耦合互动分析。

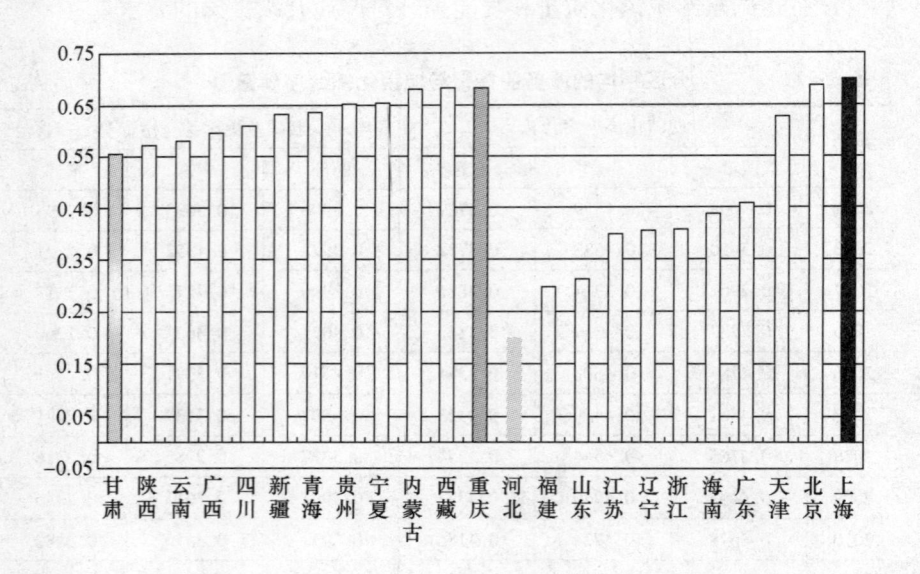

图 5-2　各省（市、自治区）"服务业集聚—城镇化"
系统耦合度十年均值的分区排序

从图 5-2 中的分区排名可以看出，甘肃和重庆分居西部地区"服务业集聚—城镇化"系统耦合度十年均值排序的最低者和最高者，河北和上海则分别排在东部地区耦合度排序的最低者和最高者。接下来，本部分将以甘肃、河北为"服务业集聚—城镇化"系统耦合度"最低组"，相应地，重庆和上海为"最高组"，并通过比较分析服务业集聚和城镇化各系

统的综合序参量以及代表性指标的变化趋势，考察服务业集聚与城镇化耦合互动的具体情况，尤其是西部地区所具有的特征。

图 5-3 描绘了四个典型省（市）服务业集聚综合序参量的十年走势。从趋势看，各个省（市）都存在小幅波动的情况，重庆和上海整体上有微弱的上升趋势，甘肃则有微弱下降趋势，而河北整体变化较小；2010 年以来，上海和甘肃有大幅下降，而重庆和河北则有所提升。从对系统的贡献度来看，"最高组"省（市）普遍高于"最低组"。近年来，上海服务业集聚综合序参量对系统的贡献度维持在 0.7 以上，而且一直高于其他省（市），河北的服务业集聚综合序参量则一直处于较低的水平。

图 5-4 则描绘了四个典型省（市）的城镇化综合序参量十年间的走势图，可以看出，甘肃省城镇化综合序参量在早期有大幅提升，随后保持在 0.6 以上，成为服务业集聚与城镇化耦合发展的主要方面。上海的城镇化综合序参量略高于河北，整体上都处在 0.4—0.5，这说明，上海和河北的城镇化在各自服务业集聚与城镇化耦合发展的系统中所发挥的作用较为接近。比较特殊的是重庆的城镇化综合序参量值，重庆的城镇化综合序参量在四个省（市）中处于最低，尽管近年来有微弱的上升趋势，但仍未达到 0.3，这意味着重庆的城镇化水平较服务业集聚发展的水平存在较大的差距。另外，本书中采用的城市指标是地级以上城市个数，十年来

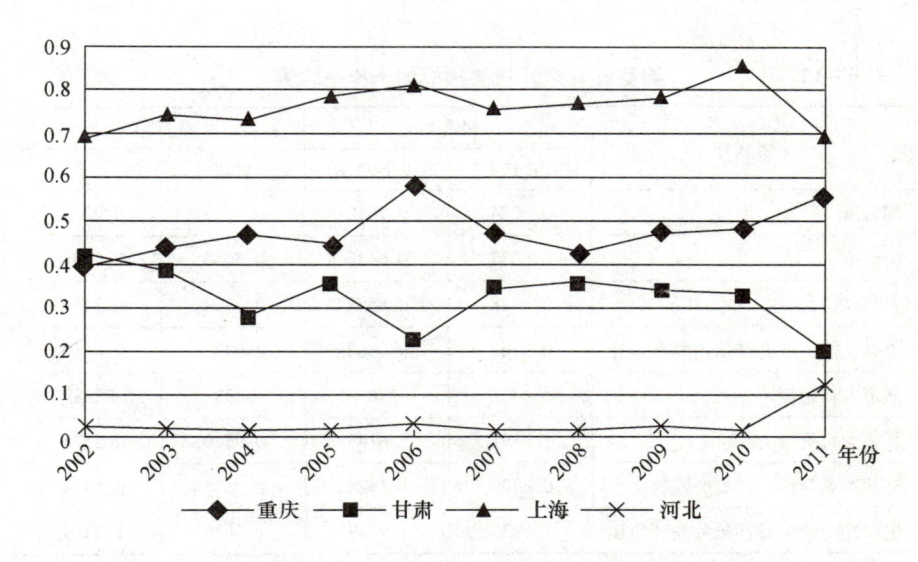

图 5-3　典型省（市）服务业集聚综合序参量走势

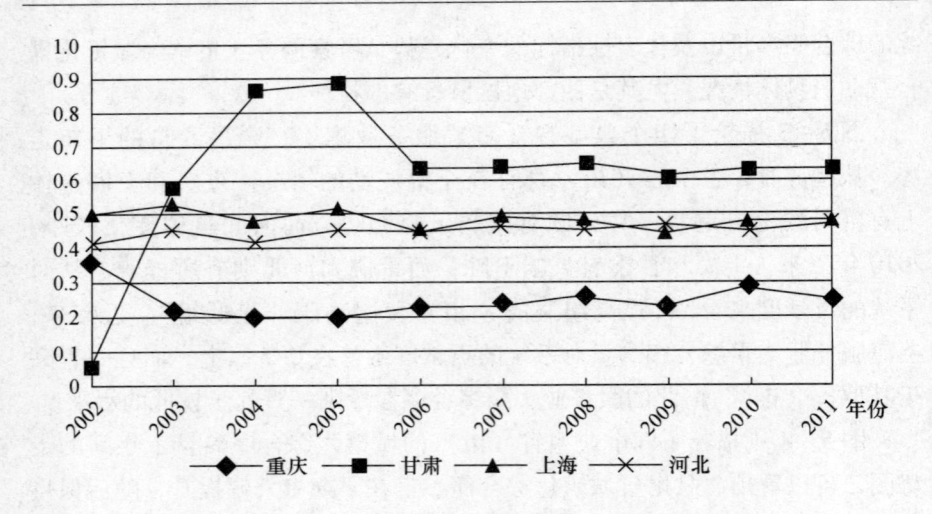

图 5-4 典型省（市）城镇化综合序参量走势

各省（市、自治区）地级以上城市个数并无明显增长，而建城区面积却在快速扩大，所以这项指标呈现了较为明显的下降趋势，进而造成城镇化综合序参量没有呈现较高的增长。总体上看，各省（市、自治区）的城镇化发展对于"服务业集聚—城镇化"系统的耦合互动有着逐渐加强的作用。

表 5-12　典型省（市）主要指标的十年平均值

主要指标	最高组		最低组	
	重庆	上海	甘肃	河北
耦合度	0.7024	0.7010	0.5513	0.2215
协调度	0.5032	0.6617	0.5060	0.2285
人口城市化率	0.3928	0.8568	0.2793	0.3454
第二、第三产业产值占总产值比	0.8762	0.9900	0.8431	0.8619
城市人口密度	1442	2766	3898	2258
服务业集聚度	1.0591	1.6348	0.9540	0.8575
第三产业与第二产业产值比	0.8779	1.1628	0.8175	0.6474
生产性与非生产性服务业产值比	1.5923	1.9739	1.3626	1.7384

表 5-12 显示了"服务业集聚—城镇化"系统耦合协调度以及六大主要系统指标在四个典型省（市）中体现出的十年均值情况，这六大指标分别为"人口城市化率"、"第二、第三产业产值占总产值比"、"城市人口密度"等城镇化系统的三项主要指标以及"服务业集聚度"、"第三产业与第二产业产值比"、"生产性与非生产性服务业产值比"等服务业集聚系统的三项主要指标。从耦合度来看，"最高组"省（市）都远高于"最低组"省（市），而且上海的耦合度是河北的 3 倍多。从协调度来看，上海的协调度是河北的 3 倍多，并且上海、重庆和甘肃的协调情况较好，但河北相对处于失调的状态。从"人口城市化率"指标来看，"最高组"的两个典型省（市）都高于"最低组"的两个典型省（市），其中最高的是上海市（0.8568），最低的是甘肃省（0.2793），这说明耦合度高的省（市）普遍具有较高的人口城市化率特征。从"第二、第三产业产值占总产值比"指标来看，"最高组"省（市）也均高于"最低组"省（市），其中最高的省（市）仍然是上海市（0.9900），最低的仍然是甘肃省（0.8431），这说明耦合度较高的省（市）也具有更高的非农产业产值比例。从"城市人口密度"指标来看，各个省（市）都具有一定的差异，但总体来看，耦合度较低的省（市）具有更高的城市人口密度。从"服务业集聚度"指标来看，"最高组"明显高于"最低组"，上海市服务业集聚度高达 1.6348，将近耦合度"最低组"省（市）的 2 倍，这说明服务业集聚度在省（市、自治区）之间存在较大的差异。从"第三产业与第二产业产值比"指标来看，除上海市高达 1.1628 外，其余省份均在 1 以下，河北省则为 0.6474，这说明目前多数省（市、自治区）仍以第二产业为主，且省（市、自治区）之间在产业结构上还存在着较大差异。从"生产性与非生产性服务业产值比"指标来看，上海的生产性服务业产值约是非生产性服务业产值的 2 倍，其余三个省（市）也均在 1.3 以上，这说明目前各省（市、自治区）的服务业中生产性服务业占有非常大的比重，这可能与产业结构中第二产业所占的比重较大有关。

第四节 小　结

本章基于前文的相关理论，建立了服务业集聚与城镇化发展水平的测度指标体系，然后构建起联立方程模型验证二者互动关系的存在性，并建立耦合协调模型检验二者互动发展的静态结果。得到如下研究结论：

①西部地区各省（市、自治区）服务业集聚与城镇化之间存在显著的良性互动关系，即城镇化水平的提升会促进服务业集聚；反之，服务业集聚水平的提高也会带动城镇化发展。并且，城镇化对服务业集聚的促进作用大于服务业集聚对城镇化的促进作用，这主要是因为现阶段西部地区不论是服务业集聚水平还是质量都相对较低，服务业集聚这一经济子系统不可避免地会因其低水平和低质量的发展现状而导致其作用难以正常发挥。同时，西部地区大城市发育不足的现实状况，在一定程度上抑制了服务业集聚对城镇化的促进作用。

②西部地区各省（市、自治区）服务业集聚与城镇化耦合互动的整体状况较好。西部省（市、自治区）中，服务业集聚与城镇化耦合度早期多数处于磨合阶段，不同省（市、自治区）也呈现了差异化的变化趋势；在协调度方面，西部省（市、自治区）的服务业集聚与城镇化互动发展整体上具有较好的协调度。这表明，西部地区从服务业集聚与城镇化耦合互动上寻得发展具有较好的基础和可能性。

③西部地区与东部地区在服务业集聚与城镇化耦合互动程度和失衡状况方面存在一定差异。西部地区在城镇化和服务业集聚各自发展的程度方面相对落后，但在耦合互动方面略好于东部地区。造成这种区域差异的原因，首先是由于相同的城镇化和服务业集聚内容（比如城市密度和城市人口密度）在不同地区发挥的作用有主次差别；其次，西部地区服务业集聚与城镇化未能形成较好的协同发展，在早期是由于城镇化不足所致，而在后期则转变为服务业集聚发展滞后。而东部地区近十年来则主要是服务业集聚滞后于城镇化所致。

附表 5-1　西部地区"服务业集聚—城镇化"系统指标权重

系统	一级指标	二级指标	2002 年	2003 年	2004 年	2005 年	2006 年	2007 年	2008 年	2009 年	2010 年	2011 年
城镇化	人口城镇化	人口城市化率	0.0755	0.0683	0.0622	0.0234	0.0398	0.0417	0.0569	0.0553	0.1247	0.0413
	经济城镇化	每单位建成区土地面积万元产值	0.0826	0.0517	0.0514	0.0517	0.0850	0.0867	0.1009	0.1006	0.0902	0.0998
		第二、第三产业产值之和占 GDP 之比	0.0017	0.0016	0.0012	0.0012	0.0020	0.0020	0.0018	0.0020	0.0018	0.0016
	空间城镇化	城市密度	0.3974	0.2894	0.1705	0.1836	0.3312	0.3194	0.3232	0.3299	0.3057	0.3231
		城市人口密度	0.3698	0.5222	0.6513	0.6793	0.4377	0.4487	0.4062	0.3627	0.3845	0.4263
	社会城镇化	农村人均住房面积	0.0334	0.0277	0.0259	0.0327	0.0548	0.0496	0.0485	0.0485	0.0454	0.0579
		每万人拥有医生数	0.0396	0.0392	0.0375	0.0282	0.0495	0.0520	0.0624	0.1011	0.0477	0.0499
服务业集聚	集聚水平	服务业集聚度	0.0256	0.0514	0.0446	0.0404	0.0861	0.0396	0.0330	0.0314	0.0276	0.0148
	集聚结构	第三产业产值与第一产业产值之比	0.0710	0.2023	0.1668	0.1577	0.1387	0.1526	0.1291	0.1673	0.1693	0.0487
		第三产业产值与第二产业产值之比	0.2393	0.2845	0.3338	0.3172	0.2643	0.2933	0.3146	0.2078	0.2195	0.0680
		第三产业就业与第一产业就业之比	0.0650	0.1322	0.1222	0.1151	0.2205	0.1333	0.1142	0.1324	0.1180	0.4432
		第三产业就业与第二产业就业之比	0.4609	0.1571	0.1802	0.2320	0.1810	0.2530	0.2811	0.2650	0.2683	0.3600
		生产性服务业与非生产性服务业产值之比	0.1382	0.1725	0.1524	0.1376	0.1095	0.1281	0.1280	0.1961	0.1974	0.0653

附表 5-2　中部地区"服务业集聚—城镇化"系统指标权重

系统	一级指标	二级指标	2002 年	2003 年	2004 年	2005 年	2006 年	2007 年	2008 年	2009 年	2010 年	2011 年
城镇化	人口城镇化	人口城市化率	0.2026	0.1343	0.1034	0.0359	0.0661	0.0535	0.0402	0.0361	0.1904	0.0931
	经济城镇化	每单位建成区土地面积万元产值	0.0926	0.0463	0.0434	0.0544	0.1004	0.1031	0.1000	0.1122	0.0924	0.1069
		第二、第三产业产值之和占 GDP 之比	0.0054	0.0026	0.0026	0.0025	0.0045	0.0047	0.0044	0.0022	0.0018	0.0023

续表

系统	一级指标	二级指标	2002年	2003年	2004年	2005年	2006年	2007年	2008年	2009年	2010年	2011年
城镇化	空间城镇化	城市密度	0.1344	0.0589	0.0969	0.0854	0.1535	0.1414	0.1437	0.1581	0.1207	0.1274
		城市人口密度	0.3541	0.6202	0.6411	0.7038	0.4101	0.4544	0.4540	0.4155	0.3714	0.3644
	社会城镇化	农村人均住房面积	0.0831	0.0528	0.0459	0.0588	0.1319	0.1298	0.1136	0.1263	0.1063	0.1523
		每万人拥有医生数	0.1278	0.0848	0.0667	0.0592	0.1336	0.1131	0.1441	0.1496	0.1171	0.1536
服务业集聚	集聚水平	服务业集聚度	0.0545	0.0947	0.0776	0.0563	0.0413	0.0410	0.0398	0.0600	0.0533	0.0060
	集聚结构	第三产业产值与第一产业产值之比	0.1732	0.2849	0.3166	0.4980	0.5432	0.5926	0.6010	0.4396	0.4153	0.1675
		第三产业产值与第二产业产值之比	0.0650	0.1589	0.1659	0.1126	0.1328	0.1056	0.0902	0.0950	0.0773	0.0250
		第三产业就业与第一产业就业之比	0.1174	0.2248	0.1831	0.1318	0.0986	0.1052	0.1144	0.2008	0.2105	0.7172
		第三产业就业与第二产业就业之比	0.5474	0.1440	0.1411	0.1207	0.1083	0.1007	0.1004	0.1678	0.1762	0.0342
		生产性服务业与非生产性服务业产值之比	0.0425	0.0927	0.1156	0.0806	0.0757	0.0549	0.0543	0.0366	0.0673	0.0500

附表 5-3　东部地区"服务业集聚—城镇化"系统指标权重

系统	一级指标	二级指标	2002年	2003年	2004年	2005年	2006年	2007年	2008年	2009年	2010年	2011年
城镇化	人口城镇化	人口城市化率	0.1391	0.1351	0.1338	0.0750	0.0874	0.0794	0.0719	0.0718	0.1535	0.0948
	经济城镇化	每单位建成区土地面积万元产值	0.0984	0.1075	0.0692	0.0732	0.0771	0.0756	0.0603	0.0613	0.0495	0.0480
		第二、第三产业产值之和占GDP之比	0.0094	0.0100	0.0112	0.0103	0.0119	0.0094	0.0094	0.0087	0.0073	0.0076
	空间城镇化	城市密度	0.4056	0.4409	0.3928	0.4280	0.4942	0.4879	0.4795	0.5117	0.4755	0.4752
		城市人口密度	0.1599	0.1018	0.1809	0.2023	0.0738	0.0881	0.0852	0.0801	0.0992	0.1076
	社会城镇化	农村人均住房面积	0.0938	0.1039	0.1129	0.1084	0.1393	0.1354	0.1335	0.1300	0.1178	0.1370
		每万人拥有医生数	0.0938	0.1008	0.0992	0.1028	0.1163	0.1242	0.1602	0.1364	0.0970	0.1299

续表

系统	一级指标	二级指标	2002年	2003年	2004年	2005年	2006年	2007年	2008年	2009年	2010年	2011年
服务业集聚	集聚水平	服务业集聚度	0.0316	0.0299	0.0318	0.0275	0.0274	0.0250	0.0249	0.0228	0.0232	0.0190
	集聚结构	第三产业产值与第一产业产值之比	0.4151	0.4119	0.4039	0.4554	0.4377	0.4462	0.4402	0.4356	0.4270	0.5006
		第三产业产值与第二产业产值之比	0.0627	0.0604	0.0552	0.0728	0.0776	0.0795	0.0917	0.0933	0.0851	0.1029
		第三产业就业与第一产业就业之比	0.4057	0.4105	0.4180	0.3594	0.3547	0.3456	0.3449	0.3510	0.3653	0.2290
		第三产业就业与第二产业就业之比	0.0724	0.0753	0.0831	0.0778	0.0971	0.0973	0.0902	0.0908	0.0925	0.1399
		生产性服务业与非生产性服务业产值之比	0.0126	0.0120	0.0080	0.0071	0.0056	0.0063	0.0082	0.0066	0.0070	0.0086

附表5-4　西部地区服务业集聚与城镇化综合序参量值

年份	城镇化综合序参量	服务业集聚综合序参量	耦合度	综合协调系数	协调度	耦合强度与协调程度	耦合阶段
2002	0.3608	0.3906	0.6323	0.3757	0.4813	良性耦合中度协调	磨合阶段
2003	0.3410	0.3928	0.6752	0.3669	0.4904	良性耦合中度协调	磨合阶段
2004	0.2961	0.3990	0.6771	0.3476	0.4779	良性耦合中度协调	磨合阶段
2005	0.2934	0.4071	0.6753	0.3503	0.4781	良性耦合中度协调	磨合阶段
2006	0.4787	0.4479	0.6347	0.4633	0.5388	良性耦合高度协调	磨合阶段
2007	0.4501	0.3807	0.6237	0.4154	0.5056	良性耦合高度协调	磨合阶段
2008	0.4765	0.3477	0.6000	0.4121	0.4939	良性耦合中度协调	磨合阶段
2009	0.4493	0.3961	0.6263	0.4227	0.5120	良性耦合高度协调	磨合阶段
2010	0.4678	0.3971	0.6186	0.4325	0.5150	良性耦合高度协调	磨合阶段
2011	0.4563	0.2928	0.5657	0.3745	0.4569	良性耦合中度协调	磨合阶段

附表 5-5　中部地区服务业集聚与城镇化综合序参量值

年份	城镇化综合序参量	服务业集聚综合序参量	耦合度	综合协调系数	协调度	耦合强度与协调程度	耦合阶段
2002	0.4559	0.5635	0.6770	0.5097	0.5836	良性耦合高度协调	磨合阶段
2003	0.3583	0.4358	0.6436	0.3971	0.4993	良性耦合中度协调	磨合阶段
2004	0.3311	0.4275	0.6526	0.3793	0.4911	良性耦合中度协调	磨合阶段
2005	0.3359	0.3627	0.6243	0.3493	0.4555	良性耦合中度协调	磨合阶段
2006	0.4508	0.3731	0.6091	0.4120	0.4955	良性耦合中度协调	磨合阶段
2007	0.4479	0.3137	0.5797	0.3808	0.4611	良性耦合中度协调	磨合阶段
2008	0.4544	0.2985	0.5680	0.3764	0.4535	良性耦合中度协调	磨合阶段
2009	0.4940	0.3615	0.5754	0.4278	0.4875	良性耦合中度协调	磨合阶段
2010	0.4724	0.3575	0.5947	0.4150	0.4912	良性耦合中度协调	磨合阶段
2011	0.4620	0.4502	0.6132	0.4561	0.5216	良性耦合高度协调	磨合阶段

附表 5-6　东部地区服务业集聚与城镇化综合序参量值

年份	城镇化综合序参量	服务业集聚综合序参量	耦合度	综合协调系数	协调度	耦合强度与协调程度	耦合阶段
2002	0.3709	0.2193	0.4866	0.2951	0.3730	中度耦合中度协调	颉颃阶段
2003	0.3732	0.2321	0.4983	0.3026	0.3822	中度耦合中度协调	颉颃阶段
2004	0.3886	0.2219	0.4762	0.3052	0.3745	中度耦合中度协调	颉颃阶段
2005	0.3843	0.2260	0.4589	0.3051	0.3657	中度耦合中度协调	颉颃阶段
2006	0.4374	0.2331	0.4399	0.3353	0.3796	中度耦合中度协调	颉颃阶段
2007	0.4423	0.2281	0.4338	0.3352	0.3765	中度耦合中度协调	颉颃阶段
2008	0.4334	0.2316	0.4406	0.3325	0.3774	中度耦合中度协调	颉颃阶段
2009	0.4323	0.2336	0.4394	0.3329	0.3770	中度耦合中度协调	颉颃阶段
2010	0.4186	0.2380	0.4384	0.3283	0.3737	中度耦合中度协调	颉颃阶段
2011	0.4278	0.2823	0.5235	0.3551	0.4262	良性耦合中度协调	磨合耦合

第六章 基于城镇化发展视角的西部地区服务业集聚适度水平分析

近年来,随着我国服务业的快速发展,服务业集聚成为各地城镇化推进中的普遍现象。一般来说,服务业集聚能够深化各类产业关联,增强吸纳就业能力,拓展居民消费空间,加快城镇化进程,推动区域经济增长。区域产业分工使各区域具有比较优势的资源得到充分利用和有效配置,进而实现消费者福利增加和总产量扩张,因此,集聚有利于区域经济发展。然而,集聚也可能引起的区域发展失衡。根据世界各国以及我国经济发展中的典型事实来看,集聚水平低的区域,发展条件(例如基础设施和能源储备)将持续减弱,集聚水平高的区域,政府将倾向于把更多的资源投入到基础设施建设,提高地方福利水平,从而进一步导致地区集聚条件和竞争效率的差距扩大。同时,集聚还会带来阻塞成本,过于依赖集聚也会导致对区域系统福利的忽视,进而导致日益扩大的区域发展和人均收入差距。对于落后的西部地区来说,在城镇化建设过程中,认识并修正区域集聚扩大对地区发展差距的负外部性十分重要。那么,城镇化过程中服务业集聚的效应是什么?城镇化发展是如何与服务业集聚适宜度产生联系的?在当前城镇化水平下,什么样的服务业集聚水平才是适宜的?这是本章将要回答的问题。

第一节 城镇化视角下的服务业集聚适度水平理论分析

西部地区城镇化进程中,适宜的服务业集聚水平将满足人口增长和产业发展的需要。然而,一旦服务业集聚发展超过适宜水平,将给城镇发展带来负面影响。下面将分别阐述服务业适度集聚和过度集聚对城镇化的影响，以及城镇化发展是如何从人口集聚和产业发展角度对服务业发展和集聚提出要求的。

一 服务业集聚效应及其适度性

社会经济活动的空间集中引起了资源利用效率的提高，并由此产生了集聚经济。集聚是促进服务业提升效率、激发创新的有效途径，其规模效应和技术外溢能有效提高服务业经济效益，降低集聚区创新成本。然而，集聚也并非始终有效，超过了一定的限度，可能会加剧生产要素成本的提高、竞争者的恶性竞争及一系列环境问题。因此，为了保证集聚的有效性，有必要探讨服务业集聚的适度性，且首先应考察服务业集聚本身所能带来的正面及负面效应。

（一）服务业集聚的正效应

具体来说，服务业集聚的正效应主要体现在以下几个方面：

1. 外部经济

外部经济是指由于消费或者其他人和厂商的产出所引起的一个人或厂商无法索取的收益。集聚产生的外部经济主要由三个方面构成。第一，集聚能够促进专业化供应商队伍的形成，使企业较容易获得需要的投入品和服务。单个企业很难维持一个庞大的供应商队伍，大量的企业集聚在一起，形成巨大的需求，会吸引各类供应商队伍的到来，有利于企业获得优惠的投入品和最新的服务。第二，企业集聚可以培养共享的劳动力市场。由于城镇区域内大量企业的集聚，必然形成各行各业高素质的劳动力集聚池，通过劳动力市场的作用，供求双方均能从中获得集聚经济利益。一方面，这种劳动资源的集聚，为厂商提供了丰富的劳动力资源，有利于企业获得需要的各类专业人才，大量专业人才的存在也节约了企业的培训费用；另一方面，人才流动成本的降低，导致人才更加容易流动，实现人力资源的优化配置，降低了流动成本，有利于劳动力就业。第三，企业集聚有利于知识溢出。大量企业的集聚，也使得各类专业化人才得以集聚。知识的溢出主要通过两种渠道实现：第一，知识的正式扩散，企业或个人通过研究投入市场的新产品，获得生产新产品的技术和生产工艺；第二，知识的非正式扩散，通过专业化人才的信息、知识和构想的非正式交流来获得。因而，通过这两种方式，区域性的知识总量会以令人难以想象的速度增长。

2. 降低交易成本

服务业集聚能够有效地降低企业的交易成本，主要表现在以下两个方面：第一，同一类企业或互补企业在有限空间的大量集聚和长时间集聚，可以使供应商与客商之间加强了解和沟通，减少企业的搜寻成本和对方发生机会主义行为的风险，因为一旦企业发生机会主义行为，被周围的企业知道，这类企业就很难在此立足了，这将促使企业树立一种长远经营的理念。也由于企业之间的彼此了解，企业很容易获得想要的产品和服务，可以减少讨价还价的时间和企业违约的行为，从而降低企业交易成本。第二，集聚区内的企业和个人之间通过各种渠道加强了沟通和建立了良好的关系，彼此之间可以在相互信任的基础之上进行交易和往来，形成了一套默认的交易和行为规则。这样不仅能够节约合约的拟定和实施成本，甚至降低合约的签订成本，降低机会主义产生的概率。

3. 规模经济

从宏观角度讲，集聚经济使得城镇区域经济具有明显的规模经济特征。产生规模经济的原因有多方面，其中最为重要的是投入的不可分性。投入的不可分性，意味着投入与规模无关，随着规模的增加，平均成本下降，因此便产生了规模经济效应。这种不可分的投入，广泛地存在社会活动的各个范围和领域。在城镇区域，基础设施、交通、通信等公共物品的投入，都具有明显的不可分性。企业的集聚可以共享公共物品，从而节约建设基础设施的费用，这对社会和企业均能产生经济效益。

（二）服务业集聚的负效应

现代服务业在城市商务中心的集聚，不仅会给城市带来正面效应，同时也会给城市带来负面效应。从产业集聚理论的角度来讲，服务业集聚的负效应就是集聚不经济。集聚不经济指社会经济活动由于空间过度集中所引起的额外成本费用或收益、效用损失。城市的中心区内因现代服务业集聚而产生的集聚不经济大致有以下几个方面：

1. 交通拥挤及基础设施过度利用

因空间集聚而引发的拥挤成本是集聚不经济的基本内容之一。当增加一单位使用已有许多单位使用的基础设施或服务时，就会使现有使用者增加成本，即出现拥挤成本。随着集聚规模的扩大，这种拥挤成本的产生是不可避免的。比如：随着集聚企业和居民的增加，道路上会有越来越多的车辆出现，这必然会降低车速，延长到达城市中心区的时间，从而产生交通拥挤成本；社会服务管理部门，会因为社会经济活动的大量增加，导致办事效率下降。过度的集聚，可能导致公共产品的供给不足，降低人们的社会福利水平。

2. 生产要素成本上升

随着越来越多的公司希望能落户城市的商务中心区，导致对土地的过度需求，但土地的供给是一定的，这种供求关系就不可避免地使土地价格上升。所以，城市的商务中心区是城市中地价和租金的峰值点。另外，由于土地价格的居高不下，使得与其相关的生产要素价格也随之上升，增加了生产要素的投入成本。

3. 负外部性

城市内厂商和居民的集聚，虽然可以带来很多便利，产生正的外部性，但也可能会导致负的外部性。比如：由于过度集中，城市自然环境遭受包括汽车尾气污染、噪声污染、城市生活垃圾、水污染等在内的各种形式的污染，给厂商和居民带了危害，造成社会福利的损失；另外，城市的中心区有各个阶层的人，穷人可能会不得不面对被富人抬高了的物价，而引起穷人生活成本的增加和自身利益的损失。这些都是集聚的负外部性。

4. 规模不经济

集聚规模的扩大虽然可以导致规模经济，但是超过一定的规模则会产生规模不经济，导致各种成本投入和支出的增加。其实，这层含义包含了以上几项内容，是集聚不经济最为概括的一种说法。如果说集聚经济为城市的商务集聚规模的扩大提供了吸引力和推动力，那么集聚不经济则构成了空间的排斥力和约束力。所以，在发展城市服务业集群的过程中，如果是在一定的规模下，集聚经济起到主要作用，集聚利益吸引着大量企业集中在城市的商务中心区，那么，随着商务中心区的发展和规模的扩大，集聚不经济会逐渐显示出来，商务中心区会出现物价飞涨、交通拥挤、环境质量下降等不经济现象，这就可能会造成部分企业的迁出，最终集聚不经济将可能导致城市商务中心区的倒退。

因此，基于服务业集聚所带来的正负效应，有必要根据经济发展和城镇化进程的需求情况研究并调整服务业集聚适度水平，即保持服务业集聚的适度性，进而既能促进服务业带动经济增长，又能提前规避因服务业过度集聚所带来的负面效应。

二 城镇化视角下的服务业集聚适度性机理

前面章节已经阐述了城镇化的基本概念和类型，究其本质，城镇化发展主要依托两个要素：一个是人口，另一个是产业。人口因产业发展而集聚，产业因人口集聚而增长，进而城镇在空间上迅速扩张，城镇化进程加快。城镇人口集聚，对非生产性服务业的需要增加，主要表现在对综合超市、购物中心、批发市场以及住宿餐饮服务，教育、养老、陪护、家务等服务、文化教育和休闲娱乐服务、场馆运营、家居装修、房屋修缮等服务的需求量大增。城镇发展和人口集聚，必然依靠产业发展维持生存和扩张，人口集聚也将促进产业发展。产业发展所依赖的生产性服务业，如物流业、金融业、信息业、科技业和商务业随之兴旺。可见，人口和产业的需求都将促进服务业发展。由于服务业发展具备两种属性，一方面是数量上的增长，另一方面是城镇空间区位上的布局优化，将两者概括起来也就是城镇化进程中的服务业集聚，因此服务业集聚程度决定了其在城镇化进程中发挥的作用和机制。总结以上分析，城镇化通过如图6-1所示的途径对服务业集聚适宜度产生影响。

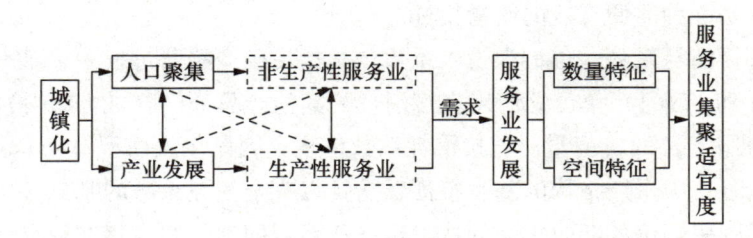

图6-1 城镇化发展视角下的服务业集聚适宜度水平

此外，不同类型的服务业在不同类型、不同规模的城镇中，产业发展和城镇人口福利也不同。以劳动力收入为主要构成的区域劳动力福利收益和以劳动力集聚成本为主要反映的福利损失，极大地受到区域集聚程度和集聚效率的影响，而区域扩张效应与区域集聚效应的相互作用，也伴随着劳动力要素的空间流动和空间再分布。因此，区域福利的最终空间分布取决于区域内及区域间集聚与扩散力量的交互作用，区域福利最大化取决于劳动力要素的福利空间最优。要制定符合区域和谐发展、区域系统福利最大的区域政策，需要描述区域劳动力总体福利水平受区域集聚与分散效应的影响机制。现代服务业的形成是集聚经济产生的吸引力和集聚不经济产生的排斥力共同作用的结果。在发展现代服务业集群的同时，尤其要注意因集聚产生的不经济对城市的影响，要制定、采取相应的政策措施防止或抑制这些负面效应。

第二节 西部地区与发达国家及我国东部省市对服务业的需求比较

一 方法设计、产业划分及归并

(一) 方法说明与数据来源

一般来说,城镇化主要表现为农村人口不断向城镇转移,第二产业和第三产业不断向城镇集聚。我国属于转型经济体,城镇化偏重于发展第二产业,这一现象在西部地区体现得更为明显。因此,服务业的集聚主要建立在制造业高速发展的基础之上。在分析过程中,本书侧重于分析生产性服务业与制造业的相互需求。对于不同行业相互需求的量化考察,直接消耗系数是一种简便有效的衡量指标。

直接消耗系数,也称为投入系数,是指在生产经营过程中,某一产品部门(如 j 部门)单位总产出直接消耗的其他产品部门(如 i 部门)的产品(或服务)的价值量。直接消耗系数体现了列昂惕夫模型(static Leontief model)中生产结构的基本特征,是计算完全消耗系数的基础。它充分揭示了国民经济各部门之间的技术经济联系,即部门之间相互依存和相互制约关系的强弱,并为构造投入产出模型提供了重要的经济参数。直接消耗系数的计算公式为:

$$A_{ij} = \frac{x_{ij}}{X_j}$$

式中,A_{ij}为直接消耗系数,由直接消耗系数A_{ij}构成的$n \times n$的矩阵A,称为直接消耗系数矩阵,x_{ij}表示j产品部门直接消耗的第i产品部门的产品(或服务)的数量,X_j表示j产品部门的总投入。矩阵A反映了投入产出表中各产业部门间技术经济联系和产品之间的技术经济联系。直接消耗系数是建立模型最重要、最基本的系数,是投入产出模型的核心。

直接消耗系数的取值范围在0—1,A_{ij}越大,说明第j部门对第i部门的直接依赖性越强;A_{ij}越小,说明第j部门对第i部门的直接依赖性越弱;$A_{ij}=0$则说明第j部门对第i部门没有直接的依赖性。

本节计算直接消耗系数所使用的数据来自《中国地区投入产出表(2007)》。其他数据来自各省(市、自治区)历年统计年鉴。

（二）制造业和服务业的划分与归并

2009 年，联合国经济和社会事务部与统计司联合发布了第四版《所有经济活动的国际标准行业分类》（ISIC Rev.4，以下简称《国际标准行业分类》）。《国际标准行业分类》更好地反映了当前世界经济的结构，认可在过去 20 年间出现的新兴产业，而且适合于国际间比较。《国际标准行业分类》的范围一般包括生产活动，即《国民账户体系》生产领域范围内的经济活动。活动分类中有几项特例超出了生产领域，但对多种其他类型的统计来说十分重要。这些经济活动按四级互斥类别的结构分层划分，便于在详细划定的经济等级上按国际上可比较的标准化方式进行数据收集、整理和分析。第一级为门类，按字母顺序对各个类别进行编码，便于进行经济分析。各个门类将所有生产活动分成大组，如"农业、林业和渔业"（门类 A）、"制造业"（门类 C）、"信息和通信"（门类 J）的门类。门类进一步划分到更小的类别，以数字编码；第二级为类，编码为两位数；第三级为大组，编码为三位数；第四级为组，划分最详细，编码为四位数。《国际标准行业分类》总体结构如表 6-1 所示。

表 6-1　　　　　《国际标准行业分类》中行业门类

门类	类	说明
A	01—03	农业、林业和渔业
B	05—09	采矿和采石
C	10—33	制造业
D	35	电、煤气、蒸汽和空调的供应
E	36—39	供水及污水处理、废物管理和补救活动
F	41—43	建筑业
G	45—47	批发和零售业及汽车和摩托车的修理
H	49—53	运输和储存
I	55—56	食宿服务活动
J	58—63	信息和通信
K	64—66	金融和保险活动
L	68	房地产活动
M	69—75	专业、科学和技术活动
N	77—82	行政和辅助活动

续表

门类	类	说明
O	84	公共管理和国防；强制性社会保障
P	85	教育
Q	86—88	人体健康和社会工作活动
R	90—93	艺术、娱乐和文娱活动
S	94—96	其他服务活动
T	97—98	家庭作为雇主的活动；家庭自用、未加区分的物品生产和服务活动
U	99	国际组织和机构的活动

1. 制造业按技术密度分类

根据《国际标准行业分类》，制造业包含的行业说明如表 6-2 所示。

表 6-2　　《国际标准行业分类》中制造业包含的行业说明

类	大组	组	行业说明
10			食品的制造
11			饮料的制造
12			烟草制品的制造
13			纺织品的制造
14			服装的制造
15			皮革和相关产品的制造
16			木材及制品的制造（家具除外）、编织品制造
17			纸和纸制品的制造
18			记录媒介物的印制及复制
19			焦炭和精炼石油产品的制造
20			化学品及化学制品的制造
21			药品、药用化学品及植物药材的制造
22			橡胶和塑料制品的制造
23			其他非金属矿物制品的制造
24			基本金属的制造
25			金属制品的制造，但机械和设备除外
26			计算机、电子和光学产品的制造
	261	2610	电子元件和电子板的生产

续表

类	大组	组	行业说明
	262	2620	计算机和周边设备的制造
	263	2630	通信设备的制造
	264	2640	电子消费品的制造
	265		测量、检验、导航和控制设备的制造；钟表制造
	266	2660	辐射、电子医疗和电子理疗设备的制造
	267	2670	光学仪器和摄影器材的制造
	268	2680	磁性媒介物和光学媒介物的制造
27			电力设备的制造
28			未另分类的机械和设备的制造
29			汽车、挂车和半挂车的制造
30			其他运输设备的制造
	301		船舶的建造
	302	3020	铁路机车及其拖曳车辆的制造
	303	3030	飞机、航天器和相关机械的制造
	304	3040	军用战车的制造
	309		未另分类的运输设备的制造
31			家具的制造
32			其他制造业
33			机械和设备的修理和安装

最新的 OECD（经济合作与发展组织）制造业技术分类标准发布于 2011 年。根据联合国制定的国际标准产业分类（ISIC Rev. 3），OECD 依照成员国总体 1991—1999 年的平均技术研发密度，将制造性行业分为高技术、中高技术、中低技术和低技术制造业四类。高一级的技术与低一级的技术在两个方面有所差别，一是时间稳定性，即在连续年度中，技术差别连续；二是国别稳定性，即在这些国家中，技术密度中间值差别相同。OECD 制造业技术分类标准如表 6-3 所示。

表 6–3　　　　　　　OECD 制造业技术分类标准 2011

技术等级	行业	ISIC Rev.4 编码	ISIC Rev.3 编码
高技术制造业	航空航天业	3030	353
	制药业	21	2423
	办公、会计与计算设备业	2620	30
	广播、电视和通信设备业	2630	32
	医疗、精密和光学仪器业	2660；2670；2680	33
中高等制造业	电子设备和仪器制造业	26（除高技术 26XX）	31
	汽车、拖车和半拖车业	29	34
	化学制品（除制药）业	20	24（不含 2423）
	铁路设备与运输设备业	30	352；359
	机械与设备业	27—28	29
中低等制造业	舰船制造与维修业	3011；3012；33	351
	塑胶制品业	22	25
	焦化、炼油与核燃料业	19	23
	其他非金属矿产业	23	26
	基本金属及金属制造业	24—25	27—28
低技术制造业	制造业与回收利用业		36—37
	木材、造纸和印刷出版业	16—18	20—22
	食品饮料和烟草业	10—12	15—16
	纺织、皮革和制鞋业	13—15	17—19
	家具的制造		31
	其他制造业		32

2. 服务业分类

《国际标准行业分类》依据不同行业在产品、服务及生产要素投入、生产工艺及技术、产出特点及产出的用途等基础之上的差别，将经济活动划分为 21 大类。其中，A 大类（农业、林业及渔业）、B 大类（采矿和采石）、C 大类（制造业）、D 大类（电、煤气、蒸汽和空调的供应）、E 大类（供水及污水处理、废物管理和补救活动）、F 大类（建筑业）这 6 类经济活动以提供实物产品为主，因此属于农业或工业。而后 15 类经济活动则以提供劳务为主，属于服务业（具体说明见表 6–4）。

表 6-4　　　　　　　《国际标准行业分类》中服务业门类

门类	类	说明
G	45—47	批发和零售业；汽车和摩托车的修理
H	49—53	运输和储存
I	55—56	食宿服务活动
J	58—63	信息和通信
K	64—66	金融和保险活动
L	68	房地产活动
M	69—75	专业、科学和技术活动
N	77—82	行政和辅助活动
O	84	公共管理和国防；强制性社会保障
P	85	教育
Q	86—88	人体健康和社会工作活动
R	90—93	艺术、娱乐和文娱活动
S	94—96	其他服务活动
T	97—98	家庭作为雇主的活动；家庭自用、未加区分的物品生产和服务活动
U	99	国际组织和机构的活动

按照提供的服务是否属于中间产品，服务业可以分为生产性服务业与非生产性服务业。生产性服务业是指那些为进一步生产或者最终消费而提供服务的中间投入，一般包括生产、商务活动和政府管理而非直接为最终消费者提供的服务，主要包括金融、物流、会展、中介咨询、信息服务、软件外包、科技研发、创意、教育培训等服务行业；非生产性服务业主要是指直接满足人们生活需要的服务行业，主要包括商贸、旅游、房地产、社区养老服务、就业服务、家政、物业管理服务、医疗、休闲娱乐、体育健身等服务。

中国《国民经济和社会发展十二五规划纲要》将服务业分为生产性服务业与非生产性服务业。生产性服务业涵盖了金融服务业、物流业、高技术服务业、商务服务业；非生产性服务业涵盖了商贸服务业、旅游业、家庭服务业、体育业。

结合服务业功能特点、服务对象以及国家经济发展规划，本节将服务业做如下分类：生产性服务业，包括物流业、金融业、信息业、科技业、商务业；非生产性服务业，包括商贸业、旅游业、家政业、文体业、地产业。本节不关注公共管理、社会组织和国际组织服务业。文中涉及的服务业划分和具体说明见表6-5。

表6-5 服务业类型和行业说明

服务业类型	服务业行业	说明
生产性服务业	物流业	陆运、水运、空运等交通运输和仓储业以及辅助活动
	金融业	融资、证券、信托、理财、担保、保险等金融服务业
	信息业	邮政、信息传输、计算机服务和软件业
	科技业	研究与试验发展服务
	商务业	房地产、会计法律工程咨询、会展等综合技术服务业
非生产性服务业	商贸业	综合超市、购物中心、批发市场以及住宿餐饮服务
	旅游业	旅游资源规划开发、旅游经纪服务、景区内住宿餐饮娱乐服务
	家政业	教育、养老、陪护、家务等服务
	文体业	文体动漫娱乐用品销售，场馆运营，影视经纪等服务
	地产业	房地产中介、家居装修、房屋修缮等服务

注：由于地区投入产出表中将"旅游业"中的旅行社中介服务划到了"租赁和商务服务业"，将公园、游乐园、旅游景点的娱乐设施划到了"文化、体育和娱乐业"，将旅游景点的住宿和餐饮划到了"住宿和餐饮业"，因此，本节以后不再单独考察旅游业的消耗需求。

二 部分国家及我国东部省市对服务业的需求分析

（一）部分国家各产业对服务业的需求

根据经济发展水平和服务业发展水平的不同，本节将备选国家分为三类：第一类为美国，该国经济发达，最早进入服务经济时代；第二类是日本与德国，这两国人均 GDP 和第三产业比重仅次于美国；第三类为巴西，该国处于经济转型时期，且为"金砖国家"的组成国，属于发展中国家，服务业占 GDP 的比重较低；另外作为对比，选取中国作为参照。

表6-6给出了部分国家农业、矿业、水电煤气供应业和建筑业对服务业的直接消耗系数。从表中可以看出，美国农业和矿业需求最大的生产性服务业为商务业，其后依次为物流业、金融业和科技业；需求最大的非生产性服务业为商贸业，其次是地产业。美国水电煤气供应业和建筑业对生产性服务业需求最大的是科技业，对物流业、金融业、商务业和信息业也都超过了0.01；对非生产性服务业需求最大的是商贸业，其次是文体业。德国农业和矿业对生产性服务业中的商务业需求极高，其次为金融业和物流业；对非生产性服务业中的商贸业需求很高，最后是文体业和地产业。德国水电煤气和建筑业对商务业需求也最高，其次是金融业和物流

业。日本农业和矿业对金融业、物流业和商务业需求较高；对非生产性服务业商贸业需求最大。日本水电煤气供应链和建筑业对商务业需求最高，其次是物流业、金融业和信息业；对非生产性服务业商贸业和地产业需求很大。巴西农业和矿业对生产性服务业需求依次为物流业、商务业、金融业和信息业，其中物流业最高；对非生产性服务业中的商贸业需求最大，其次是地产业。巴西水电煤气供应业和建筑业对商务业、物流业和金融业需求最高；对非生产性服务业中的商贸业需求最高。中国农业和矿业、水电煤气供应业和建筑业需求最大的生产性服务业都是物流业，其次是商务业、金融业；需求最大的非生产性服务业都是商贸业，水电煤气供应业和建筑业同时对信息业、商务业和金融业的直接消耗系数也都超过了0.01。

表6-6 部分国家农业和矿业、水电煤气供应业和建筑业对服务业的直接消耗系数

终端产业	服务业	美国	德国	日本	巴西	中国
农业和矿业	物流业	0.0205	0.0161	0.0284	**0.0487**	**0.0284**
	金融业	0.0195	0.0260	**0.0344**	0.0146	0.0114
	信息业	0.0063	0.0040	0.0034	0.0146	0.0053
	科技业	0.0140	0.0000	0.0011	—	0.0005
	商务业	**0.0498**	**0.1104**	0.0109	0.0185	0.0119
	商贸业	**0.0268**	**0.0513**	**0.0618**	**0.0333**	**0.0247**
	家政业	0.0001	0.0080	0.0059	0.0003	0.0025
	文体业	0.0075	**0.0132**	0.0009	0.0020	0.0061
	地产业	0.0236	0.0117	0.0012	0.0151	0.0003
水电煤气供应业和建筑业	物流业	0.0261	0.0125	0.0305	0.0146	**0.0374**
	金融业	0.0153	0.0214	0.0165	0.0113	0.0110
	信息业	0.0110	0.0057	0.0165	0.0066	**0.0276**
	科技业	**0.0384**	0.0000	0.0075	—	0.0001
	商务业	0.0119	**0.0639**	**0.0561**	**0.0270**	0.0184
	商贸业	**0.0687**	**0.0389**	**0.0597**	**0.0338**	**0.0383**
	家政业	0.0003	0.0000	0.0044	0.0002	0.0018
	文体业	0.0171	0.0057	0.0046	0.0024	0.0093
	地产业	0.0053	**0.0395**	**0.0597**	0.0027	0.0001

注：根据OECD投入产出数据库计算，数据为2005年。加粗且带下画线数据为该行业需求最大的服务业行业，加粗未带下画线数据为数值大于0.01的行业。

表 6-7 列出了部分国家制造业对生产性服务业的直接消耗系数。美国制造业对各类服务业的需求较为平均，除了信息业，都超过了 0.01，其中，高技术、中高技术和低技术制造业对商务业需求最大，中低技术制造业对物流业需求最大。德国制造业需求最大的是商务业，并且，除了低技术制造业对科技业需求极低以外，对其他生产性服务业的需求基本均衡。日本高技术和中高技术制造业对科技业需求最大，中低技术和低技术制造业对物流业需求最大，日本制造业对生产性服务业的需求也比较均衡。巴西高技术制造业对商务业需求最大，其他制造业对物流业需求最大。由于数据不可获得，巴西制造业对科技业的直接消耗系数没有在表中列示。除了科技业，巴西对生产性服务业的需求也比较均衡。中国高技术制造业需求最大的为商务业，其他制造业需求最大的为物流业，与其他国家明显不同的是，中国的制造业对物流业需求十分显著，对其他生产性服务业需求并不均衡。

表 6-7　部分国家制造业对生产性服务业的直接消耗系数

制造业	服务业	美国	德国	日本	巴西	中国
高技术制造业	物流业	0.0129	0.0246	0.0159	0.0344	0.0227
	金融业	0.0232	0.0102	0.0115	0.0273	0.0108
	信息业	0.0261	0.0177	0.0173	0.0339	0.0083
	科技业	0.0530	0.0026	0.0664	—	0.0016
	商务业	0.0566	0.0928	0.0443	0.0383	0.0238
中高技术制造业	物流业	0.0230	0.0213	0.0184	0.0324	0.0304
	金融业	0.0157	0.0105	0.0114	0.0286	0.0090
	信息业	0.0111	0.0101	0.0099	0.0159	0.0117
	科技业	0.0346	0.0058	0.0566	—	0.0008
	商务业	0.0382	0.0745	0.0320	0.0250	0.0179
中低技术制造业	物流业	0.0360	0.0297	0.0289	0.0322	0.0409
	金融业	0.0132	0.0114	0.0140	0.0171	0.0100
	信息业	0.0063	0.0092	0.0066	0.0106	0.0092
	科技业	0.0203	0.0015	0.0151	—	0.0005
	商务业	0.0217	0.0553	0.0152	0.0111	0.0083

续表

制造业	服务业	美国	德国	日本	巴西	中国
低技术制造业	物流业	0.0319	0.0278	**0.0326**	**0.0375**	**0.0283**
	金融业	0.0179	0.0125	0.0128	0.0154	0.0077
	信息业	0.0170	0.0096	0.0081	0.0043	0.0073
	科技业	0.0362	0.0002	0.0063	—	0.0002
	商务业	**0.0469**	**0.0851**	0.0334	0.0174	0.0188

注：根据 OECD 投入产出数据库计算，数据为 2005 年。加粗且带下画线数据为该行业需求最大的服务业行业，加粗未带下画线数据为数值大于 0.01 的行业。

由此可知，高技术制造业在各国均倾向于对知识密集型生产性服务业需求显著，但低技术制造业对生产性服务业的需求会因不同国家的经济发展水平与服务业发展水平不同而有所差异。

随着经济发展水平的提高，制造业对服务业尤其是生产性服务业的需求逐渐增大。当经济步入高度发达阶段后，生产性服务业对自身的需求也呈现增加趋势。表 6-8 给出了部分国家服务业对服务业的直接消耗系数。美国各类服务业对自身需求中除了家政业外都比较大。生产性服务业对自身需求由大到小次序分别是金融业、信息业、科技业、商务业和物流业，对非生产性服务业需求由大到小次序分别是文体业、地产业、商贸业和家政业。非生产性服务业对生产性服务业需求由大到小次序分别是金融业、商务业、科技业、信息业和物流业，对自身需求次序由大到小分别是文体业、地产业、商贸业和家政业。德国生产性服务业对自身需求由大到小次序分别是商务业、金融业、物流业、信息业和科技业，对非生产性服务业需求由大到小次序分别是地产业、文体业、商贸业和家政业。非生产性服务业对生产性服务业需求由大到小次序分别为商务业、金融业、物流业、信息业和科技业，对自身需求由大到小次序分别是地产业、文体业、商贸业和家政业。日本和巴西的情况十分相似，生产性服务业对两类服务业需求由大到小次序分别是商务业、信息业、金融业、物流业和科技业，商贸业、地产业、文体业和家政业。而非生产性服务业对两类服务业需求由大到小次序分别是金融业、商务业、信息业、物流业和科技业，商贸业、地产业、文体业和家政业。中国服务业对自身需求最大的仍是物流业，其次是金融业和商务业。

表 6-8　　　部分国家服务业对服务业的直接消耗系数

需求产业	服务业	美国	德国	日本	巴西	中国
生产性服务业	物流业	0.0239	0.0294	0.0336	0.0341	**0.0702**
	金融业	**0.1059**	0.0351	0.0521	0.0506	0.0345
	信息业	0.0592	0.0149	0.0529	**0.0812**	0.0238
	科技业	0.0509	0.0004	0.0032	—	0.0022
	商务业	0.0267	**0.0502**	**0.0834**	0.0496	0.0315
	商贸业	0.0196	0.0244	0.0187	0.0339	**0.0462**
	家政业	0.0002	0.0047	0.0086	0.0005	0.0029
	文体业	**0.0443**	0.0297	0.0128	0.0050	0.0137
	地产业	0.0304	**0.0414**	0.0176	0.0124	0.0093
非生产性服务业	物流业	0.0111	0.0678	0.0148	0.0258	0.0226
	金融业	**0.0313**	0.0936	**0.0395**	0.0106	0.0215
	信息业	0.0190	0.0503	0.0207	0.0148	0.0170
	科技业	0.0280	0.0011	0.0008	—	0.0002
	商务业	0.0294	**0.1223**	0.0351	**0.0433**	**0.0345**
	商贸业	0.0284	0.0144	**0.0351**	**0.0343**	**0.0399**
	家政业	0.0013	0.0001	0.0101	0.0007	0.0019
	文体业	**0.0501**	0.0183	0.0136	0.0060	**0.0208**
	地产业	**0.0488**	**0.0262**	0.0160	0.0121	0.0096

注：根据 OECD 投入产出数据库计算，数据为 2005 年。加粗且带下画线数据为该行业需求最大的服务业行业，加粗未带下画线数据为数值大于 0.01 的行业。

图 6-2 显示了部分国家各行业对服务业的直接消耗系数综合图。由于德国将科技服务业中的大部分业务口径归类到了商务服务业，因此，德国各行业对商务业的需求极高。如果忽略这个特殊因素，可以明显看出，美国、德国、日本各行业对服务业的需求相对较为均衡，巴西较中国稍显均衡。另外，美国、德国和日本各行业对科技业的需求明显高于巴西和中国。美国、德国、日本和巴西各行业对商务业的需求都高于中国。

结合前面的分析和图 6-2，可以得出，中国对生产性服务业中的物流业需求显著。中国正处于工业化转型时期，国民经济总量中实物产品及其衍生的交易运输量仍占大多数。发达国家已经步入后工业化时代，制造业转为对知识密集型服务业产生大量需求。另外，表中数据取自 2005 年

第六章 基于城镇化发展视角的西部地区服务业集聚适度水平分析 ·177·

左右,当时跨国公司盛行,金融业成为筹集资本和调节社会资源分配的重要手段,中国、巴西等发展中国家急需大量企业扩张资金,因此对金融业需求增强。中国和巴西的制造业对科技服务业的中间需求极低,原因主要在于两个方面:第一,统计中将科技服务业归并到了其他类型的生产性服务业中;第二,发展中国家的科技服务业发展比较落后,对于中国来说,由于人口基数大,其对非生产性服务业中的商贸业需求最为显著。

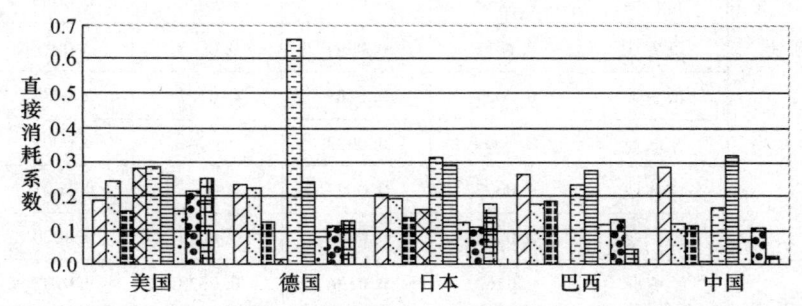

图6-2 部分国家各行业对服务业的直接消耗系数综合图

(二) 我国东部部分省市各产业对服务业的需求分析

当前我国服务业发展的区域差距十分显著,我国东部省市服务业发展起步早,增长快,现阶段发展水平高,产值占比大,服务业发展和集聚水平远高于西部地区。根据经济发展水平和服务业集聚程度,在对东部省市的分析中,我们选取了北京、上海、江苏和广东四个代表性省市进行分析。其中,北京市和上海市是直辖市中经济水平和服务业发展水平最高的两位;而江苏省和广东省则是省域经济体中经济发展和服务业集聚水平最高的两位。

表6-9列出了东部部分省市农业矿业、水电煤气供应业和建筑业对服务业的直接消耗系数。很明显,东部各省市农业矿业、水电煤气供应业和建筑业需求最大的服务业是物流业和商贸业。其中,北京农业矿业、水电煤气供应业和建筑业对商务业需求较大;上海水电煤气供应业和建筑业对信息业需求较大;广东水电煤气供应业和建筑业对商务业需求较大。四个省市农业矿业、水电煤气供应业和建筑业对服务业的需求十分不均衡。

表 6-9　东部部分省市农业矿业、水电煤气供应业和建筑业
对服务业的直接消耗系数

终端产业	服务业	北京	上海	江苏	广东
农业矿业	物流业	**0.0346**	**0.0314**	**0.0181**	**0.0191**
	金融业	0.0025	0.0086	**0.0105**	**0.0173**
	信息业	0.0014	0.0053	0.0044	0.0089
	科技业	0.0019	0.0009	0.0026	0.0003
	商务业	**0.0311**	0.0094	0.0080	0.0015
	商贸业	**0.0331**	**0.0609**	**0.0182**	**0.0083**
	家政业	0.0009	0.0032	0.0041	0.0005
	文体业	0.0009	0.0027	0.0005	0.0001
	地产业	0.0005	0.0007	0.0003	0.0020
水电煤气和建筑业	物流业	0.0162	0.0196	**0.0528**	0.0197
	金融业	0.0091	**0.0127**	**0.0189**	**0.0148**
	信息业	0.0010	**0.0401**	0.0119	0.0016
	科技业	0.0025	0.0007	0.0011	0.0051
	商务业	**0.0324**	**0.0165**	**0.0120**	**0.0231**
	商贸业	**0.0356**	**0.0238**	**0.0252**	**0.0168**
	家政业	0.0021	0.0008	0.0044	**0.0104**
	文体业	0.0008	0.0006	0.0018	0.0010
	地产业	0.0011	0.0010	0.0005	0.0011

注：根据《中国地区投入产出表（2007）》计算。加粗且带下画线数据为该行业需求最大的服务业行业，加粗未带下画线数据为数值大于0.01的行业。

表 6-10 列出了东部地区部分省市制造业对服务业的直接消耗系数。北京、江苏和广东对物流业、商务业和金融业需求较大，上海对商务业和物流业需求较大。相对来说，上海的制造业对各类服务业需求较为均衡。北京、江苏、广东三省市的制造业对服务业的需求十分不均衡。另外，各类制造业对科技业的需求都不多，这体现出了东部制造业的技术含量仍然处于较低水平。

第六章 基于城镇化发展视角的西部地区服务业集聚适度水平分析 ·179·

表 6-10 东部地区部分省市制造业对服务业的直接消耗系数

制造业	服务业	北京	上海	江苏	广东
高技术制造业	物流业	**<u>0.0151</u>**	0.0117	0.0117	**<u>0.0115</u>**
	金融业	0.0042	0.0133	**<u>0.0223</u>**	0.0049
	信息业	0.0015	**<u>0.0387</u>**	0.0082	0.0013
	科技业	0.0043	0.0029	0.0041	0.0002
	商务业	**0.0124**	**0.0170**	0.0088	0.0098
中高技术制造业	物流业	**0.0227**	**0.0239**	**<u>0.0187</u>**	**<u>0.0177</u>**
	金融业	0.0055	**0.0292**	0.0084	0.0072
	信息业	0.0022	**<u>0.0405</u>**	0.0027	0.0024
	科技业	0.0064	0.0040	0.0037	0.0004
	商务业	**<u>0.0242</u>**	**0.0607**	**0.0123**	**0.0173**
中低技术制造业	物流业	**<u>0.0743</u>**	**0.0315**	**<u>0.0230</u>**	**0.0169**
	金融业	**0.0125**	**0.0202**	**0.0125**	**0.0151**
	信息业	0.0008	**<u>0.0363</u>**	0.0044	0.0027
	科技业	0.0017	0.0002	0.0016	0.0002
	商务业	0.0057	**0.0202**	0.0078	**<u>0.0182</u>**
低技术制造业	物流业	**0.0270**	**0.0408**	**<u>0.0199</u>**	**0.0177**
	金融业	0.0065	**0.0203**	**0.0114**	**0.0110**
	信息业	0.0032	**0.0320**	0.0029	0.0031
	科技业	0.0025	0.0005	0.0008	0.0001
	商务业	**<u>0.0305</u>**	**0.0472**	**0.0104**	**<u>0.0214</u>**

注：根据《中国地区投入产出表（2007）》计算。加粗且带下画线数据为该行业需求最大的服务业行业，加粗未带下画线数据为数值大于0.01的行业。

表 6-11 列出了东部地区部分省市服务业对服务业的直接消耗系数。北京服务业对自身需求较为均衡。上海生产性服务业对两类服务业需求次序分别是商务业、物流业、信息业、金融业和科技业，商贸业、地产业、文体业和家政业；非生产性服务业对两类服务业需求次序为金融业、商务业、信息业、物流业和科技业，商贸业、地产业、文体业和家政业。江苏和广东类似，生产性服务业需求较多的分别是金融业、物流业、商务业和信息业，商贸业和地产业；非生产性服务业需求较多的是物流业、商务业和金融业，商贸业、地产业和家政业。

表 6-11　东部地区部分省市服务业对服务业的直接消耗系数

需求产业	服务业	北京	上海	江苏	广东
生产性服务业	物流业	0.0581	0.0917	0.0390	0.0324
	金融业	0.0268	0.0685	<u>0.0403</u>	<u>0.0959</u>
	信息业	0.0466	0.0849	0.0164	0.0281
	科技业	0.0201	0.0034	0.0053	0.0009
	商务业	0.0678	0.1089	0.0305	0.0327
	商贸业	0.0527	0.0361	0.0416	0.0314
	家政业	0.0041	0.0013	0.0125	0.0031
	文体业	0.0180	0.0079	0.0042	0.0028
	地产业	0.0153	0.0181	0.0128	0.0112
非生产性服务业	物流业	0.0275	0.0273	<u>0.0289</u>	0.0220
	金融业	0.0429	<u>0.0711</u>	0.0227	0.0372
	信息业	0.0106	0.0442	0.0059	0.0057
	科技业	0.0086	0.0004	0.0017	0.0003
	商务业	0.1006	0.0588	0.0275	<u>0.0519</u>
	商贸业	0.0404	0.0554	0.0241	0.0264
	家政业	0.0122	0.0025	0.0134	0.0100
	文体业	0.0189	0.0046	0.0049	0.0023
	地产业	0.0216	0.0282	0.0148	<u>0.0334</u>

注：根据《中国地区投入产出表（2007）》计算。加粗且带下画线数据为该行业需求最大的服务业行业，加粗未带下画线数据为数值大于 0.01 的行业。

图 6-3 显示了东部地区部分省市各行业对服务业的直接消耗系数综合图。很明显，东部地区最发达的省市各行业对服务业的需求并不均衡。其中，上海市除了科技业，其他服务业的需求较为均衡。与国家情况类似，东部部分省市各行业对物流业和商贸业的需求最为强烈，其次是商务业和金融业。

从以上分析可以看出，我国东部省市作为发展前沿，与发达国家仍有很大差距。第一表现在对服务业需求的不均衡方面，第二体现在高技术和中高技术制造业对科技业和信息业需求并不显著。各类制造业对金融业需求也不显著，其他产业，包括服务业自身对物流业需求最为显著。

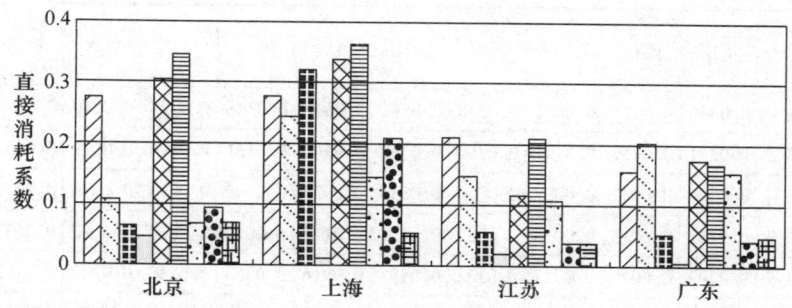

第六章 基于城镇化发展视角的西部地区服务业集聚适度水平分析 ·181·

图6-3 东部地区部分省市各行业对服务业的直接消耗系数综合图

三 西部地区对服务业的需求分析及比较

表6-12列示了西部地区省（市、自治区）的农业矿业、水电煤气供应业和建筑业对服务业的直接消耗系数。从表中可以看出，西部地区农业矿业、水电煤气供应业和建筑业需求最大的基本是物流业和商贸业，除宁夏以外，直接消耗系数都超过了0.01。水电煤气供应业和建筑业对金融和商务业需求也较为明显。其中金融业的直接消耗系数都超过了0.01，除四川和内蒙古以外，对商务业的直接消耗系数也都超过了0.01。

表6-12 西部地区省（市、自治区）的农业矿业、水电煤气供应业和建筑业对服务业的直接消耗系数

终端产业	服务业	重庆	四川	内蒙古	宁夏	云南	新疆	陕西	广西	甘肃	贵州
农业矿业	物流业	**0.0134**	**0.0204**	**0.0586**	**0.0279**	**0.0197**	**0.0232**	**0.0116**	**0.0160**	**0.0109**	**0.0615**
	金融业	0.0020	0.0083	0.0081	0.0060	0.0034	0.0034	0.0075	0.0056	0.0067	0.0054
	信息业	0.0006	0.0027	0.0013	0.0041	0.0003	0.0011	0.0013	0.0027	0.0014	0.0013
	科技业	0.0005	0.0014	0.0023	0.0008	0.0018	0.0031	0.0009	0.0006	0.0003	0.0001
	商务业	0.0006	0.0029	0.0018	0.0075	0.0047	0.0065	0.0034	0.0017	0.0029	0.0052
	商贸业	**0.0576**	**0.0297**	**0.0447**	0.0061	**0.0290**	**0.0162**	0.0035	**0.0197**	0.0055	**0.0284**
	家政业	0.0015	0.0068	**0.0208**	**0.0067**	0.0041	0.0029	**0.0795**	0.0038	**0.0061**	0.0091
	文体业	0.0001	0.0005	0.0005	0.0006	0.0004	0.0006	0.0005	0.0001	0.0007	0.0006
	地产业	0.0000	0.0001	0.0010	0.0003	0.0000	0.0002	0.0003	0.0001	0.0002	0.0001

续表

终端产业	服务业	重庆	四川	内蒙古	宁夏	云南	新疆	陕西	广西	甘肃	贵州
水电煤气供应业和建筑业	物流业	**0.0340**	0.0178	**0.0661**	**0.0338**	**0.0562**	**0.0646**	**0.0348**	**0.0425**	0.0269	0.0390
	金融业	**0.0251**	0.0177	**0.0111**	**0.0260**	**0.0382**	**0.0160**	**0.0151**	**0.0194**	0.0099	**0.0432**
	信息业	0.0079	0.0047	0.0007	0.0059	0.0055	0.0022	0.0002	0.0085	0.0019	0.0012
	科技业	**0.0152**	0.0015	0.0016	0.0087	0.0014	**0.0173**	0.0012	0.0008	0.0082	0.0037
	商务业	**0.0202**	0.0040	0.0041	**0.0121**	**0.0191**	**0.0916**	**0.0363**	**0.0140**	**0.0293**	0.0173
	商贸业	**0.0200**	**0.0606**	**0.0316**	**0.0103**	**0.0340**	**0.0158**	0.0017	**0.0494**	0.0061	**0.0342**
	家政业	0.0081	0.0044	0.0060	**0.0121**	0.0031	**0.0194**	**0.0041**	0.0024	**0.0066**	**0.0122**
	文体业	0.0008	0.0013	0.0011	0.0011	0.0004	0.0014	0.0006	0.0014	0.0014	0.0012
	地产业	0.0011	0.0001	0.0001	0.0002	0.0061	0.0001	0.0001	0.0003	0.0001	0.0002

注：根据《中国地区投入产出表（2007）》计算，西藏、青海因数据不可得未列入。加粗且带下画线数据为该行业需求最大的服务业行业，加粗未带下画线数据为数值大于0.01的行业。

表 6-13 列出了西部地区省（市、自治区）制造业对服务业的直接消耗系数。与表 6-12 类似，西部地区制造业需求最大的都是物流业。多数省（市、自治区）的高技术制造业和中高技术制造业对商务业需求也很大，金融业也属于制造业需求较大的生产性服务业。

表 6-13 西部地区省（市、自治区）制造业对服务业的直接消耗系数

制造业	服务业	重庆	四川	内蒙古	宁夏	云南	新疆	陕西	广西	甘肃	贵州
高技术制造业	物流业	**0.0268**	**0.0176**	**0.0356**	**0.0406**	**0.0238**	**0.0280**	**0.0122**	**0.0143**	**0.0162**	**0.0291**
	金融业	0.0093	0.0062	0.0012	**0.0146**	**0.0309**	**0.0199**	**0.0115**	0.0081	**0.0102**	0.0027
	信息业	0.0016	0.0051	0.0005	**0.0120**	**0.0252**	0.0031	0.0015	0.0019	0.0023	0.0043
	科技业	0.0046	0.0087	0.0010	0.0081	0.0297	**0.0119**	0.0060	0.0031	0.0037	0.0059
	商务业	**0.0132**	**0.0100**	0.0075	**0.0774**	**0.0300**	**0.0285**	**0.0104**	**0.0130**	**0.0193**	**0.0647**
中高技术制造业	物流业	**0.0176**	**0.0233**	**0.0705**	**0.0386**	**0.0504**	**0.0563**	**0.0181**	**0.0228**	**0.0203**	**0.0518**
	金融业	0.0073	**0.0183**	0.0095	0.0087	**0.0254**	**0.0248**	0.0087	0.0076	0.0088	**0.0144**
	信息业	0.0012	0.0044	0.0006	0.0044	**0.0240**	0.0014	0.0014	0.0014	0.0023	0.0030
	科技业	0.0013	0.0067	0.0026	0.0024	0.0066	0.0021	0.0040	0.0035	0.0061	0.0037
	商务业	**0.0100**	0.0083	**0.0044**	**0.0181**	**0.0320**	**0.0227**	**0.0131**	**0.0134**	**0.0179**	**0.0158**

第六章 基于城镇化发展视角的西部地区服务业集聚适度水平分析 ·183·

续表

制造业	服务业	重庆	四川	内蒙古	宁夏	云南	新疆	陕西	广西	甘肃	贵州
中低技术制造业	物流业	**0.0181**	**0.0373**	**0.0836**	**0.0978**	**0.0606**	**0.0417**	**0.0091**	**0.0256**	**0.0132**	**0.0647**
	金融业	0.0067	**0.0200**	0.0095	**0.0139**	**0.0286**	0.0047	0.0067	**0.0103**	**0.0115**	**0.0205**
	信息业	0.0009	0.0025	0.0004	0.0032	**0.0130**	0.0004	0.0007	0.0009	0.0006	0.0006
	科技业	0.0006	0.0031	0.0003	0.0005	0.0015	0.0020	0.0031	0.0009	0.0023	0.0008
	商务业	0.0022	0.0049	0.0010	**0.0103**	0.0072	0.0059	0.0044	0.0030	0.0031	0.0031
低技术制造业	物流业	**0.0244**	**0.0245**	**0.0405**	**0.0211**	**0.0324**	**0.0490**	**0.0175**	**0.0208**	**0.0248**	**0.0232**
	金融业	0.0088	**0.0128**	**0.0125**	**0.0261**	0.0079	**0.0127**	**0.0110**	**0.0116**	0.0058	0.0089
	信息业	0.0016	0.0045	0.0006	0.0039	0.0049	0.0014	0.0012	0.0044	0.0010	0.0011
	科技业	0.0004	0.0016	0.0006	0.0004	0.0033	0.0006	0.0007	0.0011	0.0004	0.0006
	商务业	0.0072	0.0082	**0.0128**	0.0086	0.0075	**0.0252**	**0.0103**	0.0054	0.0045	**0.0225**

注：根据《中国地区投入产出表（2007）》计算，西藏、青海因数据不可得未列入。加粗且带下画线数据为该类制造业需求最大的服务业行业，加粗未带下画线数据为数值大于0.01的行业。

表6-14给出了西部地区各省（市、自治区）的服务业对服务业的直接消耗系数。表中数据显示，服务业对自身的需求基本集中在物流业、金融业、商贸业、信息业以及商务业。

表6-14 西部地区各省（市、自治区）的服务业对服务业的直接消耗系数

需求产业	服务业	重庆	四川	内蒙古	宁夏	云南	新疆	陕西	广西	甘肃	贵州
生产性服务业	物流业	0.0441	0.0522	**0.0715**	**0.0547**	0.0431	0.0360	**0.0439**	0.0507	**0.0349**	0.0352
	金融业	**0.0763**	**0.0557**	0.0350	0.0324	0.0243	0.0486	0.0364	0.0473	0.0229	**0.1337**
	信息业	0.0182	0.0438	0.0122	0.0388	0.0486	0.0188	0.0257	0.0275	0.0264	0.0234
	科技业	0.0011	0.0046	0.0003	0.0001	0.0004	0.0004	0.0012	0.0005	0.0004	0.0005
	商务业	0.0178	0.0276	0.0134	0.0176	**0.0521**	**0.0963**	0.0215	0.0240	0.0186	0.0233
	商贸业	**0.0500**	**0.0734**	0.0716	**0.0841**	0.0668	0.0546	0.0538	0.0413	0.0352	0.0513
	家政业	0.0115	0.0309	0.0079	0.0110	0.0123	0.0096	0.0150	0.0101	0.0116	0.0127
	文体业	0.0031	0.0072	0.0037	0.0038	0.0069	**0.0104**	0.0070	0.0061	0.0052	0.0044
	地产业	0.0058	0.0043	0.0079	0.0100	0.0129	0.0360	0.0199	0.0107	0.0079	0.0053

续表

需求产业	服务业	重庆	四川	内蒙古	宁夏	云南	新疆	陕西	广西	甘肃	贵州
非生产性服务业	物流业	**0.0410**	**0.0910**	0.0255	**0.0397**	**0.0357**	**0.0450**	0.0398	**0.0291**	**0.0395**	**0.0458**
	金融业	**0.0189**	**0.0296**	**0.0312**	0.0226	0.0188	0.0265	**0.0422**	0.0197	0.0372	0.0209
	信息业	0.0042	0.0087	0.0032	0.0272	0.0164	0.0043	0.0033	0.0043	0.0065	0.0058
	科技业	0.0001	0.0024	0.0000	0.0000	0.0004	0.0000	0.0000	0.0001	0.0000	0.0001
	商务业	**0.0216**	**0.0197**	**0.0202**	**0.0320**	**0.0296**	**0.0343**	**0.0313**	**0.0270**	0.0108	**0.0272**
	商贸业	**0.0531**	**0.0500**	**0.0599**	**0.0295**	**0.0328**	**0.0370**	**0.0193**	**0.0242**	**0.0246**	**0.0604**
	家政业	**0.0160**	**0.0163**	**0.0307**	**0.0256**	**0.0101**	0.0079	0.0090	0.0067	0.0082	**0.0158**
	文体业	0.0024	0.0066	0.0045	0.0062	0.0021	0.0036	0.0027	0.0043	0.0103	0.0057
	地产业	**0.0133**	0.0069	**0.0188**	**0.0150**	**0.0151**	**0.0124**	**0.0183**	**0.0137**	0.0072	**0.0220**

注：根据《中国地区投入产出表（2007）》计算，西藏、青海因数据不可得未列入。加粗且带下画线数据为该类制造业需求最大的服务业行业，加粗未带下画线数据为数值大于0.01的行业。

上述分析显示，西部地区各类产业对服务业的需求与其在中国的表现较为一致：对物流业需求显著。原因主要在于：西部地区承接产业转移，正处于工业化转型时期，国民经济总量中实物产品及其衍生的交易运输量仍占大多数。另外一个重要原因在于西部地区交通基础设施和服务欠发达，交通基础设施成为制约经济发展的主要"瓶颈"。

图6-4是西部地区省（市、自治区）各行业对服务业的直接消耗系数综合图。很明显，与东部省（市、自治区）相比，除了上海，各行业对服务业的需求较为类似。重庆、四川和内蒙古各行业对商贸业、物流业、金融业和家政业的直接消耗系数都超过了0.1，需求较高。宁夏、云南、新疆和陕西对商贸业、物流业、金融业、商务业和家政业的直接消耗系数超过了0.1，需求较高。广西对商贸业、物流业和金融业直接消耗系数超过了0.1，需求较高。

与发达国家相比，中国西部地区各省（市、自治区）同东部省市类似，各行业对服务业的需求极不均衡。各行业对科技业、信息业，以及除商贸业以外的其他非生产性服务业的直接消耗系数偏低。从以上分析可以看出，中国西部省（市、自治区）目前行业发展与发达国家具有很大的差距。除了对服务业需求的不均衡之外，还体现在制造业对科技业和信息业的需求不显著。

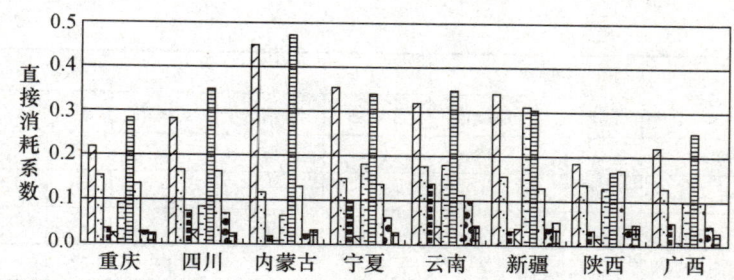

第六章 基于城镇化发展视角的西部地区服务业集聚适度水平分析 ·185·

图6-4 西部地区省（市、自治区）各行业对服务业的直接消耗系数综合图

第三节 西部地区城镇化进程中服务业集聚适宜水平预估

一 服务业集聚适宜水平总体预估

随着经济发展水平的提高，特别是以人均GDP为主要指标进行衡量时，产业结构也从低级阶段向高级阶段演进。一方面，产业结构的变化是经济发展的结果；另一方面，经济发展需要产业结构的积极调整。服务业作为三次产业的重要组成部分，区域集聚对调整产业结构具有重大作用。我们的目标是使区域产业结构向着更有利于经济发展的方向转变，那么，服务业集聚程度达到什么程度才能使产业结构达到最优呢？

表6-15 西部地区县级以上行政区划数量

省级区划名称	地级		县级				
	区划数	地级市	区划数	市辖区	县级市	县	自治县
重庆市			38	17		17	4
四川省	21	18	181	43	14	120	4
贵州省	9	4	88	10	9	56	11
云南省	16	8	129	12	11	77	29
西藏自治区	7	1	73	1	1	71	
陕西省	10	10	107	24	3	80	

续表

省级区划名称	地级		县级				
	区划数	地级市	区划数	市辖区	县级市	县	自治县
甘肃省	14	12	86	17	4	58	7
青海省	8	1	43	4	2	30	7
宁夏回族自治区	5	5	22	9	2	11	
新疆维吾尔自治区	14	2	98	11	19	62	6
内蒙古自治区	12	9	101	21	11	17	
广西壮族自治区	14	14	109	34	7	56	12
合计	130	84	1075	203	83	655	80

注：数据来源为《中国统计年鉴（2011）》，重庆市数据为2012年最新数据。

西部地区包括重庆、四川、贵州、云南、西藏、陕西、甘肃、宁夏、青海、新疆、内蒙古和广西十二个省（市、自治区）[参见《国务院关于实施西部大开发若干政策措施的通知（国发[2000]33号）》]，共计130余个地级行政区域，1000余个县级行政区域。区域幅员辽阔，地形复杂，自然资源特别丰富。由于天然禀赋不同，对于服务业集聚的适度水平应根据具体情况区别分析。中国西部地区的经济发展水平和城镇化水平都比较低，从总体上看，服务业集聚始终都要以服务制造业为主。一般城市往往追求各个产业协调发展，服务业集聚主要表现为生产性服务业和消费性服务业两个方面同时集聚；而矿产资源区则主要依靠对外输出资源为主要增长来源，所以其服务业集聚的意义不同于一般城市，且消费性服务业发展相对缓慢；富有旅游资源的地区，服务业则是推动城镇化的主导行业，其消费性服务业则呈现出明显的集聚发展态势。

从表6-16可以看到，西部各省（市、自治区）2011年实际生产总值增速普遍很高，平均超过11.11%，高于全国平均水平（全国为9.2%）。其中，第一产业稳中有降，第二产业增速极高，尤其是工业增加值，平均超过11.31%，重庆市的工业增加值增长尤为突出。从近三年平均值来看，西部地区实际生产总值增速达15.14%，也超过全国平均水平。其中，工业增加值的实际增速达16.51%，内蒙古、广西、重庆、四川、贵州、陕西和宁夏都超过了10%。2011年，西部地区第三产业增加值实际增速平均约为22.92%，近三年的均值约达到21.45%。其中，宁夏、陕西和贵州在2011年和近三年的实际增速都超过了30%，增长速度极快。由此可以预见，西部地区未来中短期，经济增长将以第二产业和第三产业

第六章 基于城镇化发展视角的西部地区服务业集聚适度水平分析

增加为主,第二产业巩固经济基础,第三产业助力经济快速发展。

表6-16　　　　　　　　西部地区实际生产总值增速　　　　　　单位:%

省(市、自治区)	2011年值					近三年平均值				
	地区总值	第一产业	第二产业	工业	第三产业	地区总值	第一产业	第二产业	工业	第三产业
内蒙古	12.80	6.32	16.89	15.73	39.86	18.95	8.63	23.28	23.55	32.67
广西	10.83	-0.24	13.99	11.61	6.36	14.46	5.58	17.84	16.41	10.66
重庆	14.89	6.08	47.53	49.12	17.38	18.03	9.99	41.17	42.54	18.45
四川	12.91	-4.92	18.37	17.78	17.19	16.29	2.57	22.92	22.89	17.39
贵州	11.26	0.85	9.05	4.88	35.78	15.37	7.29	14.79	12.22	30.58
云南	8.61	3.60	7.42	3.50	11.51	12.69	8.79	12.23	9.84	14.77
陕西	12.70	5.69	14.35	10.24	35.53	16.45	11.78	17.61	14.82	30.54
甘肃	8.45	7.78	7.83	2.37	8.53	11.42	11.05	11.14	7.43	11.55
宁夏	14.04	6.16	15.56	7.68	43.99	19.41	11.67	19.95	14.78	34.64
新疆	4.63	9.95	-4.02	-9.81	13.03	8.29	9.28	4.20	0.59	13.28
均值	11.11	4.13	14.70	11.31	22.92	15.14	8.66	18.51	16.51	21.45

结合西部各省(市、自治区)实际经济增长速度,比照东部各省市及发达国家发展先例,预估得到的2015年至2024年服务业直接消耗系数平均值如表6-17所示。

表6-17　　西部地区省(市、自治区)2015—2024年各行业对
服务业直接消耗系数平均值预估

服务业	重庆	四川	内蒙古	宁夏	云南	新疆	陕西	广西
物流业	**<u>0.1945</u>**	**<u>0.2072</u>**	0.3565	0.3111	0.3051	0.3448	**<u>0.1866</u>**	**<u>0.2277</u>**
金融业	0.1847	0.1967	0.2722	0.2375	0.2329	0.2632	0.1771	0.2162
信息业	0.0583	0.0621	0.1932	0.1686	0.1653	0.1868	0.0559	0.0682
科技业	0.0150	0.0159	0.0346	0.0302	0.0296	0.0334	0.0144	0.0175
商务业	0.1545	0.1646	**0.3620**	0.3159	0.3098	**0.3501**	0.1482	0.1809
商贸业	**<u>0.1988</u>**	**0.2119**	**0.3195**	**0.3660**	**0.3590**	**0.3656**	**<u>0.1907</u>**	**<u>0.2328</u>**
家政业	0.1371	0.1461	0.1843	0.1608	0.1577	0.1782	0.1315	0.1605
文体业	0.1023	0.0945	0.0673	0.0586	0.0961	0.0725	0.1006	0.0895
地产业	0.0470	0.0500	0.0829	0.0723	0.0709	0.0801	0.0450	0.0550

注:加粗且带下画线数据为该行业需求最大的服务业行业,加粗未带下画线数据为数值大于0.30的行业。这个标识与前面各节次表格有所不同。

从表 6-17 中可以看到，2015 年至 2024 年，西部地区省（市、自治区）各行业对服务业的需求主要集中在物流业和商贸业，其中商务业有所增加。但是，总体来看，物流业的直接消耗系数大幅度降低，平均降低到 0.2667，而其他服务业有所提高。具体表现为西部地区交通基础设施得到进一步加强，运输企业增加，物流成本降低。在城镇化进程中，产业发展的物流"瓶颈"得以疏通，贸易渠道和物流平台发展顺畅。金融业、家政业的直接消耗系数有所提高，平均分别达到 0.2226 和 0.1570。具体体现为对内和对外贸易高速增加，企业融资、结算平台需求增强，区域投资规模大幅增长；居民生活水平显著提高，对生活品质要求更为精细，教育、医疗、家庭服务、个人护理等需求进一步加大。相对于其他服务业来说，文体业的直接消耗系数显著增加，平均达到 0.0852。

二 服务业集聚适宜水平分行业预估

本节从两个角度入手探讨非生产性服务业和生产性服务业集聚的适宜水平：一是未来西部地区各省（市、自治区）城镇人口集中程度；二是未来西部地区各省（市、自治区）产业发展状况。

（一）人口城镇化对非生产性服务业集聚需求的适度水平

西部地区的农业劳动者占总人口的比重较高，农业劳动者所生产的超过自己消费的农产品的数量，是城镇兴起和存在的一般前提。在生产力低下的古代社会，这个制约因素实际上是城镇发展的动因。随着科技的进步和生产力水平的提高，城镇化的动力因素发生变化。

城镇人口增加的驱动力主要包含两个因素：产业和贸易的需求、城镇便利生活的吸引。在农业技术足以使每个农业劳动者生产出能供养十几人乃至几十人的农产品的今天，城镇化进程主要取决于工业化和在工业化基础上发展起来的第三产业。城镇普遍具有区位优势和基础设施优势，第二、第三产业需要利用这种优势并产生集聚效益，从而促使人口向城镇集中。

西部部分省（市、自治区）2015—2024 年预估的人口城镇化率如表 6-18 所示，随着城镇人口高度集聚，城镇化程度进一步提升，加大了对非生产性服务业的需求，特别是综合超市、购物中心、批发市场以及住宿餐饮服务。生活层次的提高，使得居民对教育、养老、陪护、家务等服务提出了更多的需求。同时，地产业、旅游业、文化体育和娱乐业的发展也达到一个较高的水平，服务需求量也将逐步增多。结合西部各省（市、自治区）预估城镇化率，以东部沿海省（市）平均值为参考标准，根据产业消耗系数，倒算出来各类非生产性服务业的产业增加值，来预估西部各省（市、自治区）非生产性服务业的集聚水平，如表 6-18 至表 6-22 所示。

表 6-18　西部部分省（市、自治区）2015—2024 年预估的人口城镇化率

年份	内蒙古	广西	重庆	四川	贵州	云南	陕西	甘肃	宁夏	新疆
2015	28.65	35.27	46.77	38.05	36.28	28.28	33.61	31.71	33.47	21.84
2016	27.78	35.68	48.24	38.82	36.82	28.43	36.69	34.58	33.96	24.25
2017	28.18	36.51	49.94	40.25	38.45	28.63	37.79	35.52	36.16	24.76
2018	28.45	37.85	51.36	41.35	40.42	29.62	38.84	37.96	37.41	25.38
2019	29.15	40.42	56.64	44.69	43.30	30.90	40.91	37.25	37.93	25.77
2020	34.09	41.26	52.52	46.48	43.02	32.61	41.25	37.77	39.82	26.38
2021	30.30	40.97	61.55	48.58	42.59	34.29	43.40	38.93	39.54	27.35
2022	31.64	41.12	63.71	48.95	42.88	36.03	44.54	39.90	39.11	29.48
2023	33.13	41.80	65.77	49.05	43.77	37.14	44.62	40.32	43.63	30.69
2024	33.84	44.86	67.35	50.24	44.82	38.86	46.36	42.39	43.37	32.09

注：城镇化率计算方法为非农业就业人口除以总人口；估算方法为 2000 年至 2011 年数据自回归预测。

表 6-19　西部地区省（市、自治区）2015—2024 年商贸业区位熵预估

年份	内蒙古	广西	重庆	四川	贵州	云南	陕西	甘肃	宁夏	新疆
2015	0.48	0.59	0.79	0.69	0.60	0.47	0.56	0.53	0.56	0.36
2016	0.46	0.59	0.85	0.72	0.61	0.47	0.61	0.58	0.57	0.40
2017	0.47	0.61	0.93	0.77	0.64	0.48	0.63	0.59	0.60	0.41
2018	0.47	0.63	0.96	0.87	0.67	0.49	0.65	0.63	0.62	0.42
2019	0.49	0.67	1.10	0.91	0.72	0.52	0.67	0.64	0.63	0.43
2020	0.57	0.69	1.18	0.97	0.72	0.54	0.69	0.63	0.66	0.44
2021	0.51	0.68	1.23	1.08	0.71	0.57	0.72	0.65	0.66	0.46
2022	0.53	0.69	1.26	1.12	0.71	0.60	0.74	0.67	0.65	0.49
2023	0.55	0.70	1.30	1.18	0.73	0.64	0.74	0.67	0.73	0.51
2024	0.56	0.75	1.32	1.20	0.75	0.65	0.77	0.71	0.72	0.53

注：区位熵根据各省（市、自治区）商贸业预计增加值与全省（市、自治区）GDP 产业除以全国该指标。

表6-20　西部地区（市、自治区）市2015—2024年家政业区位熵预估

年份	内蒙古	广西	重庆	四川	贵州	云南	陕西	甘肃	宁夏	新疆
2015	0.16	0.20	0.26	0.21	0.20	0.16	0.19	0.18	0.19	0.12
2016	0.15	0.20	0.27	0.22	0.20	0.16	0.20	0.19	0.19	0.13
2017	0.16	0.20	0.28	0.22	0.21	0.16	0.21	0.20	0.20	0.14
2018	0.16	0.21	0.29	0.23	0.22	0.16	0.22	0.21	0.21	0.14
2019	0.16	0.22	0.31	0.25	0.24	0.17	0.23	0.21	0.21	0.14
2020	0.19	0.23	0.29	0.26	0.23	0.18	0.23	0.21	0.22	0.15
2021	0.17	0.23	0.34	0.27	0.24	0.19	0.24	0.22	0.22	0.15
2022	0.18	0.23	0.35	0.27	0.24	0.20	0.25	0.22	0.22	0.16
2023	0.18	0.23	0.37	0.27	0.24	0.21	0.25	0.22	0.24	0.17
2024	0.19	0.25	0.37	0.28	0.25	0.22	0.26	0.24	0.24	0.18

注：区位熵根据各省（市、自治区）家政业预计增加值与全省（市、自治区）GDP产业除以全国该指标。

表6-21　西部地区省（市、自治区）2015—2024年文体业区位熵预估

年份	内蒙古	广西	重庆	四川	贵州	云南	陕西	甘肃	宁夏	新疆
2015	0.24	0.29	0.39	0.32	0.30	0.24	0.28	0.26	0.28	0.18
2016	0.23	0.30	0.40	0.32	0.31	0.24	0.31	0.29	0.28	0.20
2017	0.23	0.30	0.42	0.34	0.32	0.24	0.31	0.30	0.30	0.21
2018	0.24	0.32	0.43	0.34	0.34	0.25	0.32	0.32	0.31	0.21
2019	0.24	0.34	0.47	0.37	0.36	0.26	0.34	0.31	0.32	0.21
2020	0.28	0.34	0.44	0.39	0.36	0.27	0.34	0.31	0.33	0.22
2021	0.25	0.34	0.51	0.40	0.35	0.29	0.36	0.32	0.33	0.23
2022	0.26	0.34	0.53	0.41	0.30	0.37	0.33	0.33	0.25
2023	0.28	0.35	0.55	0.41	0.36	0.31	0.37	0.34	0.36	0.26
2024	0.28	0.37	0.56	0.42	0.37	0.32	0.39	0.35	0.36	0.27

注：区位熵根据各省（市、自治区）文化体育和娱乐业预计增加值与全省（市、自治区）GDP产业除以全国该指标。

表6-22　西部地区省（市、自治区）2015—2024年地产业区位熵预估

年份	内蒙古	广西	重庆	四川	贵州	云南	陕西	甘肃	宁夏	新疆
2015	0.29	0.36	0.48	0.39	0.37	0.29	0.34	0.32	0.34	0.22
2016	0.28	0.36	0.49	0.40	0.38	0.29	0.37	0.35	0.35	0.25
2017	0.29	0.37	0.51	0.41	0.39	0.29	0.39	0.36	0.37	0.25
2018	0.29	0.39	0.52	0.42	0.41	0.30	0.40	0.37	0.38	0.26
2019	0.30	0.41	0.58	0.46	0.44	0.32	0.42	0.38	0.39	0.26
2020	0.35	0.42	0.54	0.47	0.44	0.33	0.42	0.39	0.41	0.27
2021	0.31	0.42	0.63	0.50	0.43	0.35	0.44	0.40	0.40	0.28
2022	0.32	0.42	0.65	0.50	0.44	0.37	0.45	0.41	0.42	0.30
2023	0.34	0.43	0.67	0.52	0.45	0.38	0.46	0.41	0.45	0.31
2024	0.35	0.46	0.69	0.52	0.46	0.40	0.47	0.43	0.44	0.33

注：区位熵根据各省（市、自治区）房地产业预计增加值与全省（市、自治区）GDP产业除以全国该指标。

表6-18至表6-22包含西部地区人口城镇化对于商贸业、家政业、文体业和房地产业的集聚需求预估值。预估值是各产业的区位熵，既表明了发展速度，也包含了西部各省（市、自治区）服务业发展状况在全国的整体占比情况。

从表中可以看出，商贸业是人口城镇化需求最大的行业。其中，重庆、四川两省对商贸业的集聚需求程度上升较快。到2021年左右，两省商贸业的区位熵将超过1.00，也就是说，只有商贸业的集聚度超过1.00才能满足居民的生活需求。广西、贵州、陕西、甘肃和宁夏的商贸业集聚需求也进一步加大，相对来说，内蒙古和新疆两省（自治区）的商贸业需求增加幅度较小。另外，西部地区房地产业的集聚度将迅速增加，城镇居民对房地产中介、家居装修、房屋修缮等服务的需求增量也较为明显。

（二）产业发展对生产性服务业集聚需求的适度水平

西部地区在部门生产要素，包括天然资源和基础劳动力资源方面具有发展优势，但是在人力资本、知识资源和基础设施等方面投入明显不足。西部大开发战略实施以来，特色优势产业发展以及产业结构优化一直是各级政府关注的工作重点之一，西部地区发展，应该加强优势资源开发与利用，培育有特色的高新技术及军转民技术产业化项目，特别是农业和中低技术制造业。

中央关于开发西部的各类规划也提出，应密切结合西部地区资源特点和产业优势，以市场为导向，积极发展能源、矿业、机械、旅游、特色农业、中药材加工等优势产业，逐步将西部地区建设成为全国能源、矿产资源主要接替区；合理调整全国产业分工格局，支持西部地区具备基本条件的地区发展资源深加工项目，由国家投资或需要国家批准的重点项目，只要西部地区有优势资源、有市场，就优先安排在西部地区。

使用上一部分类似的方法，以东部沿海省（市、自治区）平均值为参考标准，根据农业矿业、水电煤气供应业、制造业等产业消耗系数，倒算出来各类非生产性服务业的产业增加值，最后预估西部各省（市、自治区）非生产性服务业的集聚水平，如表6-23至表6-27所示。

表6-23　西部地区省（市、自治区）2015—2024年物流业区位熵预估

年份	内蒙古	广西	重庆	四川	贵州	云南	陕西	甘肃	宁夏	新疆
2015	0.19	0.36	1.04	0.79	0.42	0.26	0.75	0.86	0.51	0.64
2016	0.19	0.36	1.21	1.02	0.42	0.26	0.82	0.93	0.52	0.71
2017	0.19	0.37	1.39	1.06	0.44	0.26	0.99	0.96	0.56	0.73
2018	0.19	0.39	2.14	1.72	0.46	0.27	1.02	1.03	0.58	0.75
2019	0.19	0.41	2.36	1.86	0.50	0.28	1.08	1.01	0.62	0.76
2020	0.23	0.42	2.92	1.94	0.57	0.30	1.09	1.80	0.66	1.15
2021	0.20	0.42	3.42	2.43	0.57	0.31	1.81	1.85	0.66	1.19
2022	0.21	0.42	6.37	4.08	0.71	0.33	1.86	1.90	0.65	1.18
2023	0.22	0.43	6.58	4.09	0.88	0.34	1.86	1.92	0.73	1.23
2024	0.23	0.46	6.74	4.21	0.90	0.35	1.93	2.02	0.72	1.28

注：区位熵根据各省（市、自治区）物流业预计增加值与全省（市、自治区）GDP产业除以全国该指标。

表6-24　西部地区省（市、自治区）2015—2024年金融业区位熵预估

年份	内蒙古	广西	重庆	四川	贵州	云南	陕西	甘肃	宁夏	新疆
2015	0.07	0.19	0.47	0.26	0.19	0.13	0.23	0.23	0.18	0.19
2016	0.07	0.19	0.49	0.26	0.20	0.14	0.25	0.25	0.18	0.21
2017	0.07	0.19	0.58	0.37	0.21	0.14	0.36	0.26	0.20	0.22
2018	0.07	0.20	0.60	0.38	0.22	0.14	0.37	0.28	0.20	0.22
2019	0.07	0.21	0.63	0.41	0.23	0.15	0.39	0.27	0.23	0.23

续表

年份	内蒙古	广西	重庆	四川	贵州	云南	陕西	甘肃	宁夏	新疆
2020	0.09	0.22	0.58	0.34	0.23	0.16	0.33	0.24	0.22	0.21
2021	0.08	0.22	0.68	0.35	0.24	0.16	0.35	0.25	0.22	0.22
2022	0.08	0.22	0.53	0.35	0.25	0.16	0.36	0.25	0.22	0.24
2023	0.08	0.22	0.55	0.33	0.22	0.17	0.36	0.26	0.24	0.25
2024	0.09	0.24	0.56	0.34	0.23	0.18	0.37	0.27	0.24	0.26

注：区位熵根据各省（市、自治区）金融业预计增加值与全省（市、自治区）GDP产业除以全国该指标。

表6-25 西部地区省（市、自治区）2015—2024年信息业区位熵预估

年份	内蒙古	广西	重庆	四川	贵州	云南	陕西	甘肃	宁夏	新疆
2015	0.10	0.25	0.64	0.35	0.26	0.18	0.31	0.31	0.25	0.26
2016	0.10	0.26	0.66	0.36	0.27	0.18	0.34	0.34	0.25	0.29
2017	0.10	0.26	0.79	0.51	0.28	0.19	0.49	0.35	0.27	0.29
2018	0.10	0.27	0.81	0.52	0.29	0.19	0.50	0.38	0.27	0.30
2019	0.10	0.29	0.85	0.56	0.31	0.20	0.53	0.37	0.31	0.31
2020	0.12	0.29	0.79	0.46	0.31	0.21	0.45	0.33	0.30	0.30
2021	0.11	0.29	0.93	0.48	0.33	0.21	0.47	0.34	0.30	0.30
2022	0.11	0.29	0.72	0.48	0.33	0.22	0.48	0.35	0.30	0.33
2023	0.12	0.30	0.74	0.45	0.30	0.23	0.48	0.35	0.33	0.34
2024	0.12	0.32	0.76	0.46	0.31	0.24	0.50	0.37	0.33	0.35

注：区位熵根据各省（市、自治区）信息业预计增加值与全省GDP产业除以全国该指标。

表6-26 西部地区省（市、自治区）2015—2024年科技业区位熵预估

年份	内蒙古	广西	重庆	四川	贵州	云南	陕西	甘肃	宁夏	新疆
2015	0.30	0.75	1.89	1.04	0.78	0.54	0.94	0.94	0.73	0.77
2016	0.29	0.76	1.97	1.06	0.80	0.55	1.02	1.02	0.74	0.86
2017	0.29	0.78	2.35	1.51	0.83	0.55	1.45	1.05	0.79	0.88
2018	0.29	0.80	2.41	1.55	0.87	0.57	1.49	1.12	0.82	0.90
2019	0.30	0.86	2.54	1.67	0.94	0.59	1.57	1.10	0.93	0.91
2020	0.35	0.88	2.36	1.36	0.93	0.63	1.33	0.97	0.89	0.87
2021	0.31	0.87	2.76	1.42	0.98	0.63	1.40	1.00	0.89	0.90
2022	0.33	0.87	2.14	1.43	0.99	0.66	1.44	1.03	0.88	0.97
2023	0.34	0.89	2.21	1.34	0.91	0.68	1.44	1.04	0.98	1.01
2024	0.35	0.95	2.27	1.38	0.93	0.71	1.50	1.09	0.97	1.05

注：区位熵根据各省（市、自治区）科技产业预计增加值与全省（市、自治区）GDP产业除以全国该指标。

表 6-27　西部地区省（市、自治区）2015—2024 年商务业区位熵预估

年份	内蒙古	广西	重庆	四川	贵州	云南	陕西	甘肃	宁夏	新疆
2015	0.37	0.69	1.73	0.95	0.72	0.50	0.86	0.86	0.67	0.71
2016	0.36	0.69	1.80	0.97	0.73	0.50	0.94	0.93	0.68	0.79
2017	0.37	0.71	2.15	1.38	0.76	0.50	1.33	0.96	0.72	0.80
2018	0.37	0.74	2.21	1.42	0.80	0.52	1.37	1.02	0.75	0.82
2019	0.38	0.79	2.33	1.53	0.86	0.54	1.44	1.01	0.85	0.84
2020	0.44	0.80	2.16	1.25	0.85	0.57	1.22	0.89	0.82	0.79
2021	0.39	0.80	2.53	1.30	0.90	0.58	1.28	0.92	0.81	0.82
2022	0.41	0.80	1.96	1.31	0.91	0.61	1.32	0.94	0.80	0.89
2023	0.43	0.81	2.03	1.23	0.83	0.62	1.32	0.95	0.90	0.92
2024	0.44	0.87	2.08	1.26	0.85	0.65	1.37	1.00	0.89	0.97

注：区位熵根据各省（市、自治区）商务业预计增加值与全省（市、自治区）GDP 产业除以全国该指标。

表 6-23 至 6-27 包含西部地区农业矿业、水电煤气供应和建筑业、制造业，以及服务业自身发展对于物流业、金融业、信息产业、科技服务业、商务服务业等生产性服务业集聚需求的预估值。集聚度的预估值仍然使用各产业的区位熵来表示。

从表中可以看出，在西部地区城镇化进程中，与各类产业发展相适应的物流业需求程度最高。其中，重庆、四川、甘肃和陕西对物流业的需求最为迫切，这与这几个省（市）近年来产业布局的变化有重大关系。由于这一过程涉及大规模的货物流动，因而研究该地区物流产业的发展现状，以及该产业在西部开发中可能面临的新问题，对推进西部开发、增强西部企业竞争能力有重要的指导意义。发挥西部地区经济增长潜力，必须大力发展物流产业。加大物流产业的发展与投入，可以带动西部地区其他产业的发展，提高产业发展的关联效应，从整体上提高西部地区的产业层次。同时，可以提高西部地区的总体经济质量，加速西部地区资本、技术、信息、管理、人力等生产要素的流动与循环，提高生产与经营的效率与速率，从而激活整个市场。加快物流业发展，主要是加大铁路、公路等交通运输基础设施建设，加强仓储和物流平台建设。只有建设与国际市场接轨的物流服务体系，才能够更好地发挥西部地区的经济优势，加快城镇化进程。

科技业和商务业表现出相似的特点。西部地区未来十年的主导产业对研发试制、技术咨询等需求相对来说较低，而且相关高端产业是东部沿海部分省（市）着力发展的产业，因此，西部地区相关产业的增加值将在一定程度上被东部地区分流。

金融业和信息业的适宜水平在 2020 年之前将持续提高，但是之后的需求程度会逐步稳定，伴随小幅度衰减。金融业集聚度先升后降的原因在于信息和科技的发展，金融数字化使得金融市场不必局限于某一区位，这也是科技发展和产业高级化的趋势，而信息产业的市场份额将大部分归于东部沿海发达省市。

第四节 小 结

本章基于城镇化发展的视角，从人口集聚和产业发展两个角度出发，分析了服务业集聚适度性机理。在此基础上，采用直接消耗系数法，计算并比较了世界主要国家、我国东部部分省市以及西部省（市、自治区）各产业对服务业的内部需求，从而得出西部地区服务业集聚水平的需求差距。最后从宏观和中观层面预估了西部地区适应城镇化发展的服务业集聚适宜度。

目前西部地区省（市、自治区）行业发展与发达国家相比具有很大的差距，除了对服务业需求的不均衡之外，还体现在制造业对科技业和信息业的需求不显著。在与世界主要国家的比较中，西部地区各类产业对服务业的需求与其在中国的表现较为一致，即对物流业需求显著；同时与东部省市类似，各行业对服务业的需求极不均衡，各行业对科技业、信息业以及除商贸业以外的其他非生产性服务业的直接消耗系数偏低。

从西部地区适应城镇化发展的服务业集聚宏观适宜度预估情况来看，各行业对服务业的需求主要仍然集中在物流业和商贸业，其次为商务业，但物流业的直接消耗系数有大幅度降低，而金融业、家政业的直接消耗系数有所提高。具体表现为西部地区交通基础设施得到进一步加强，运输企业增加，物流成本降低；在城镇化进程中，产业发展的物流"瓶颈"得以疏通，贸易渠道和物流平台发展顺畅。同时对内和对外贸易高速增加，企业融资、结算平台需求增强，区域投资规模大幅增长；居民生活水平显著提高，对生活品质要求更为精细，教育、医疗、家庭服务、个人护理等需求进一步加大。

中观层面从两个角度来预估西部地区适应城镇化发展的服务业集聚水平。从未来西部地区各省（市、自治区）城镇人口集中程度角度来看，商贸业是人口城镇化需求最大的行业。另外，西部地区房地产业的集聚度将迅速增加，城镇居民对房地产中介、家居装修、房屋修缮等服务的需求增量也较为明显。从未来西部地区各省（市、自治区）产业发展状况来看，与各类产业发展相适应的物流业需求程度最高，金融业和信息业的适宜水平会先升高，逐步稳定后小幅度衰减，而科技业和商务业需求则相对较低。

第七章 服务业集聚政府引导力下西部地区城镇化水平仿真分析

服务业集聚的产生和发展不仅要依靠市场力量的自发推动，同时也要借助政府政策的大力引导。特别是在我国经济发展不平衡、市场机制不完善的情况下，政府规划和调控等外在力量对服务业集聚的作用表现得更为明显。我国西部地区由于区位条件和经济发展水平的限制，决定了其难以单纯依靠本地要素禀赋优势和市场条件，推动内生型服务业集聚的形成，而是需要更多地借助政府力量发展嵌入型服务业集聚模式和外生型服务业集聚模式，这就为其通过政府引导来推动服务业集聚发展提供了依据。加之，近年来我国逐步深化实施西部大开发战略，政府政策向西部地区的倾斜日益明显，从而为西部地区通过政府引导来促进服务业发展，实现服务业集聚并推进城镇化进程提供了现实基础。

基于此，研究服务业集聚政府引导力对西部地区服务业集聚，进而对城镇化的促进作用，具有极其重要的意义。本章基于服务业集聚政府引导力的视角，建立服务业集聚促进城镇化发展的系统动力学模型，定量分析不同服务业集聚政府引导力对服务业集聚和城镇化发展的影响，并进一步将服务业细分为生产性服务业和非生产性服务业来具体分析，以期为后续相关政策制定提供参考依据。

第一节 服务业集聚政府引导力的概念界定

本章提到的服务业集聚政府引导力，指的是政府采取的所有能够直接或间接促进服务业集聚的政策和措施的总和，包括培育服务业市场主体、为服务业发展提供资金支持以及优化服务业发展软硬环境等多方面的内容。服务业集聚政府引导力的具体内容可以概括为以下两个方面：

(一) 直接促进服务业发展的政策和措施

1. 培育服务业市场主体，促进市场主体改革

政府通过采取措施大力发展多种所有制的服务业企业，努力提高服务业企业中非公有制企业所占比重；同时，积极推动电信行业、交通运输行业、文化教育行业以及医疗和社会保障等行业的改革，促进国有服务业企业、事业单位、社会组织和行业协会等的改革，从而提高这些行业、企业和社会组织的经营和运作效率。

2. 为服务业的发展提供金融和财政税收支持

政府采取措施为服务业发展提供金融和财政税收支持，以扩大服务业发展所需的资金来源。一方面，包括政府鼓励符合条件的服务业企业上市融资或者发行债券融资，扩大金融机构对服务业企业贷款抵押、质押以及担保的种类和范围，鼓励和引导各类社会资本投入到服务业之中，拓宽服务业融资渠道；另一方面，包括政府实施有利于服务业发展的税收政策，并为服务业发展提供财政资金支持，提高财政资金的使用效率，以推动服务业关键领域和薄弱环节的发展。

3. 引导服务企业创新，提高服务业发展质量

服务业中有相当一部分行业属于知识密集型行业（如金融业、信息服务业等），创新能力对其发展至关重要。因此，政府采取的有利于促进产学研相结合的合作与创新的政策措施，能够推动知识的传播和扩散，提高知识利用效率；同时，政府也能够通过服务业质量体系的建设，加快交通运输、金融、信息、旅游和节能环保等服务领域认证制度的建立和实施，推动服务业品牌建设，提升服务业发展质量。

(二) 优化服务业发展软硬环境的政策和措施

1. 市场机制的进一步完善

总的来说，市场机制的进一步完善能够增强服务业的开放程度，促进服务业繁荣。政府建立平等规范、公开透明的服务业市场准入标准，能够让更多的市场主体进入服务业领域；完善服务业外资准入和经营方面的法律法规，能够推进外商投资管理体制的改革，扩大服务业对外开放水平；打破国内服务业市场的分割和地区封锁，有利于建立统一开放、竞争有序、充满活力的国内服务业市场；完善各项与市场经济体制相配套的制度和法律法规，并积极将这些制度和法律法规运用到实践中去，有利于维护市场竞争秩序，消除垄断和不正当竞争，从而使市场机制得以充分发挥

2. 公共产品和公共服务的提供

在服务业发展过程中，政府的一大职责就是为各市场主体提供多样化的公共产品和公共服务，为服务业企业的发展创造良好条件。一方面，政府着力于完善本地基础设施，改善交通和通信条件，完善水、电、气等一系列配套设施，能够为服务业的发展提供坚实的物质基础；另一方面，政府效率的提高，组织结构和行政流程的改善，能够为服务业企业的发展提供法律、技术、商务等方面支持。

3. 有利于本地服务业发展的战略和规划的制定

政府结合本地区位条件、资源优势、产业基础和中长期发展目标，制定具体的、切实可行的服务业发展战略和规划，有利于引导资金、技术、人才等要素流向服务业重点发展行业和领域，促进服务业集聚和产业结构优化升级，提高区域服务业发展的可持续性。

下文为了深入分析，根据作用对象的不同，将服务业集聚政府引导力划分为生产性服务业集聚政府引导力和非生产性服务业集聚政府引导力，但两种服务业集聚政府引导力所包含的内容大致相同。

第二节 服务业集聚政府引导力下西部城镇化发展的系统动力学模型构建

一 模型选择

城镇化进程是一个长期的动态过程，包括人口城镇化、经济城镇化、空间城镇化和社会城镇化等多个方面和多组复杂的数量关系，既有清晰的、确定的相互关系，又有随机性的不确定关系；既有线性关系，又有非线性关系，因此很难用传统的定量分析方法进行研究，需要找到一种专门研究复杂动态关系的方法。系统动力学是一种运用系统结构决定系统功能的原理，建立结构、功能的因果关系模型；利用反馈、调节和控制原理，进一步设计反映系统行为的反馈回路；借助计算机仿真，定量研究高阶次、非线性、多重反馈复杂时变系统（董晓燕，2007），有利于解决长期的、动态的和对精确度要求不高的复杂社会经济问题。因此，运用系统动力学方法来研究西部地区城镇化发展更为合适。同时，系统动力学对周期性和长期性的问题，如政策模拟、长期预测是有用的（许光清、邹骥，

2006)。基于此，本书采用系统动力学方法进行宏观政策调控实验，分析不同服务业集聚政府引导力下西部地区城镇化水平的变化。

二 系统结构和因果关系分析

(一) 系统结构分析

基于前文的分析，本书建立起服务业集聚政府引导力、城镇化与服务业集聚等变量之间的系统动力学模型（如图7-1所示）。

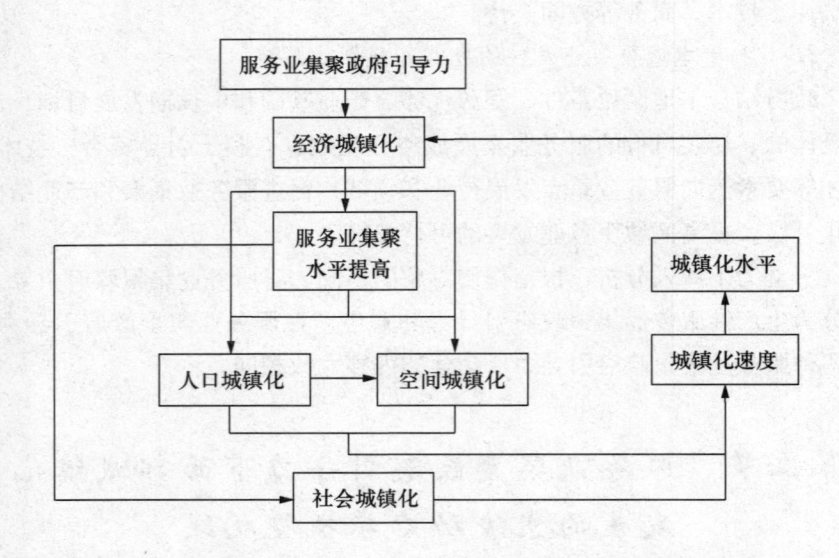

图7-1 服务业集聚政府引导力、城镇化与服务业集聚的系统结构

在服务业集聚政府引导力的作用下，服务业产值增加，并进一步提高经济城镇化水平；随着经济发展水平的提高，服务业集聚水平也会得以提升。一方面，服务业集聚会吸引农村剩余劳动力向第二、第三产业转移，促进城镇人口增长，提高人口城镇化水平；同时，服务业集聚水平的提升以及城镇人口的增长，会扩大城镇建成区面积，从而促进空间城镇化发展。另一方面，服务业集聚水平的提高会提升城镇居民经济文化生活水平，提高居民生活质量，从而促进社会城镇化发展。同时，经济城镇化水平的提升，也会在一定程度上促进人口和空间城镇化发展；而人口、空间和社会城镇化发展又反过来从提高城镇化速度、提升城镇化水平等角度促进经济城镇化发展。由此可见，服务业政府引导力、城镇化和服务业集聚之间存在着多维的、复杂的相互关系，它们的相互作用共同构成了一个动态系统。

（二） 系统因果关系分析

系统动力学模型的基本结构是反馈结构，这种反馈结构是建立在系统的反馈因果关系上的（侯剑，2010）。图7-1中，经济城镇化、人口城镇化、空间城镇化和社会城镇化四个子系统内部的具体因果关系如图7-2至图7-5所示。

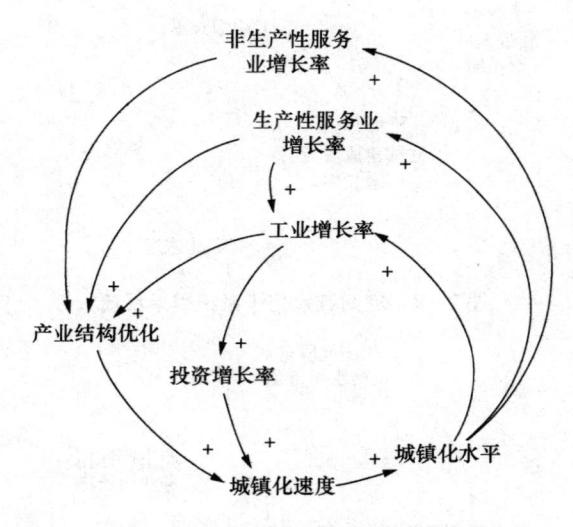

图7-2 经济城镇化子系统因果反馈

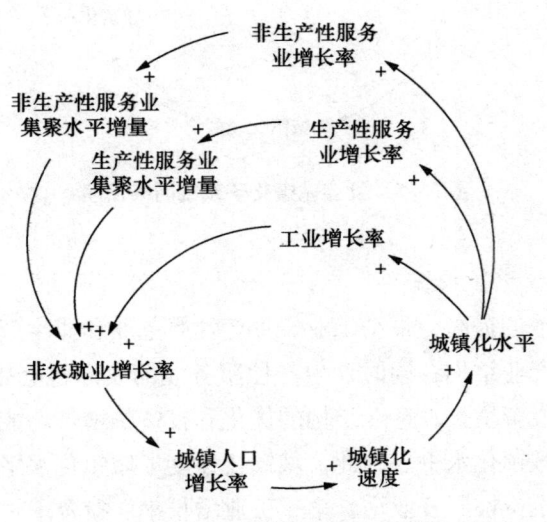

图7-3 人口城镇化子系统因果反馈

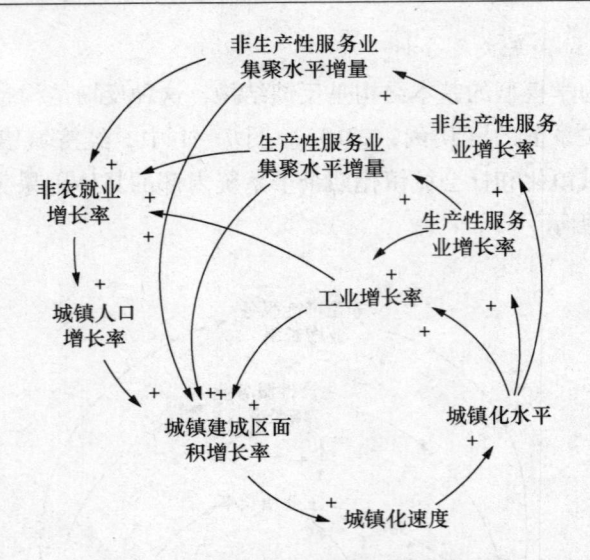

图 7-4　空间城镇化子系统因果反馈

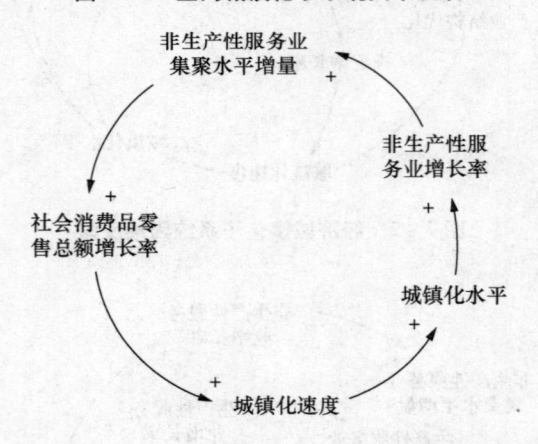

图 7-5　社会城镇化子系统因果反馈

1. 经济城镇化子系统

城镇化水平的提高会带动工业、生产性服务业和非生产性服务业的发展，进而优化产业结构；同时，生产性服务业的发展也会带动工业增长，并进一步促进投资增长；产业结构的优化和投资的增长均能加快城镇化速度，进而提升城镇化水平。因此，城镇化速度、城镇化水平、生产性服务业增长率、非生产性服务业增长率、工业增长率、投资增长率以及产业结构优化之间形成正因果反馈环。

2. 人口城镇化子系统

同样地，城镇化水平提高会促进工业、生产性服务业和非生产性服务业增长，并带动生产性服务业和非生产性服务业集聚，促进非农产业就业的增长，进而增加城镇人口数量；城镇人口增长会加快城镇化速度，提高城镇化水平。因此，城镇化速度、城镇化水平、工业增长率、生产性服务业增长率、非生产性服务业增长率、生产性服务业集聚水平增量、非生产性服务业集聚水平增量、非农就业增长率与城镇人口增长率之间形成正因果反馈环。

3. 空间城镇化子系统

类似的，城镇化水平的提升，会促进工业、生产性服务业和非生产性服务业的增长，并带动生产性和非生产性服务业集聚。一方面，工业和服务业的发展与集聚，会直接扩大城镇建成区面积；另一方面，工业和服务业的发展与集聚也能促进非农产业就业人口增长，增加城镇人口数量，扩大城镇土地需求，进而扩大城镇建成区面积。城镇建成区面积增长，会加快城镇化速度，并进一步提升城镇化水平。因此，城镇化速度、城镇化水平、工业增长率、生产性服务业增长率、非生产性服务业增长率、生产性服务业集聚水平增量、非生产性服务业集聚水平增量、非农就业增长率、城镇人口增长率、城镇建成区面积增长率之间形成正因果反馈环。

4. 社会城镇化子系统

正如前文所述，城镇化水平的提升会促进非生产性服务业增长，促进非生产性服务业集聚，增加居民消费，促进社会消费品零售总额增长，提高地区居民物质文化生活水平，促进社会城镇化发展，进而加快城镇化速度，提高城镇化水平。因此，城镇化速度、城镇化水平、非生产性服务业增长率、非生产性服务业集聚水平增量、社会消费品零售总额增长率之间形成正因果反馈环。

三 流图设计、变量设置和参数说明

（一）流图设计

整合城镇化四个子系统内部以及各子系统之间的因果关系，本书初步构建起服务业集聚政府引导力下西部地区城镇化发展的系统动力学模型。在该模型中，城镇化水平是在一定的历史发展水平上变化的，并且随着城镇化发展而逐步提高，因此该变量应该作为积累变量；相应地，产业结构优化、生产性服务业集聚水平增量和非生产性服务业集聚水平增量应分别添加非农产业比重、生产性服务业集聚水平和非生产性服务业集聚水平等

积累变量；同时，城镇化速度、工业增长率、投资增长率、生产性服务业增长率、非生产性服务业增长率、非农就业增长率、城镇人口增长率、城镇建成区面积增长率和社会消费品零售总额增长率等变量均会受到历史因素的影响，因此在这些变量处应该分别加入变量历史城镇化速度、历史工业增长率、历史固定资产投资增长率、历史生产性服务业增长率、历史非生产性服务业增长率、历史非农就业增长率、历史城镇人口增长率、历史城镇建成区面积增长率和历史社会消费品零售总额增长率等变量；最后，在变量生产性服务业增长率和非生产性服务业增长率处分别引入决策变量，即生产性服务业集聚政府引导力和非生产性服务业集聚政府引导力。基于前文的分析，生产性服务业和非生产性服务业集聚政府引导力的改变会分别影响生产性以及非生产性服务业的增长和集聚，进而影响整个城镇化进程。根据这一逻辑，本书利用 Vensim PLE 软件，最终设计出服务业集聚政府引导力下西部地区城镇化发展的系统动力学流图（如图 7-6 所示）。

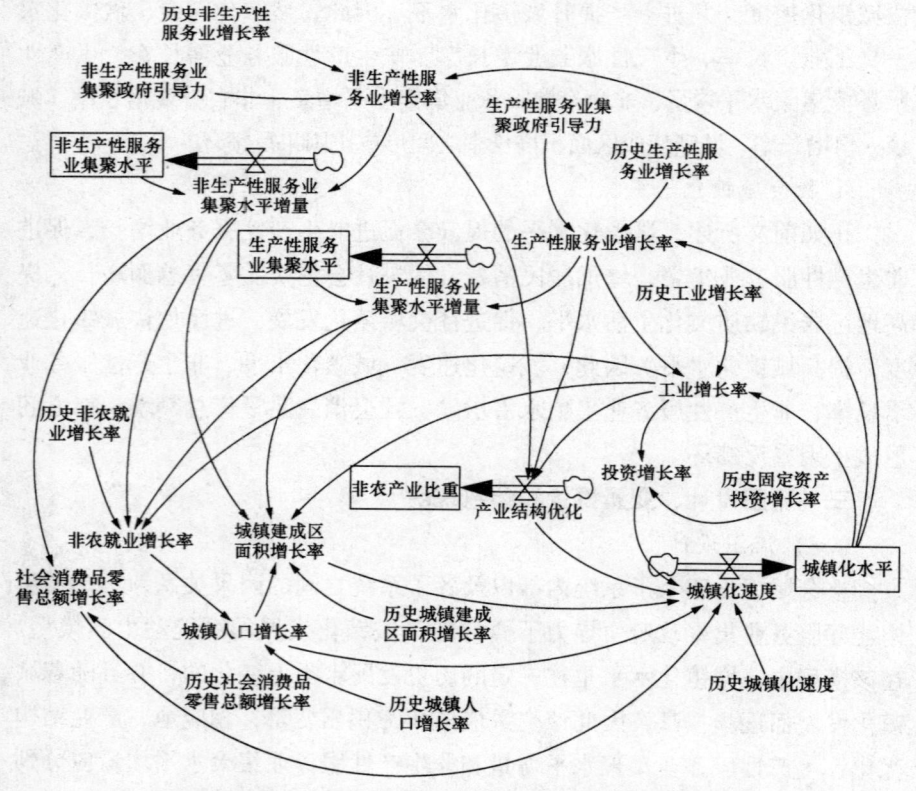

图 7-6 服务业集聚政府引导力下西部地区城镇化发展系统动力学流

(二) 变量设置

建立系统动力学流图之后，需要设置模型中的各个相关变量。本书根据图7-6中各变量之间的相互关系以及相应的参数数据，对模型进行反复调试，最终得出较为符合西部地区现实情况的系统动力学模型变量设置结果（如表7-1所示）。

表7-1　　　　　　　　系统动力学模型变量设置

变量名称	变量类型	表达式
历史城镇化速度	Constant	0.01221
城镇化速度	Auxiliary	$(1+0.4\times产业结构优化)^{0.15} \times (1+0.3\times投资增长率)^{0.1} \times (1+0.5\times城镇人口增长率)^{0.15} \times (1+0.2\times社会消费品零售总额增长率)^{0.05} \times (1+0.3\times历史城镇化速度)^{0.45} \times (1+0.5\times城镇建成区面积增长率)^{0.1} - 1$
城镇化水平	Lever	INTEG（城镇化速度, 0.32397）
历史工业增长率	Constant	0.12704
工业增长率	Auxiliary	$(1+0.85\times历史工业增长率)^{0.6} \times (1+0.5\times生产性服务业增长率)^{0.1} \times (1+0.5\times城镇化水平)^{0.3} - 1$
投资增长率	Auxiliary	$(1+历史固定资产投资增长率)^{0.8} \times (1+工业增长率)^{0.2} - 1$
历史固定资产投资增长率	Constant	0.17771
历史生产性服务业增长率	Constant	0.12172
生产性服务业增长率	Auxiliary	$(1+0.5\times城镇化水平)^{0.3} \times (1+0.25\times生产性服务业集聚政府引导力)^{0.3} \times (1+0.25\times历史生产性服务业增长率)^{0.4} - 1$
生产性服务业集聚政府引导力	Constant	1
生产性服务业集聚水平增量	Auxiliary	$(1+0.1\times生产性服务业增长率)^{0.9} \times (1+0.1\times生产性服务业集聚水平)^{0.1} - 1$
生产性服务业集聚水平	Lever	INTEG（+生产性服务业集聚水平增量, 0.9686）

续表

变量名称	变量类型	表达式
非生产性服务业历史增长速度	Constant	0.10155
非生产性服务业增长率	Auxiliary	$(1+0.3\times城镇化水平)^{0.4}\times(1+0.25\times非生产性服务业集聚政府引导力)^{0.3}\times(1+0.3\times历史非生产性服务业增长率)^{0.3}-1$
非生产性服务业集聚政府引导力	Constant	1
非生产性服务业集聚水平	Lever	INTEG（+非生产性服务业集聚增水平增量，1.1262）
非生产性服务业集聚水平增量	Auxiliary	$(1+0.1\times非生产性服务业增长率)^{0.9}\times(1+0.1\times非生产性服务业集聚水平)^{0.1}-1$
非农产业比重	Lever	INTEG（产业结构增长，0.8135）
产业结构优化	Auxiliary	$(1+0.05\times工业增长率)^{0.4}\times(1+0.05\times生产性服务业增长率)^{0.3}\times(1+0.05\times非生产性服务业增长率)^{0.3}-1$
历史城镇建成区面积增长率	Constant	0.06808
城镇建成区面积增长率	Auxiliary	$(1+1.25\times历史城镇建成区面积增长率)^{0.5}\times(1+0.3\times工业增长率)^{0.2}\times(1+城镇人口增长率)^{0.1}\times(1+4\times生产性服务业集聚水平增量)^{0.15}\times(1+2\times非生产性服务业集聚水平增量)^{0.05}-1$
历史非农就业增长率	Constant	0.03031
非农就业增长率	Auxiliary	$(1+0.3\times历史非农就业增长率)^{0.4}\times(1+3\times生产性服务业集聚水平增量)^{0.3}\times(1+3\times非生产性服务业集聚水平增量)^{0.2}\times(1+0.1\times工业增长率)^{0.1}-1$
历史城镇人口增长率	Constant	0.05005
城镇人口增长率	Auxiliary	$(1+历史城镇人口增长率)^{0.5}\times(1+1.5\times非农就业增长率)^{0.5}-1$

续表

变量名称	变量类型	表达式
历史社会消费品零售总额增长率	Constant	0.10347
社会消费品零售总额增长率	Auxiliary	(1 + 历史社会消费品零售总额增长率)$^{0.7}$ × (1 + 6 × 非生产性服务业集聚水平增量)$^{0.3}$ − 1

(三) 参数说明

第一，由于从 2005 年开始，《中国统计年鉴》中服务业的行业分类标准发生了变化，故本章将仿真基期定为 2004 年。表 7-1 中，城镇化水平初始值为 2004 年西部各省（市、自治区）城镇人口占总人口比重；生产性服务业集聚水平初始值和非生产性服务业集聚水平初始值分别为西部地区 2004 年生产性服务业区位熵和非生产性服务业区位熵（采用就业人口数据计算得到）；非农产业比重初始值为 2004 年西部第二、第三产业产值占 GDP 的比重。第二，历史城镇化速度、历史工业增长率、历史固定资产投资增长率、历史生产性服务业增长率、历史非生产性服务业增长率、历史非农就业增长率、历史城镇人口增长率和历史社会消费品零售总额增长率分别取 1999—2004 年间西部各相应指标增长率的平均值。其中，生产性服务业和非生产性服务业的分行业产值不可得，故本书选取代表性产业进行替换，即选用交通运输业、仓储和邮政业、金融业来计算生产性服务业历史增长速度；选用住宿和餐饮业、批发和零售业、房地产业来计算非生产性服务业历史增长速度。这些代表性行业在生产性和非生产性服务业中所占比重较大，较能代表相应产业的发展状况[①]。第三，本书将生产性和非生产性服务业集聚政府引导力这两个决策变量的初始值均设为 1，即表示现有的政府引导力强度的大小。第四，本书相关数据来源于 2005 年《中国统计年鉴》、2000—2005 年西部各省（市、自治区）统计

---

① 限于数据的不可得性，有些省（市、自治区）无法选用交通运输业、仓储和邮政业、金融业、住宿和餐饮业、批发和零售业、房地产业六个行业的数据进行计算。其中陕西省、新疆维吾尔自治区选用交通运输业、仓储和邮政业、批发和零售业、金融业和房地产业五个行业的数据；云南省、贵州省、甘肃省、西藏自治区选用交通运输业、仓储和邮政业、批发和零售业三个行业的数据；广西壮族自治区选用交通运输业、仓储和邮政业、住宿和餐饮业、批发和零售业四个行业的数据。

年鉴以及《新中国六十年统计资料汇编》。其中，经济数据均做了价格调整，对于部分缺失的数据，本书采用指数平滑法进行补齐。

第三节 服务业集聚政府引导力变化对西部城镇化影响的仿真结果分析

一 有效性检验

本章选用 2005—2011 年西部地区城镇化水平的历史数据对模型的有效性进行检验。首先将模型中的生产性服务业政府引导力和非生产性服务业政府引导力设定为 1，得出现有服务业政府引导力下西部地区 2005—2011 年城镇化水平预测值，然后将预测值与实际值进行对比，具体数值与相对误差如表 7-2 所示。

表 7-2　2005—2011 年西部地区城镇化水平预测值与实际值比较

年份	仿真结果	实际值	相对误差（%）
2005	0.3394	0.3423	-0.8544
2006	0.3548	0.3545	0.0846
2007	0.3704	0.3672	0.8639
2008	0.3861	0.3813	1.2432
2009	0.4018	0.3925	2.3146
2010	0.4176	0.4083	2.2270
2011	0.4335	0.4235	2.3068

资料来源：仿真结果来自 Vensim 软件计算，实际值由西部 12 省（市、自治区）2006—2012 年统计年鉴相关数据计算所得。

从表 7-2 可以看出，西部地区城镇化水平的仿真预测值与实际值很接近，在所有检验年份中，二者的相对误差的绝对值均没有超过 3%，这说明本模型拟合效果好，与实际系统一致性较高，是有效的。

二 仿真结果分析

对模型进行有效性检验之后，本书接着进行不同服务业集聚政府引导力下，西部地区服务业增长率、服务业集聚水平增量、城镇化速度和城镇化水平的仿真分析，研究以2004年为基期，以2004—2025年为仿真时期，分别给出当服务业政府引导力为1、2和3时，西部地区服务业增长率、服务业集聚水平增量、城镇化速度和城镇化水平等变量的动态变化情况。当服务业集聚政府引导力为1时，表示政府维持当前促进服务业集聚的政策和措施不变；当服务业集聚政府引导力为2时，表示政府强化有利于服务业集聚的政策和措施，使其强度达到现有水平的2倍；当服务业集聚政府引导力为3时，表示政府进一步强化有利于服务业集聚的政策和措施，使其强度达到现有水平的3倍。本章将服务业分为生产性服务业和非生产性服务业，其中发展生产性服务业的目的在于实现西部地区工业化转型和农业现代化，而发展非生产性服务业的目的则是满足人们多层次多样化需求。政府通过对生产性服务业和非生产性服务业进行政策引导，以加快其发展速度，提高其集聚水平，并最终从经济、人口、城镇空间和居民生活方式等多方面促进西部城镇化进程。显然，在服务业政府引导力存在差异的情况下，服务业的发展、集聚水平及其对城镇化进程的影响是不同的。

调节生产性服务业集聚政府引导力和非生产性服务业集聚政府引导力，在不同政府引导力条件下，西部地区生产性服务业增长率、非生产性服务业增长率、生产性服务业集聚水平增量、非生产性服务业集聚水平增量以及两种情形下的城镇化速度分别如图7-7至图7-12所示。

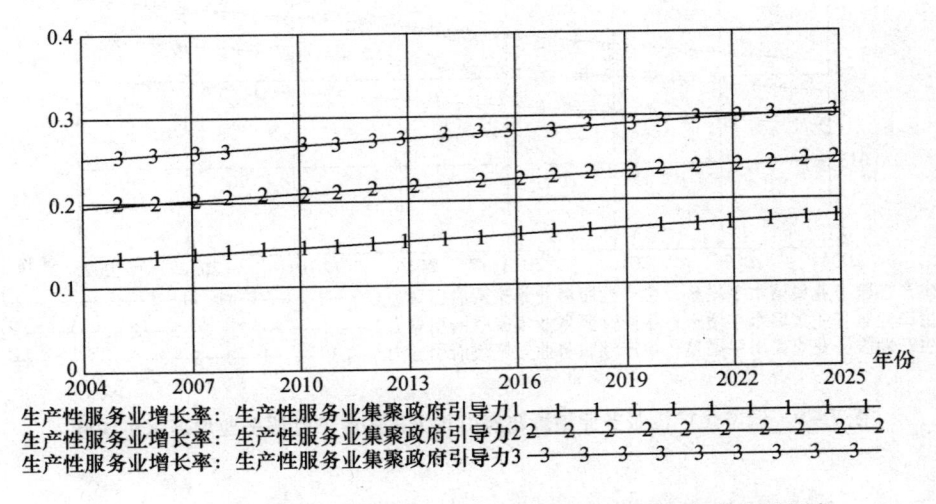

图7-7 调节生产性服务业集聚政府引导力下的生产性服务业增长率

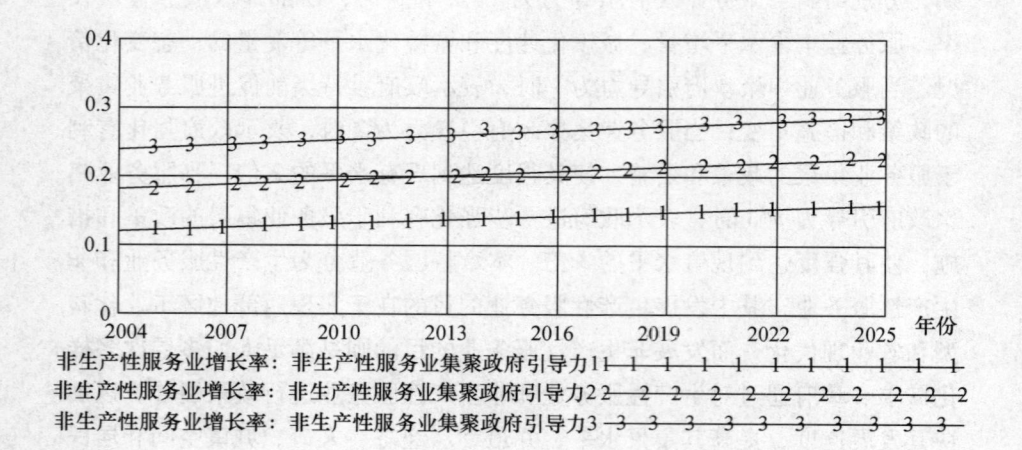

图7-8 调节非生产性服务业集聚政府引导力下的非生产性服务业增长率

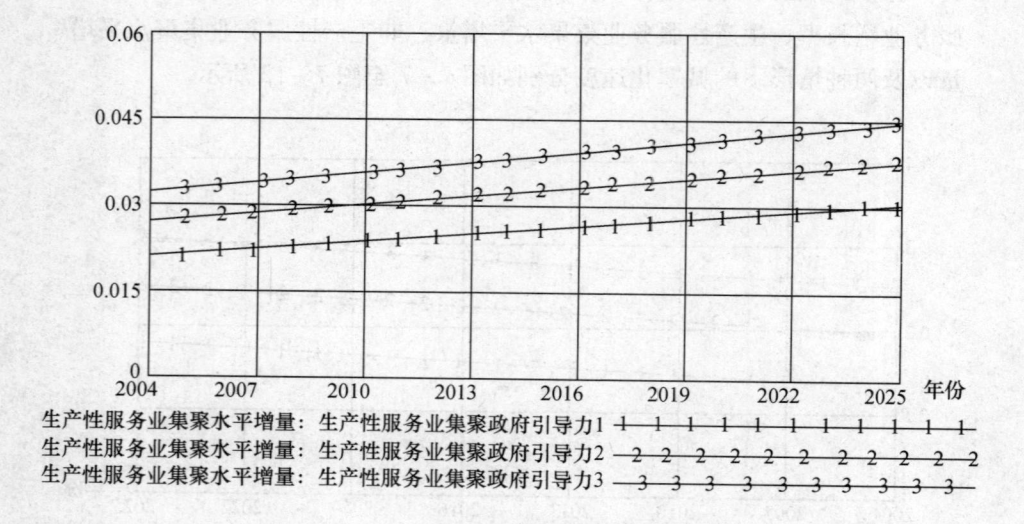

图7-9 调节生产性服务业集聚政府引导力下的生产性服务业集聚水平增量

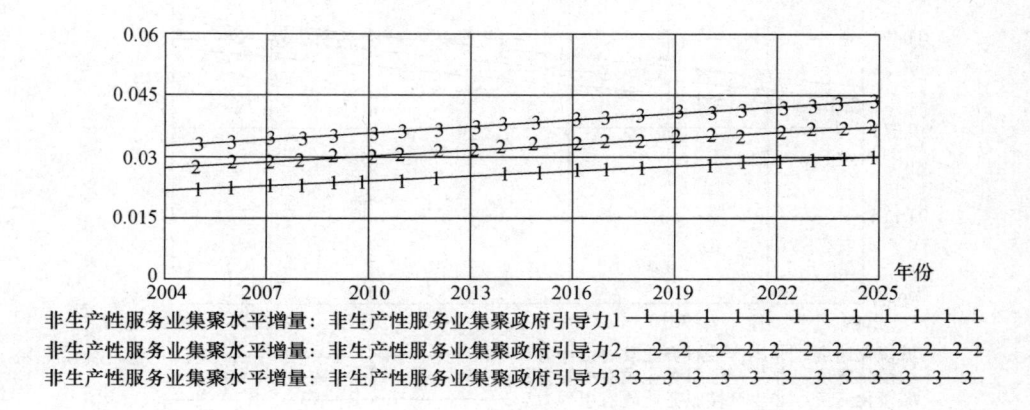

图 7-10 调节非生产性服务业集聚政府引导力下的非生产性服务业集聚水平增量

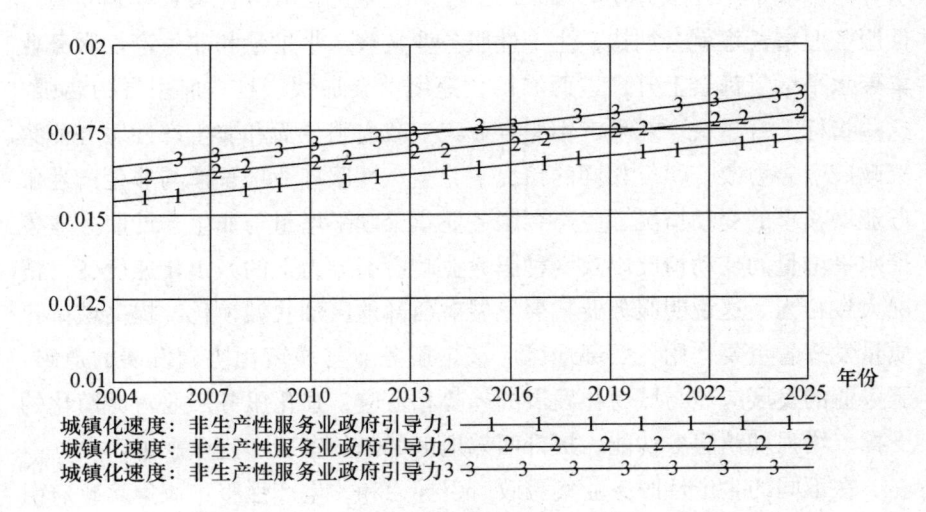

图 7-11 调节生产性服务业集聚政府引导力下的城镇化速度

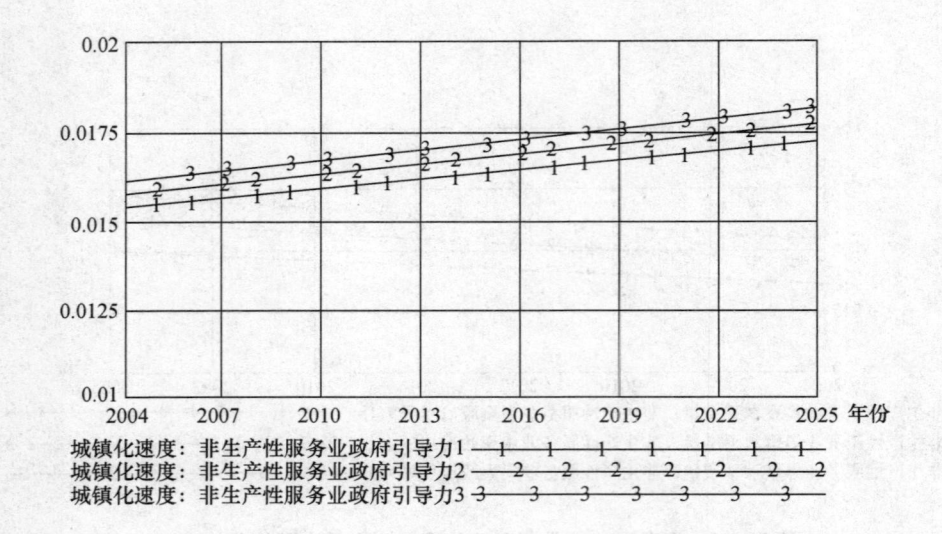

图 7-12　调节非生产性服务业集聚政府引导力下的城镇化速度

从图 7-7 至图 7-12 中可以看出，如果加大生产性服务业集聚政府引导力和非生产性服务业集聚政府引导力，生产性服务业增长率和非生产性服务业增长率就会加快，生产性服务业集聚水平增量和非生产性服务业集聚水平增量都会上升，进而城镇化速度就会加快，且政府引导力越强，这些指标上升越快。在生产性服务业集聚政府引导力和非生产性服务业集聚政府引导力改变幅度相同的情况下，生产性服务业增长率与非生产性服务业增长率的变动情况、生产性服务业集聚水平增量与非生产性服务业集聚水平增量的变动情况以及两种服务业政府引导力下的城镇化速度变动情况大致相当。这说明服务业集聚发展对西部地区加快城镇化，提高城镇化质量发挥着重要作用，西部地区应该走服务业与城镇化协调发展的道路，服务业的发展应该与城镇化发展的趋势相适应，强化服务产业对城镇化的支撑，增强城镇服务功能，提升西部地区城镇的宜居、宜业水平。

在不同的生产性服务业集聚政府引导力和非生产性服务业集聚政府引导力下，西部地区 2004—2025 年的城镇化水平如表 7-3 所示，由于生产性服务业集聚政府引导力为 1 时的城镇化水平与非生产性服务业集聚政府引导力为 1 时的城镇化水平一致，因此在表中将这两项合并。

第七章 服务业集聚政府引导力下西部地区城镇化水平仿真分析 ·213·

表7-3 不同服务业集聚政府引导力下的西部地区城镇化水平

年份	服务业集聚政府引导力1	生产性服务业集聚政府引导力2	非生产性服务业集聚政府引导力2	生产性服务业集聚政府引导力3	非生产性服务业集聚政府引导力3
2004	0.3240	0.3240	0.3240	0.3240	0.3240
2005	0.3394	0.3399	0.3397	0.3404	0.3401
2006	0.3548	0.3560	0.3556	0.3570	0.3563
2007	0.3704	0.3721	0.3716	0.3736	0.3726
2008	0.3861	0.3883	0.3876	0.3903	0.3890
2009	0.4018	0.4046	0.4037	0.4071	0.4055
2010	0.4176	0.4211	0.4200	0.4241	0.4220
2011	0.4335	0.4376	0.4363	0.4411	0.4387
2012	0.4495	0.4541	0.4527	0.4582	0.4555
2013	0.4656	0.4708	0.4692	0.4754	0.4723
2014	0.4817	0.4876	0.4857	0.4928	0.4893
2015	0.4980	0.5045	0.5024	0.5102	0.5063
2016	0.5143	0.5215	0.5192	0.5277	0.5235
2017	0.5307	0.5385	0.5361	0.5453	0.5407
2018	0.5472	0.5557	0.5530	0.5631	0.5581
2019	0.5638	0.5729	0.5701	0.5809	0.5755
2020	0.5805	0.5903	0.5872	0.5988	0.5930
2021	0.5973	0.6077	0.6044	0.6169	0.6107
2022	0.6142	0.6253	0.6218	0.6350	0.6284
2023	0.6311	0.6429	0.6392	0.6533	0.6463
2024	0.6482	0.6607	0.6567	0.6716	0.6642
2025	0.6653	0.6785	0.6743	0.6901	0.6822

从表7-3中我们可以看出，增强生产性服务业集聚政府引导力和增强非生产性服务业集聚政府引导力都能够提高城镇化水平。其中当生产性服务业集聚政府引导力增强1倍的时候，2004—2025年城镇化水平比现有生产性服务业集聚政府引导力下的城镇化水平平均高出0.0064，其中最终预测年份的城镇化水平比现有生产性服务业集聚政府引导力下的城镇化水平高0.0132；当非生产性服务业集聚政府引导力增强1倍的时候，2004—2025年城镇化水平比现有生产性服务业集聚政府引导力下的城镇

化水平平均高出 0.0043，其中最终预测年份的城镇化水平比现有生产性服务业集聚政府引导力下的城镇化水平高 0.009；当生产性服务业集聚政府引导力增强 2 倍的时候，2004—2025 年城镇化水平比现有生产性服务业集聚政府引导力下的城镇化水平平均高出 0.0119，其中最终预测年份的城镇化水平比现有生产性服务业集聚政府引导力下的城镇化水平高 0.0248；当非生产性服务业集聚政府引导力增强 2 倍的时候，2004—2025 年城镇化水平比现有生产性服务业集聚政府引导力下的城镇化水平平均高出 0.0081，其中最终预测年份的城镇化水平比现有生产性服务业集聚政府引导力下的城镇化水平高 0.0169。由此可见，虽然加大生产性服务业集聚政府引导力和加大非生产性服务业集聚政府引导力都可以加快西部地区城镇化进程，但加大生产性服务业集聚政府引导力所带来的效果更为明显，在生产性服务业集聚政府引导力和非生产性服务业政府引导力改变幅度相同的情况下，生产性服务业集聚水平增量与非生产性服务业集聚水平增量并没有明显的差异，这说明西部地区通过政府引导生产性服务业的发展带动生产性服务业集聚，能够更快地促进城镇化发展。

同时，当生产性服务业集聚政府引导力和非生产性服务业集聚政府引导力由 2 增加到 3 时，城镇化水平的提升要低于生产性服务业集聚政府引导力和非生产性服务业集聚政府引导力由 1 增加到 2 时，城镇化水平的提升，这说明通过增强政府引导力，促进服务业集聚并加快西部地区城镇化进程是有一定限度的，不能通过无限增强服务业集聚政府引导力来推进城镇化进程。

第四节 小 结

本章以城镇化与其他经济变量互动发展的机制为基础，并结合前文的西部地区服务业集聚与城镇化互动发展的作用机理，构建了服务业集聚政府引导力下的西部地区城镇化发展系统动力学模型，并以 2004 年为基期，仿真分析 2004—2025 年不同服务业集聚政府引导力下，西部地区生产性服务业和非生产性服务业发展和集聚情况及其对城镇化进程的影响。

结果显示：①加强服务业集聚政府引导力，能够提高西部地区服务业集聚水平，进而推动西部地区城镇化进程；②同样幅度的服务业集聚政府引导力的增强对生产性服务业集聚和非生产性服务业集聚的促进作用并无明显差别，但非生产性服务业集聚对城镇化进程的促进作用更加明显；③在服务业集聚政府引导力增加相同幅度的情况下，随着服务业集聚政府引导力的不断增强，城镇化提升的速度呈递减趋势，说明通过增加政府引导力，促进服务业集聚并加快西部地区城镇化进程存在边际效用递减规律，无法通过服务业集聚政府引导力的持续增强来长期推进城镇化进程。

第八章　西部地区服务业集聚与城镇化互动发展的障碍因素

前文对服务业集聚与城镇化的互动关系进行了理论与实证分析，并运用耦合协调模型对西部地区服务业集聚与城镇化互动发展的静态结果进行了定量研究。研究发现：近年来，西部地区部分省（市、自治区）的服务业集聚与城镇化的耦合协调度没有达到良好状态，互动发展的理论与现实情况存在较大差距。那么，为什么会存在这样的差距？哪些因素影响了西部地区服务业集聚与城镇化之间的良性互动？本书将通过全面、深入的分析与挖掘，找出西部地区服务业集聚与城镇化互动发展的障碍因素。

正如本书第五章所述，从系统构成的角度看，服务业集聚和城镇化均是社会经济大系统的组成部分，也即子系统。两个子系统通过中间环节彼此影响、相互作用，从而形成特定的"服务业集聚与城镇化互动发展"系统（如图8-1所示）。为全面深入分析西部地区服务业集聚与城镇化互动发展的障碍因素，本书依次从互动发展系统内部的服务业集聚子系统、城镇化子系统、二者互动发展的中间环节，以及互动发展系统外部经济环境、制度环境、生态环境和文化环境等几个方面分析障碍因素及其影响机理。

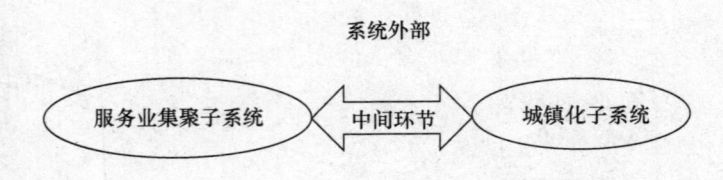

系统外部

服务业集聚子系统 ⇔ 中间环节 ⇔ 城镇化子系统

图8-1　西部地区服务业集聚与城镇化互动发展系统

第一节 西部地区服务业集聚子系统与城镇化子系统的障碍因素

分析西部地区服务业集聚与城镇化互动发展的障碍因素，应首先从各子系统内部着手，找出阻碍其自身发展的原因。因此，本节分别考察西部地区服务业集聚子系统和城镇化子系统存在的障碍因素，并进一步分析其影响机理。

一 服务业集聚子系统的障碍因素

本节遵循由宏观到微观的逻辑，分别从西部地区的区域、行业以及企业这三个层面分析服务业集聚子系统内部的障碍因素。

（一）地区间缺乏分工合作，区域一体化水平较低

一般认为，产业集聚是专业化分工的产物，即企业为降低交易费用和获取规模报酬递增效应而选择向专业化的区域集聚，从而形成产业集聚区。各区域之间通过分工与合作，最终实现产业互补、协同并进的目标。可见，地区之间的分工与合作，以及由此形成的专业化生产对服务业集聚具有重要意义。但是，受行政区划的影响，西部部分地区在区域内部构筑自我封闭的经济结构体系，对经济活动进行强制性封锁，有意识地限制生产要素的跨区流动，以此追求地区经济效益的最大化。然而，这种故步自封式的做法不仅不能增加地区经济效益，反而不利于西部地区整体实力的提升，阻碍了服务业集聚的发展。

一方面，地区之间缺乏生产活动的分工，容易导致产业结构趋同，难以形成地区专业化。地区专业化不仅能够促进区域竞争力的提升，而且能够提高社会生产率，为服务业集聚区创造收益剩余。西部地区各区域之间缺乏明确的分工，导致各地区的生产经营活动缺乏鲜明的特色，不仅不利于区域竞争力的形成，而且会加剧地区之间的无序竞争，扰乱产品市场，降低社会收益率，从而阻碍服务业集聚的有序推进。另一方面，由于地区之间缺乏交流与合作，生产要素的自由流动受到限制，不利于资源的优化配置。服务业集聚离不开人、财、物等要素的流动、整合与集聚，而西部地区部分区域本地生产要素基础薄弱，需要借助其他地区的要素供给来支撑服务业集聚区的建设。但是，各地区为追求区域内部的经济效益最大

化,严格限制生产要素外流,导致西部地区的资源整合能力降低,部分集聚区难以获取生产资源,从而在要素的供给支撑上对西部地区的服务业集聚形成阻碍。

(二)各服务业行业发展不协调,产业内结构不合理

服务业各行业的协调与配合是各服务业行业实现有效集聚的重要保障,但是,由于西部地区的服务业集聚大多是依赖本地的资源禀赋和优惠的政府政策而自发形成的,因此,大多数集聚的服务业行业之间存在较高的重合度。比如,受经济基础和自然禀赋的影响,西部大多数地区的服务业集聚都主要集中在住宿餐饮、地质勘查与水利管理等传统服务业上,而技术创新和知识密集型服务业集聚则相对较少,导致服务业内部结构向低端行业倾斜。

这种重合度高、配合度低的服务业集聚不仅加剧了市场竞争,还弱化了行业间的协调互补作用,并阻碍了西部地区相关服务业的进一步集聚。一方面,服务业集聚的重合度较高、定位差异不大,加剧了相关服务业产品的市场竞争,弱化了部分产品的比较优势,不利于服务业集聚的快速发展。目前,受资源禀赋的影响,西部地区集聚度较好的服务业行业主要是劳动密集型和资源密集型服务业,这些服务业主要以低成本获取市场竞争优势。然而,由于西部地区普遍发展这两类服务业,导致该服务业的要素成本上升、产品价格下降,经济收益大幅缩水;同时,也导致西部地区的区域特色不鲜明,降低了地区的比较优势。另一方面,各服务业集聚行业间的配合度较低,弱化了服务业行业间的溢出效应,抑制了服务业集聚整体水平的提升。目前,西部地区的生产性服务业集聚水平明显落后于非生产性服务业集聚水平,使得二者的协调配合程度降低。例如,西部地区交通运输、批发与零售等服务业集聚明显落后于房地产、旅游业等服务业,相关配套产业也跟不上旅游业和房地产业的发展步伐,进而阻碍了该服务业行业的发展,并最终影响整个服务业集聚水平的提升。

(三)各企业低效集聚,关联共赢效应不足

一般而言,功能完善的服务业集聚区内的企业不仅可以通过和供应商、客户的上下游产业合作,实现最优价值链分工,而且也能够依靠企业间人力资本溢出、技术扩散等带来溢出效应和外部规模经济,从而达到收益递增的目标。但是,西部地区的服务业集聚大多是依靠资源禀赋和政府优惠政策而形成的,集聚区内的企业间关联性较弱,甚至有的集聚区只注

重引进企业和项目，没有关注这些企业之间是否存在经济关联。最终导致集聚区内的企业同质性强、联系不够，既不能成为利益上的共同体，也没有形成相对固定的协作关系。

这种无效、无关联集聚使集聚区仅仅成为服务业企业的"集中营"，而没有发挥其应有的关联共赢效应带动集聚区内企业的互助共赢。西部地区部分区域盲目"造市"，以优惠政策吸引大量企业向某一固定的区域集聚，形成服务业集聚区。但是，这种依靠外力推动的服务业集聚往往因为集聚的企业之间缺乏经济联系而弱化了集聚区内的关联共赢效应，并且企业生产盲目性较大，容易产生无序竞争。在这种生产经营环境下，企业之间的交流频率大大降低，信息共享、知识共享、技术共享的效率低下，无法有序开展横向与纵向合作，不仅造成了集聚区的土地、资金等资源浪费，而且不利于服务业集聚区的发展与壮大。

二 城镇化子系统的障碍因素

城镇化健康发展是推动服务业集聚以及二者互动发展的重要支撑，目前西部地区的城镇化发展存在诸多突出的矛盾和问题，这不仅影响了区域整体城镇化的进一步发展，也阻碍了服务业集聚与城镇化的良性互动。因此，本节将从人口、空间等不同维度剖析西部地区城镇化子系统的障碍因素，为解决这些矛盾与问题指明方向。

（一）农村人口市民化难度大，人口城镇化发展错位

城镇化的实质是"人"的城镇化，也即实现农村转移人口市民化。这不仅体现为农民改变身份，实现户口迁移，更重要的是要改变农村人口的生活方式，改善其社会保障条件，使其成为真正的市民。农村转移人口市民化是人口城镇化的重要内容，其在缩小城乡收入差距和优化经济结构等方面具有重要作用，对西部地区的城镇化发展具有重要意义。但是，我国西部地区在城镇化过程中，因片面强调城镇户籍人口指标、盲目追求人口城镇化，出现了人口"伪城镇化"现象，即大量农村转移人口虽然在户籍上实现了迁移，但他们难以真正融入城市社会，享受城镇居民的基本公共服务，致使人口城镇化进程遭遇尴尬境地。

人口城镇化发展的错位，直接影响了西部地区城镇化的健康发展。一方面，因盲目追求人口城镇化，导致城镇户籍人口指标虚高，大量农业转移人口涌入城镇，致使城镇交通、住房、教育等资源受到强烈冲击。自西部地区将城镇化作为社会转型发展的重要内容以来，部分地区为迎合相关

政策，盲目推崇人口城镇化，大规模推进农村人口转为城镇户籍，归还农村用地，并向城镇地区转移。然而，与之相匹配的义务教育、劳动就业、基本养老、医疗卫生、保障性住房等方面的社会配套服务却没有得到相应的扩张和改善，因此大量农村人口脱离农村、涌入城镇，给城镇造成了严重的社会负担，为城镇化健康发展带来安全隐患。另一方面，西部地区农村转移人口的收入来源和基本服务得不到保障，导致大量人口向东中部地区转移，引起劳动力的大量流失。农村转移人口是城镇产业劳动力的重要来源，他们在建筑、餐饮等行业均发挥着重要作用。由于西部地区的农村转移人口没有真正实现市民化，没有得到基本的生活保障，因此，他们选择向收入水平相对较高的东中部地区转移。这一现象导致西部地区流失了大量社会劳动力，阻碍了西部产业和城镇的进一步发展。

(二) 城镇空间分布不合理，规模结构不协调

合理的城镇空间布局能够克服地理空间的约束，把分散于各地的生产资源有效结合起来，构成一个大的经济系统。然而，西部地区在城镇化过程中，由于历史条件限制等诸多原因，导致当前的城镇空间分布以及城镇规模结构等方面呈现出许多突出的问题。一方面，部分城镇的产业布局混乱，工业产业高度聚集于中心城市，对城市环境造成较大影响；另一方面，产业园区和人口在大城市高度集聚，中小城市和小城镇发展欠缺，且对农村腹地的吸引力不足，导致城乡二元结构突出。这些问题不仅给西部地区的资源环境造成压力，而且也阻碍了城镇化的健康发展。

首先，西部地区城镇空间布局缺乏科学规划，导致城市资源环境压力较大。从当前的发展格局来看，西部地区的工业产业大部分分布于中心城市，而由于产业对人口集聚和经济发展的带动作用，大量居民和商业活动向中心城市集聚，给这些地区造成较大的环境压力，加剧了经济活动与城市综合承载能力之间的矛盾，不利于城镇化的进一步推进。其次，西部地区城镇规模结构失衡，大城市数量较少，中小城市和小城镇发展动力不足。大城市因发展基础雄厚，其辐射带动能力也相应地较为强劲，但是西部地区发展成熟的大城市数量较少，且由于受资源环境条件的约束，其综合实力较弱，辐射带动能力不足。同时，中小城市和小城镇发展缺乏产业支撑，且基础设施和公共服务业较为薄弱，使得其对农村腹地的辐射作用得不到充分发挥，减缓了农村城镇化过程。

（三）城市管理服务水平不高，"城市病"问题突出

提升城市管理和服务水平是提高城镇化质量、推进城镇化进程的重要保障，城市管理服务水平的高低决定着一个城市综合实力的强弱，同时决定了该城市对"城市病"的预防及治理能力。然而，西部地区城镇化发展起步较晚、基础薄弱，部分城市空间过度开发、人口过度集聚，而且重经济发展、轻环境保护，重城市建设、轻管理服务，最终导致城市管理运行效率降低，公共服务供给能力不足。

"城市病"主要表现为人口膨胀以及随之而来的交通拥堵、环境恶化、住房紧张、就业困难等现象。由于城市管理服务水平低，"城市病"给西部地区的城镇化发展造成了严重的负面影响。首先，交通拥堵问题直接导致居民出行时间延长，降低社会工作效率，造成大量的财富损失；其次，大气、水、土壤等环境污染严重，人居环境恶化，不仅危害市民健康，而且加重了城市和产业发展的负担，阻碍城镇经济发展；再次，新增城镇人口急剧膨胀，使城镇居民住房紧张，这不仅导致房价飙升，加大政府调控房价的难度，而且也导致"违规建房"、"炒房"等现象频发，严重扰乱社会秩序；最后，大量新增人口涌入城市，加重了城市的"就业问题"，如果就业得不到有效解决，城市社会的稳定与安全则会受到威胁。此外，西部地区城市管理服务水平不高，还导致城市公共服务能力不足，降低居民的生活质量，不利于城镇化进程的进一步推进。

（四）城镇化内部发展失衡，城镇质量提升缓慢

经济、人口、空间和社会城镇化共同构成了城镇化的丰富内涵，四者紧密联系、缺一不可，这四个城镇化之间的协调发展对于西部地区城镇化的持续健康发展至关重要。然而，本书第三章的测度结果表明，西部地区在城镇化快速发展过程中，空间城镇化发展过快，明显高于其他三个方面的发展水平，且人口、经济、空间和社会城镇化之间的发展水平不匹配，城镇化内部没有达到协调状态，从而阻碍了西部地区城镇化的进一步推进。

西部地区主要依靠土地等资源的粗放式消耗来推动城镇化发展，通过大量占用耕地，扩张城市空间，投资于生产建设、房地产建设和基础设施建设等，虽然加速了城镇空间的扩张，却并没有从实质上促进城镇化发展。首先，一些地区因片面追求城镇规模扩张，大量兴建新城区、开发区和产业园区。而与此同时，农村转移人口的生活用地却得不到保障，导致人口城镇化发展严重滞后，最终造成建成区人口密度偏低、空间城镇化与

人口城镇化不同步的现象。在城镇化空间快速扩张的同时，人口城镇化严重滞后，不仅导致农村居民的需求难以释放，而且使得城乡协调、人地和谐的目标难以实现。其次，当前西部地区空间城镇化发展超前于经济城镇化，使得城镇化发展缺乏产业支撑和工业化的助推力。没有产业的发展和集聚，就无法提供推进城镇化所必需的人口、就业机会、资金等资源，即使依靠行政力量，人为增加城镇人口、开展城市建设，也是不可持续的（简新华、罗钜钧、黄锟，2013）。此外，社会城镇化跟不上空间城镇化发展，导致社保、医疗、卫生、教育等基本公共服务在成熟的城镇与盲目扩建的城区之间存在较大差距，不利于城乡统筹，也阻碍了西部地区城镇化健康发展。

第二节 西部地区服务业集聚与城镇化互动环节的障碍因素

由于服务业集聚与城镇化主要通过内容、空间和能力三大环节实现互动发展，因而任何一个环节发展的不足，都将导致二者的良性互动发展难以实现。因此，本节从内容、空间和能力三个方面来深入考察和剖析二者在互动环节上存在的障碍因素。

一 要素禀赋及其获取能力较低，互动发展内容受限

区域要素禀赋是指区域所拥有的各种资源要素（如区位、劳动力、资本、资源、知识技术等）之和，要素禀赋充裕与否直接体现了区域要素存量水平，决定了区域中可用于发展服务业集聚和城镇化的基础资源。而要素获取能力则体现了区域在竞争市场环境中，从外部获取一定数量和质量资源的能力，从而一定程度上体现了区域的吸引力，决定了该地区服务业集聚和城镇化的发展潜力。然而，我国西部地区在长期的发展过程中，由于受到先天区位条件不足、历史积淀缺乏、产业基础薄弱等因素的影响，地区要素禀赋较差，特别是资本、知识、技术等高质量要素存量较少，从而使得服务业集聚发展和城镇化进程缺乏充足的要素基础支撑，导致二者互动发展的起点较低。与此同时，由于受到我国区域不均衡发展战略及优先发展东部地区的指导思想影响，广大西部地区政策倾斜支持较少，资源要素获取能力不足，从而未能抓住我国经济起飞关键期的发展机

遇实现经济发展和腾飞,使得服务业集聚与城镇化互动发展动力不足。

以劳动力要素为例,由于西部地区劳动力禀赋及其获取能力较低,使得劳动力这一互动发展的中间媒介作用发挥受限。一方面,西部地区面积广大,人口密度及劳动力集聚水平较低,加之该地区少数民族人口众多且受传统生产生活方式影响显著,进一步导致了市场中集聚的有效劳动力不足,从而使得通过高素质且廉价的劳动力要素来吸引服务业集聚,进而扩大非农产业产值和就业人口,提高人口及经济城镇化率的作用路径难以实现,当然,也难以进一步通过城市人口数量和收入水平的提高,不断扩大城市生活方式影响范围,从而扩大服务业集聚的市场需求来推动服务业集聚;另一方面,西部地区长期以来,特别是在我国区域发展的非均衡战略阶段,为东部地区的发展和崛起做出了重大贡献,推动了东部地区由以优势区位条件和国家政策为主导的经济发展阶段迅速过渡到以劳动力为主导的经济发展阶段。然而,却带来了西部劳动力资源的严重流失,整个西部地区都存在劳动力获取能力较低的问题,从而导致服务业集聚缺乏高素质劳动力资源的支撑,产业发展动力不足,地区剩余劳动力多处于闲置状态或仍然停留在农业上,制约了农村人口向城镇人口的转化,城镇化进程缓慢。由此,受这两方面的影响,西部地区基于劳动力要素的服务业集聚与城镇化良性互动难以形成。与劳动力要素类似,西部地区资本、技术等其他要素发展的不足也存在同样的问题,这些因素共同导致了西部地区服务业集聚与城镇化互动发展内容受限。

二 城市发育失衡且合作机制欠缺,互动发展空间狭小

西部地区由于城镇化起步较晚,且受到了诸如自然生态、风俗民情等多种因素影响,导致了城市发育失衡且合作机制欠缺。具体来讲,西部地区的城市发育失衡主要表现为城市规模和地域结构不够合理、城市群发育不足,从而抑制了服务业集聚规模效应的发挥。目前,西部地区以中小城市居多,大城市数量较少,据统计,2012年西部地区城市市辖区年末人口大于100万人的有34个,占西部城市总数的39.08%,占全国大城市总数的26.77%;人口在100万人以下的有53个,占西部城市总数的60.92%,占全国中小城市总数的32.72%[①]。城市群方面,在全国已建成

---

① 国家统计局:《中国统计年鉴(2013)》,中国统计出版社2013年版,数据经作者计算得出。

的十大城市群中，西部地区仅有两个，分别为成渝城市群和关中城市群，而正在建设或具有发展潜力的城市群中，西部地区虽然数量较多，但规模较小且城市间缺乏密切合作。与此同时，西部地区城市间合作机制欠缺，主导产业雷同，产业互补性较差，从而使得各省市服务业集聚特色不明显，区际服务业集聚发展受限。这种合作机制的欠缺，既表现为人口在城市间的流动缺乏活跃性、企业的区域进入壁垒较高、区域经济发展与外部缺乏交流和互补，也表现各地区在社会领域合作的欠缺，如跨区域提供和获取科教文卫社会服务等。可见，城市发育失衡、合作机制欠缺，使得服务业集聚与城镇化互动发展的空间狭小，难以在更广阔的空间范围实现良性互动。

城市发育失衡且合作机制欠缺，导致服务业集聚与城镇化互动发展空间狭小具体表现在两个方面：首先，由于城市发展能够带来要素集聚和规模经济，从而在降低服务业发展成本的同时，能够扩大服务业的市场需求规模。因此，服务业集聚的发展主要依托于城市发展，城市发育越健全，服务业集聚水平则越高，进而越有利于城镇化质和量的提升。而西部地区城市发育不足且城市间合作机制不健全则使得服务业集聚和城镇化在本区域和跨区域发展的过程中缺乏空间依托，既不利于本区域服务业集聚跨区域提供服务，也不利于本地城镇化借助外部服务业集聚资源实现快速发展。其次，城市发育不足和城市间合作机制欠缺，以及政府有意识地限制资源跨区域流动的经济政策，制约了区域内公平、有序、自由、竞争市场环境的形成，不利于企业综合利用各地区资源实现规模化发展，导致基于企业层面的服务业集聚与城镇化互动发展空间狭小。

三 区域整合创新能力不足，互动发展能力匮乏

整合能力和创新能力是服务业集聚与城镇化实现互动发展的重要纽带。服务业集聚与城镇化良性互动的实现，既需要依赖创新能力的发挥形成区域创新系统，进而促进知识共享和溢出，推动服务业集聚与城镇化的创新发展，实现"质"的互动；又需要依托整合能力，促进资源要素在空间、产业等多维度上的优化配置，形成区域一体化发展系统。目前，西部地区由于地处偏远，各种科技人才、创新资金相对欠缺，各类创新主体数量、质量均不高，导致地区创新资源保障和知识创新能力偏低，区域创新系统仍处于其生命周期的萌芽阶段（贺灵，2013）。并且，由于西部地区的区域分割较为严重，产业协同互补发展不明显，导致服务业集聚和城

镇化在区域间和产业间的整合能力出现了"双不足"。

区域整合创新能力不足，导致服务业集聚与城镇化互动发展能力匮乏，主要表现在三个方面：一是西部地区资源整合和创新能力不足，使得企业间的知识转移过程受到阻碍，并使得大规模的、网络化的企业间知识转移无法实现，仅有的知识转移也局限于小范围内，从而使得企业发展滞后，服务业集聚与城镇化互动发展的基础单元发展不足；二是西部地区资源整合和创新能力不足，使得资源在产业间的配置效率较低，无法实现资源的有效利用及整体经济效用最大化，且由于缺乏创新能力驱动，产业结构转换和升级速度缓慢，服务业集聚与城镇化互动发展的产业基础匮乏；三是西部地区资源整合和创新能力不足，使得资源在区域间低效配置和利用且流动速度缓慢，无法实现整个大区域内资源的高效利用，且区域间知识创新溢出水平较低，区域整体创新能力不足，服务业集聚与城镇化的互动发展能力存在空间差异。

第三节　西部地区服务业集聚与城镇化互动发展系统的外部障碍因素

西部地区服务业集聚与城镇化互动发展系统的外部障碍因素，主要指除服务业集聚与城镇化本身及二者互动环节以外，阻碍服务业集聚与城镇化良性互动的因素。相对而言，这些因素更为宏观，通过一定的传导机制作用于整个互动系统。

一　经济发展水平较低，基础设施建设滞后

雄厚的经济基础和完善的基础设施能够为服务业集聚与城镇化发展提供良好的外部宏观环境；反之，若经济发展水平较低，基础设施建设滞后将不利于服务业集聚与城镇化的良性互动。我国西部地区长久以来属于欠发达地区和贫困地区，经济发展和财政收入水平较低，直接影响了政府的行政能力和提供公共服务的能力，导致区域基础设施薄弱、产业发展引导力不足、投资环境较差、技术创新能力和经济效率低下（杨爱婷、武剑，2012）。其中，基础设施建设通常包括软硬件两个方面："硬件"如交通基础设施、信息化平台建设等，是西部地区实现内外部要素充分自由流动及与外部互动交流的神经枢纽，它不仅是城镇化的重要内容，同时也是推

动城镇化不断发展的重要动力;"软件"如科学、教育、文化、卫生以及社会福利等,是社会城镇化的主要内容,也是服务业发展的重要支撑。

总体来看,西部地区基础设施的软硬件都落后于东部地区,且内部发展不均衡,多数优质资源主要存在一些经济基础较好的大城市,而小城市基础设施建设则严重滞后。在硬件方面,西部地区硬件基础设施的欠缺一方面使得其资源要素在区域间无法实现充分流动,因而对服务业集聚的吸引力较弱,许多对资源和产品流通要求较高的服务业企业不愿意向该地区转移,即使区域成功承接了某些服务企业,也多会由于该地区基础设施不完善导致的一系列问题而无法真正根植于此,服务业集聚规模难以扩大;另一方面作为城镇化进程中的重要内容,交通设施、信息平台等硬件系统发展的不足,不仅直接影响了城镇化硬性指标的提高,导致城市功能欠缺,同时也不利于工业化的发展,难以为产业升级提供支撑,制约了城镇化进程。在软件方面,软件建设不到位,一方面将直接影响西部地区城镇化建设的质量和水平,导致西部地区城乡间教育、卫生公共服务设施发展不平衡等问题,阻碍社会城镇化进程;另一方面从服务业集聚的角度来看,教育、医疗等软件设施建设的不到位不仅不利于服务业自身发展,同时也无法为大量劳动力和高级人力资本提供完善的社会服务,从而不利于吸引人才流入。总之,西部地区经济发展水平和基础设施的落后,使得其服务业集聚与城镇化互动发展困难重重。

二 市场机制与政府调控缺乏配合,制度环境亟待改善

市场机制的调节作用通过市场供求的变化引起价格涨落,从而调节劳动力和生产资料在各个部门的配置,调节全社会的生产和流通。对于健康的经济体来说,市场机制的调节作用能够合理配置资源,使生产经营者和市场直接联系起来,形成竞争体系。政府调控是指政府作为宏观调控的主体,对经济运行的干预、引导和管理,主要包括对宏观经济的调控、对企业的引导和市场秩序的规范与维护。市场机制和政府调控均会出现"失灵",因此它们的相互配合对我国西部这样市场发育不完善的地区十分重要。当前西部地区市场机制不健全,政府调控也不能很好地引导市场作用的发挥,二者缺乏配合,未能给西部地区服务业集聚与城镇化互动发展提供良好的制度环境,具体体现在如下两方面:

第一,地方保护主义较为盛行,市场分割与行业垄断严重。近年来,随着经济开放程度不断深化,各地方政府开放意识的提高,地方保护主义

之风虽有所压制，但西部地区仍然存在地方政府对服务业产业发展采取地方保护政策的现象。现代市场保护形式主要表现为保护本地资源、限制资源流出，进一步还有封锁市场，这些手段使得西部地区市场分割、服务业行业垄断现象频现，服务业发展与集聚效率低下，从而导致区域产业结构不合理，区域经济难以转型升级，城镇化建设无法得到经济保障与产业支持。另外，地方保护主义政策使得地方发展与周边隔绝，处于孤立状态，不利于城镇化建设和城市群形成。区域内城乡一体化受阻，区域内外差异日益扩大，使得服务业集聚与城镇化不能实现空间上的良性互动。

第二，市场服务功能不健全，地方政府"缺位"、"越位"现象频现。市场服务功能不健全主要表现在两方面：其一，市场中介组织体系不健全，服务水准偏低。就目前西部地区成立的市场中介组织来看，普遍存在资质不足、水准不高的问题，其中不少组织还依附于行政权力机关，存在各种强制性收费现象。市场中介组织服务功能不健全使得其协调、沟通、自律等基本职能难以实现。服务业中介组织，尤其是物流、交通运输服务业的中介组织不能充分发挥降低流通成本的关键作用，阻碍服务业集聚实现，更无法提高集聚区内的生产效率。从城镇化角度来看，市场中介组织体系的完善是提高人们生活质量的重要保障，是社会城镇化的重要组成部分，因此不完善的中介组织体系也会严重影响城镇化质量的提高。其二，市场法律法规体系和配套制度细则不完善。我国市场法律法规体系建设尚不健全，配套制度细则不完善，时常出现无法可依的情况，地方政府缺乏管理或管理不善，导致有法不依、执法不严、"越位"管理等政府行为出现，对服务业集聚和城镇化互动发展产生间接阻碍作用。市场法律法规体系不健全使得西部地区服务业发展无法得到法律的有效保护，同时也不能很好地约束服务业市场中出现的不良现象，产业集聚过程将受阻而不能有效发挥其推动城镇化的作用。另外，市场法律法规的完善是社会文明程度提高的重要表现，对提高人们生活质量有极为重要的作用，制度环境的不完善将严重阻碍社会城镇化水平的提高，进一步将影响区域经济的可持续发展。

三 生态环境脆弱，资源开发利用难度大

我国西部地区除了小范围的城镇区域外，绝大部分地区都属于自然生态的极端脆弱区，人地矛盾十分突出。西部地区虽地域辽阔，但多为山地、高原、沙漠、戈壁、雪域，非耕地资源极为有限，原生态环境恶劣，

生态系统脆弱，适宜人居的空间狭小。西部地区自然环境的特殊性和复杂性使得服务业集聚和城镇化的互动发展受到来自自然因素的外部阻碍，面临基础设施建设困难、资源开发利用难度大、荒漠化使得可居地锐减、人力资源匮乏等一系列特殊问题。

首先，生态环境脆弱导致互动发展无法获得良好而充足的空间载体。我国西部地区深处内陆，地形多高原、山地、盆地，是我国地质地貌、气温气候最复杂的地区。服务业集聚与城镇化建设需要依托一定规模相对平坦的建设用地，依托一定的地缘条件和资源。虽然西部地区地域辽阔，但只有少量的依山傍水地带、盆地中部、谷地绿洲才适宜产业与城镇发展，因此恶劣的生态环境直接导致了西部地区服务业集聚与城镇化互动发展无法获得良好而充足的发展空间。尤其是西部地区的地理位置和地形结构致使交通基础设施建设与维护的难度较大，导致区域交通条件恶劣，物流成本不可估量，严重延缓了服务业集聚与城镇化步伐，影响二者良性互动。

其次，资源开发利用受限，互动发展缺乏资源保障。西部地区地热、太阳能、石油、天然气等自然资源非常丰富，但由于生态系统脆弱，自然资源开发利用的条件差、难度高，加之自然生态保护区广布，自然资源的开发受到较大限制。此外，恶劣的自然环境使西部地区人口分布不平衡，多数地区人口稀少，人口素质普遍较低，从而人力资源短缺，难以形成足量的社会生产力。自然资源与人力资源开发利用受限，使劳动密集型和资源密集型服务业发展因资源"瓶颈"而困难重重，城镇化建设也因区域资源得不到充分利用而失去可靠的经济保障与劳动力保障，西部地区难以仅仅依靠区域内部力量实现服务业集聚与城镇化的互动发展。

四 人文环境复杂，社会问题较为突出

社会人文环境是影响西部地区服务业集聚与城镇化互动发展最复杂、最深刻的因素。社会人文环境是社会在长期发展过程中形成特定的价值观念、道德规范、行为方式、宗教信仰及风俗习惯等，它制约着人们的消费观念、需求欲望、购买行为和生活方式，从而对经济活动产生影响。西部地区的社会人文环境具有原生性、传统性和封闭性的历史特点，与东中部地区相比，西部地区人群的受教育程度偏低、民族宗教复杂、风俗习惯多样、思想观念保守，这些不利的社会文化因素束缚着城镇化进程和服务业集聚发展，对"服务业集聚—城镇化"互动系统的发展产生阻碍作用。具体来说：

第一，人口受教育程度直接影响着区域的文化氛围，西部地区人群整体受教育程度偏低，导致区域人力资源和高端人才缺乏，人们认知环境和改造环境的能力整体较差，难以为服务业集聚与城镇化的互动发展提供足够的智力支持。

第二，西部地区各少数民族民俗文化、宗教信仰的多样性对服务业集聚与城镇化的互动发展有着深刻而复杂的影响。例如，一些少数民族文化中"领土"概念犹存，这对于城镇化过程中的房屋拆迁、居民迁移而言是一个重大难题；宗教在少数民族的自我意识中起重要作用，限制了大区域的民族融合，不利于服务业大市场的形成。另外，国家政策、社会团体和公众舆论对少数民族传统文化、风俗习惯的保护无形中也强化了社会文化因素对西部地区"服务业集聚—城镇化"互动系统的阻碍作用。

第三，西部地区尤其是老少边穷地区的人文思想观念较为保守闭塞，缺乏冒险意识，人们对产业发展、城镇化发展的认识相对落后。落后的思想观念阻碍着人们生产生活方式的创新转变，人们更愿意从事于传统行业，更愿意沿袭原来的生活习惯，这既不利于现代服务业发展与新型城镇化建设，也不能为服务业集聚与城镇化的互动发展注入创新活力。

第四节 小　结

本章分别从服务业集聚和城镇化两个子系统内部、子系统互动中间环节、"服务业集聚—城镇化"互动系统外部三方面入手，全面分析了西部地区服务业集聚与城镇化互动发展的障碍因素。首先，西部地区服务业集聚子系统的障碍因素包括区域间缺乏分工合作、服务产业内部结构不合理和服务企业集聚效率低；西部地区城镇化子系统的障碍因素包括农村人口市民化困难、城镇空间与规模不合理、城市公共服务职能不到位和城镇化内部发展不协调。其次，西部地区服务业集聚与城镇化互动环节的障碍因素包括要素禀赋及其获取能力较差、城市发育失衡且合作机制欠缺和区域整合创新能力不足。最后，西部地区服务业集聚与城镇化互动发展系统的外部障碍因素包括经济发展水平低、基础设施建设滞后、市场机制与政府调控缺乏配合、生态环境脆弱和社会人文环境复杂。

第九章 西部地区服务业集聚与城镇化互动发展的路径设计

服务业集聚与城镇化互动发展的路径设计就是地区服务业集聚与城镇化互动发展进程中,根据自身所处的历史阶段、具备的现实条件和预期的经济社会发展目标,遵循一定的客观规律,对二者互动发展道路的设计。从自然状况来看,西部地区地域面积广阔、地理环境复杂,从社会经济状况来看,西部各地区经济发展水平极为不平衡,人口组成多样化,这些现实情况使西部各地区的服务业集聚与城镇化互动发展路径复杂多样。本章研究的核心目的在于从复杂多样的现实中找出最适合西部地区、最具有西部特色的典型路径,使研究成果更具针对性与实用性。

本书分别从路径实现所需的动力以及路径适用的地区两个视角出发,在结合这两者的基础之上,设计出西部地区服务业集聚与城镇化互动发展的路径。路径1:以工业发展为依托的嵌入式路径;路径2:以服务业特色产业园区为建设主体的外生型路径;路径3:以发挥关联效应为关键的旅游产业驱动型路径;路径4:以自由贸易区为载体的边境贸易驱动型路径;路径5:以政府推动为主导的人口迁移驱动型路径。图9-1展示了5条路径的形成逻辑。

视角一:通过借鉴前文第二、三章中服务业集聚与城镇化的相关理论,结合西部地区的现实情况,对西部地区服务业集聚与城镇化互动路径实现的动力进行分析。其一,路径的动力来源包括内外相辅、外部主导两方面,分别对应路径1、路径2;其二,路径的核心动力要素包括旅游服务、对外贸易和生态建设三方面,分别对应路径3、路径4、路径5。①

---

① 第七章提出由于区位条件的限制和经济发展水平的相对滞后,西部地区的服务业集聚并不适合纯粹依靠本地要素禀赋优势和市场条件的内生型发展模式,故不从内部主导方面考虑路径的动力来源。此外,第三章提出城镇化按照核心动力可主要划分为农业主导型、资源开发推动型、工业发展推动型、交通枢纽推动型、外贸推动型(口岸型)、旅游服务推动型和生态建设推动型等类型。其中,外贸、旅游服务和生态建设三者与西部地区现实情况紧密相关,故该处主要从这三方面考虑路径的动力核心要素。

第九章 西部地区服务业集聚与城镇化互动发展的路径设计 ·231·

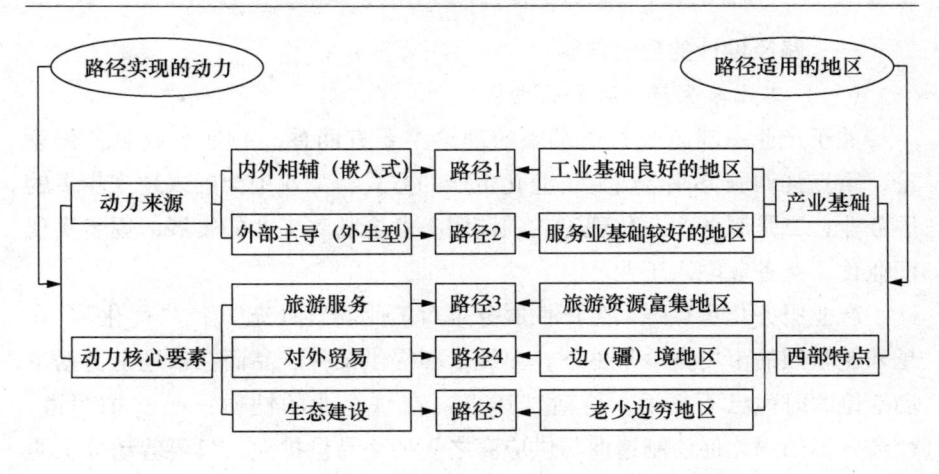

图 9-1 路径逻辑

视角二：本书从产业基础状况与西部地区特点两方面切入，对西部地区服务业集聚与城镇化互动路径适用的地区进行研究。其一，依据服务业集聚与城镇化互动发展的普遍规律，以区域内部具有相对发展优势的产业为特征，针对工业基础良好的地区和服务业基础较好的地区分别设计路径1、路径2；其二，从西部地区区别于东、中部地区的显著特点出发，分别针对旅游资源富集地区、边（疆）境地区和老少边穷地区设计路径3、路径4、路径5。这三种特征涉及西部的地区优势及发展"瓶颈"，与西部地区的现实情况紧密联系。

第一节 以工业发展为依托的嵌入式路径

工业化与城镇化是经济发展过程中的一对"孪生兄弟"，两者在相互促进中共同演进、不可分割。生产性服务业产生于工业生产过程，是服务业中的重要组成部分。生产性服务业为保持工业生产过程的连续性，促进工业生产效率提高提供重要保障服务。因此，要研究服务业集聚与城镇化互动发展的路径，工业是一个重要的纽带。

本节为西部工业基础良好的地区所设计的互动路径是以工业基础为依托的嵌入式路径。该路径是在政府规划助推下，通过嵌入生产性服务业集聚，促进西部工业发展和城镇化进程。

一 路径设计的理论依据

（一）工业与生产性服务业发展

关于产业基础与服务业发展的理论主要有两种。一是产业服务化理论，重点强调服务业会改变工业化生产的方式，工业中会融入越来越多的服务业；二是服务产业化理论，强调服务业会随着工业的发展，逐步实现产业化，服务业融入工业。

产业服务化重点强调生产性服务是对工业的"补充"和"优化"。在越来越激烈的市场竞争条件下，单纯依靠提供某种产品而在市场上占据主动地位的时代已不复返。科斯（1937）在《企业的性质》一文中写道，社会分工的深化促使制造商与供应商之间的交易量扩大，只要劳动分工的边际效益大于交易费用的边际增长，劳动分工就会进一步细化（盛洪，2009）。最初的生产性服务业就是在社会分工的环境中，逐渐从工业企业中分离出来的。现代工业企业的运营需要大量的外部服务业企业的参与，这些企业提供的服务成为工业企业的中间投入。随着产业服务化的深入发展，涵盖人力资源、后勤、采购、工程、营销和销售功能等业务流程的全球外包服务市场规模已相当庞大，工业企业通过外包方式给自己"减负"，着重发展自己的核心部门，获得专业化的外部服务，更容易提升自身的核心竞争力。

服务产业化理论强调服务生产的演化，产业化的一个重要特征是产业链，根据科斯的交易费用理论，企业的一些业务逐渐外部化，于是市场上就出现各种各样的生产性服务业企业，这些企业依照所提供的服务形成一种为工业企业服务的服务链。产业化要求将服务业的生产、市场推广和客户服务标准化，这种标准化过程使得生产性服务业的存在已经不再只是为了满足工业的需求，而是成为一种新型的产业发展模式（王波，2009）。

（二）工业与城镇化

景普秋（2003）梳理了工业化与城镇化的一般关系，他认为现有研究对二者的基本关系的描述有三种观点：第一种观点认为工业化是因，城镇化是果。工业化的进行带动城市的发展，这种发展是由外部经济效益、聚合经济效益以及大市场吸引力所决定的。第二种观点认为工业化与城镇化互为因果。工业化的过程就是城镇化的过程，而城镇化过程又推动了工业化过程。第三种观点认为工业化与城镇化的关系在工业化的不同阶段存在较大差异。不同收入、不同类型国家的工业化与城镇化的关系变动呈现不同的特点。

本书认为，工业化与城镇化互为因果关系。周叔莲等（2008）在《中国的工业化与城市化》一书中研究了工业与城市化的关系，认为工业发展引起比较利益变化与生产专业化，带动规模经济发展，产生集聚效应，促使人口和资源集中，从而推动城镇化发展；工业化带动经济增长，促使社会收入水平和消费水平上升，引起消费结构与消费方式的变化，进而导致市场规模及市场形态的变化，从而对城市扩张提出内在要求；在工业化进程中，工业带动服务业产出比重不断上升，劳动力由农业向工业及其他非农产业转移，生产结构与就业结构的转变推动了农村城镇化和城市发展。他们还进一步指出工业化与城市化具有一致性，城市的发展带动生产要素的集聚，带动要素商品化与市场化，促进生产扩张，并反过来支持工业化进一步发展。因此，工业化与城市化两股力量在循环因果关系中相互作用，这种循环互推关系具有集聚效应，往往以某种加速度来扩大影响。

二 路径的实现过程

根据路径理论基础，本节设计出路径的实现过程，如图9-2所示。服务业集聚与城镇化互动路径以工业发展为核心动力，以政府规划为助推力。依托区域内部工业需求关联与政府产业规划，发展嵌入式生产性服务业集聚；利用嵌入式生产性服务业发展，为区域工业发展提供高水平中间投入及生产技术支持。依靠工业发展所强化的地区优势以及政府城镇规划，促进地区城镇化；利用区域城镇发展，为工业发展提供良好的软硬件环境。同时，发挥生产性服务业的行业嵌入以及区域嵌入作用，使得服务业在城镇中形成集聚，城镇在服务产业的支撑中发展壮大。

（一）工业发展⟵⟶嵌入式生产性服务业集聚

现代市场更倾向于垄断竞争市场，差异化战略将成为企业的主导战略。差异化战略中，企业需要对市场信息尽可能多地掌握，同时需要把主要精力投入到创新生产中来，因此，需要生产性服务业的专业技术对其生产提供技术支持。工业化发展到一定时期，对加工制造环节的依赖逐渐降低，而对于贯穿始终的生产性服务业的需求在持续增加，推动服务业的增值环节趋向生产性服务活动。在工业（主要是制造业）的专业化发展中，相关企业将更加专注于制造力的发展，自身不具备比较优势的部分通过"外包"方式转移给具有比较优势的企业来做，工业企业的生产需求关联和市场需求关联吸引着大批提供相关服务的企业集聚。

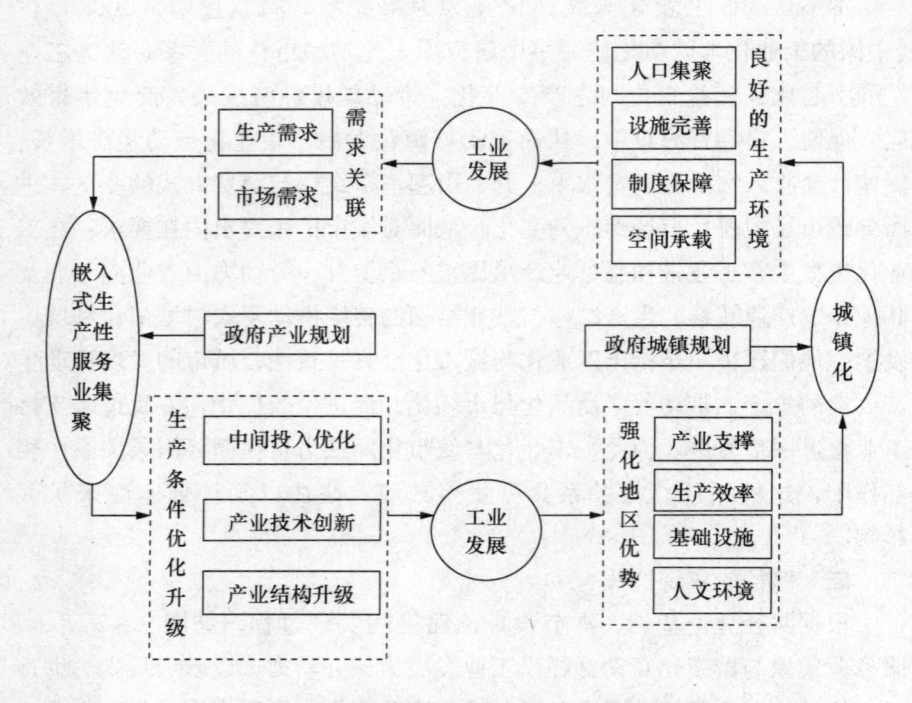

图 9-2　以工业基础为依托的嵌入式路径的实现过程

嵌入式生产性服务业为工业发展提供高水平的中间投入，占领经济价值链的中高端环节，促使工业生产效率提高；生产性服务业的发展将加快现代信息技术成果在整个社会再生产过程中的应用，促进工业技术进步和创新；产业结构向服务业升级能降低经济增长对资源投入的依赖，有利于资源节约型、环境友好型经济的发展，从而推动传统工业向新型工业的转型升级。

（二）工业发展⟵⟶城镇化

拥有一定工业基础的地区，往往区位条件较好，在长期发展中形成了相对较好的基础设施环境和人文环境，使得城镇化进程更容易推进。工业化通过提高劳动生产率，使更多的劳动力和资本从旧的生产方式中解放出来，生产更丰富的产品。除此之外，工业发展过程中形成了生产性服务业集聚，生产性服务业集聚具备高知识性和高创新性的特点，对城镇发展起到系统提高的作用。进一步地，生产性服务业企业不仅服务于当地的工业企业，而且还能服务于当地城市发展中的城市规划、基础设施建设、通信建设、网络建设等各个方面，通过这些服务业企业的信息服务、技术支持，政府能够科学地规划城市发展。

城镇是工业活动的发生地，城镇的建设能够为工业发展提供良好的环境。具体来说，城镇化使得人口向城镇集聚，为工业的发展提供充足的劳动力与智力支持；城镇基础设施的改善为工业活动的顺利进行提供了保障；城镇的软条件比农村更优越，其法律制度环境更能满足现代化工业发展的需求。城镇化过程将扩大这些地区优势，为工业发展创造出优化的空间载体。

（三）以政府规划为助推力

政府规划是嵌入式服务业集聚的重要动力因素。当一个城市的工业发展到一定程度，从价格战略转向差异化战略的过程中，开始产生对外部的生产性服务业企业的需求。政府为了得到更高的地区总产值，会对该地区产业发展与城镇建设做出整体规划，将不同的服务功能如金融、物流、信息等相关产业和专业服务产业集中规划在不同区域，相互嵌入，有效促进工业与服务业、服务业与城市的综合协调发展。

三　经验借鉴与西部现实条件

（一）国内外经验借鉴

日本是典型的嵌入式服务业集聚的国家[①]，日本通过嵌入式服务业集聚，不仅促进了城市的发展，也促进了服务业的发展和优化升级。自第二次世界大战后，短短几十年时间里，日本由一个农业国发展成为一个由服务业为"领头羊"的先进新工业化国家。日本的工业技术处于世界领先地位，其工业发展的众多领域都可作为其他国家的典范，如汽车、电子、造船及钢铁等产业。基于发达的工业发展基础，日本政府积极规划、大力扶持，对整个国家的服务经济高效高质发展起到了重要的推动作用。日本"大阪圈"将"商业的大阪"、"港口的神户"、"文化的京都"有机地结合起来，使这三个城市充分利用自身条件与周边城市的协同关系，在创造自身独特竞争力的基础上相互嵌入，形成整个"大阪圈"的综合竞争优势。日本东京的现代服务业发展在很大程度上依赖于中心城市的工业基

[①] 王先庆、武亮：《现代服务业集聚的模式与结构机理研究》，《商业研究》2011年第11期。

础。在其工业化进程中，批量制造业生产充斥着整个城市，制造业的竞争催生出很多相应的科研服务部门，如电器龙头企业索尼、松下，汽车龙头企业丰田、本田，这些企业都分化出了自己的科研机构。同时，为了解决产品的流通问题，物流服务、商业资讯服务等现代服务业也应运而生。另外，日本政府对东京地区的产业结构调整做出整体规划，将具有不同服务功能的专业服务产业集中规划在不同区域，相互嵌入，促进了东京大都市综合服务功能的协调发展。

我国国内的江苏省昆山市也是嵌入式服务业集聚的典型发展地区。早在2007年，江苏省昆山市的工业产值就突破了4000亿元，成为全国县级市中的佼佼者。目前，昆山已经形成了以IT产业为龙头的支柱产业，同时在高档民生用品、模具制造、特种汽车产业等多个行业形成了具有一定影响力的制造业企业集群。工业的发展也带动了昆山市生产性服务业的不断发展。花桥国际商务城是目前昆山新兴服务业集聚区，该园区重点发展以外包为主的服务业，形成了三大特色产业：制造业区域总部、大公司业务流程后台处理中心和跨国公司业务流程外移外包。另外，昆山清华科技园、开发区企业科技园和巴城软件园着重吸引大学科研机构、企业研发中心、高科技企业、教育培训及中介服务机构的集聚，这三大园区将成为昆山发展科技信息服务业的重点区域。通过服务业产业集聚，形成环境优势与规模效应，实现服务业总量和质量上的突破，加速推进服务业发展，尤其是生产性服务业的发展[1]。

（二）西部地区现实条件

西部地区的工业发展经历了从新中国成立时的重工业发展、"三线"建设的大力扶持发展、改革开放后的放慢发展、西部大开发的政策支持发展这四个阶段。从西部大开发开始，国家重点发展西部的城市地区，形成了一批以工业发展为依托的大城市。

根据西部开发司的统计数据，2011年，西部地区规模以上工业增加值保持较快增长。除新疆外，西部各省（市、自治区）规模以上工业增加值累计同比增速均高于全国整体水平（13.9%），其中重庆（22.7%）和四川（22.3%）居全国前两位。西南各省（市、自治区）全年增速均

---

[1] 江苏省统计局：《昆山市生产性服务业与制造业互动发展对策》，中华人民共和国国家统计局网站，http://www.stats.gov.cn/ztjc/ztfx/dfxx/200807/t20080708_34266.html。

在18%以上，整体快于西北省（市、自治区）。与1—11月比，西藏、宁夏增速加快，分别为1.1、0.9个百分点，云南保持稳定，甘肃下降0.3个百分点，其余省（市、自治区）上升0.1个至0.3个百分点[①]。

截至2012年，西部地区共有产业示范基地53家，占全国示范基地数量的28.6%，涵盖了原材料、装备制造、消费品、电子信息、军民结合5个领域。2011年，西部地区示范基地完成工业增加值8191.4亿元，同比增长29.0%，增速比整个西部地区（16.8%）快12.2个百分点。工业固定资产投资额4984.3亿元，同比增加27.4%，占整个西部地区固定资产投资的7.2%。销售收入达3.4万亿元，同比增加30.3%；利润总额达1870.9亿元，同比增加25.3%，大大高于东部、中部地区示范基地增幅。进出口总额579.2亿美元，同比增加57.1%。其中出口额330.4亿美元，占西部地区出口总额的30.6%，出口额增速明显，同比增加76.2%，大大高于2010年44.0%的增速[②]。

尽管西部地区的工业发展水平相对于东、中部地区较为落后，但西部仍有许多地区具备较好的工业基础，一些中心城市的工业化水平甚至不亚于东部地区，这为嵌入式生产性服务业集聚提供了保证。从城市层面上来说，重庆、西安、贵州均是工业化的重要中心城市。从地区层面看，西部地区有成渝经济区、关中经济区、北部湾经济区三个主要的工业经济发展带。这三个地区获得了比单一城市更多的行政支持，更大的配置资源的权利，也是依托工业基础发展服务业的重要基地。

同时，西部地区在西部大开发中具备了政策优势。嵌入式服务业集聚的成立需要政府的大力推动，西部地区的政策优势为此提供了众多可能。例如，西部地区可以通过税收优惠条件，通过财政投入提供较好的硬件条件吸引外资企业或东、中部地区龙头企业在西部设立分公司。在外部嵌入效应的作用下，西部地区的工业发展会更突出，这将为生产性服务业的发展创造大量有利条件。

[①] 中华人民共和国国家发展和改革委员会西部开发司网站，http://xbkfs.ndrc.gov.cn/cyfz/default.htm。

[②] 《国家新型工业化产业示范基地发展报告系列之十六——西部地区发展情况》，中华人民共和国工业和信息化部网站，http://www.miit.gov.cn/n11293472/n11293877/n13114591/n13114606/15160775.html。

第二节 以服务业特色产业园区为建设主体的外生型路径

尽管从整体上来说，我国西部地区的服务业发展水平在全国并不占优势，但像成都、重庆、西安等地区，在现代服务业方面仍然具有优势，这些地区的信息服务、金融业、商贸业、文化娱乐业、旅游等产业不但在西部地区处于领先地位，甚至在全国也占有一席之地。此外，西部丰富的民俗文化使得很多地区都拥有独具特色的服务业，并陆续涌现出一批文化镇、文化名城。

针对西部服务业基础较好的地区，本节设计出以服务业特色产业园区为建设主体的外生型路径。该路径借助政府调控和外来资本，实现服务业特色产业园区的发展，形成外生型服务业集聚，进而改变区域经济、人口、土地和文化状况，推动城镇化建设。

一 路径设计的理论依据

（一）服务业集聚与特色产业园区的相互作用

1. 特色产业园区发展有赖于产业集聚的形成

产业园区内的企业集聚在某一个地理区域内，共享公共物品，然而能不能发挥协同作用，实现自我强化，还要依赖于区域内已经具有的产业集聚基础或者可能形成的企业集聚。特色产业园之所以"特色"，是因为某种产业内的企业集合，这种企业集合根植于当地发展状况良好的产业。如果各个企业只是实现了空间地理的集聚，而忽视企业间的内在联系和整体机制，将无法拥有真正意义上集聚所带来的核心竞争力。

产业集聚机制表现为集聚在一起的企业的资源共享、相互竞争以及协同作用。产业集聚已经成为产业园区发展的必然需求。主要有以下几种原因：①经济发展至今，生产方式已经发生了深刻变革，需求越来越多样化和弹性化。不同于工业化的标准生产，服务业会随着社会变化而改变自己的企业组织方式、供给服务的方式和供给服务的种类。因此特色产业园区内的企业也需要顺应这一变化，产业集聚正是这样一种能有效应对外部变化的组织形式。②产业集聚的共享机制和竞争机制带来了生产关联、市场关联、技术关联等各种关联，形成集聚区内企业的竞争优势。这些都能促进园区的迅速发展，形成园区竞争优势（曹玮，2006）。

2. 特色产业园区进一步培育产业集聚

特色产业园区是政府利用已经形成一定规模的产业集聚，加以外力推动，引入外地企业，整合本地企业，从而形成的外力作用下的产业集聚。这种人为作用下的规划调整，提高了集聚的速度，有利于该产业的跨越式发展。

产业园区与产业集聚是"相互交叉的两种产业空间"，然而重叠并不意味着重合（顾强、王缉慈，2003）。这是因为可能存在产业园区不能有效集合当地企业的问题，也可能存在有的产业集群不能进入产业园区的问题。在二者的重合部分，产业园区为产业集群提供支撑，主要有以下几个方面（甘永辉，2007）：①产业园区为产业集聚提供了地理集聚区，提供了公共物品，降低交易成本。同时产业园区内的一系列优惠政策，提高了单位面积产出，促进产业集聚。②政府在引进企业进入产业园区时，就考虑到了产业集聚效应以及企业之间的协同与竞争，这种人为外力作用下的集聚提供了更高效的交流、竞争、合作，产生了更大的外部规模效应，生成了更多的创新产品。③园区具有品牌共享优势。园区一旦发展壮大，便能够为园区内的企业在进行外部交流时提供一种无形的支持，从而降低交易成本，提高企业的信用度，增加企业的无形资产。

（二）特色产业园区与城镇化的相互作用

园区一般建在城镇附近，因为城镇附近有较大面积的未开发土地，而且设立在城镇附近保证了园区与城镇的互动。园区设立之后，大量城镇内的企业为追求经济效益，迁移到城镇附近，伴随着大量的基础设施建设，人才流动。同时，不断迁入园内的企业又给当地带来大量的工作岗位和消费人群。因此，园区能够实现城乡资源的有效对接与优化整合，加速城镇化进程。

1. 特色产业园区为城镇化提供产业支持

特色产业园区能够有效促进产业发展，带动就业，激活城乡消费，在促进城镇扩张的同时，避免了空心化问题。特色产业园区设立能够明确地区的主导产业，促进园区集聚企业的专业分工和价值链关联。同时，特色产业园区提供的优惠政策和本身的集聚带来的外部效应，生成品牌效应，吸引大批外地或者外国企业进驻，又进一步提升了本地的产业发展。罗小龙、沈建法（2006）通过对江阴经济开发区靖江园区的研究发现，政府和大企业联盟已经在中国出现，并推动着城市经济增长，在园区建设中，甚至成为中国城市发展的主导力量。这种加速度的产业集聚发展模式为城镇化提供了动力支持。

2. 特色产业园区为村民带来收益，促进城乡一体化

特色产业园区的发展给城镇附近的郊区农村提供了消费市场和就业市场，郊区农民通过为园区提供服务以及在园区内就业两种方式从第一产业转移到第二产业、第三产业。增长极理论认为，增长并非出现在所有地方，而是以不同强度首先出现在一些增长点或增长极上，然后通过扩散效应，带动整个经济增长。Boudville（1966）将增长极理论扩展到地理空间，认为增长极也适用于地理空间经济现象的区位关系。因此扩展的增长极理论能够很好地解释特色园区对园区周围农村经济的带动作用，实现城乡一体化，保障了城镇化的后续发展。

3. 城镇化促进特色产业园区发展

从政府行政层面看，城镇化的发展需要产业基础，为了培养本土的主导产业，地方政府往往会主动建立特色产业园区。如果当地的主导产业是工业，那么首先建立起来工业特色园区，在工业发展中，相对应的生产性服务业也集聚在园区周围，形成服务业特色园区；如果当地的主导产业是服务业，那么就直接建立起服务业特色园区。因此，在城镇化过程中，政府"有形的手"将使得服务业特色园区逐渐建立。

从城镇化发展阶段看，城镇发展到一定阶段，产业外移，在郊区建设产业园区。在世界城市发展中，普遍经历了城市化、二次城市化、郊区城市化、逆城市化、再城市化的过程。从计划经济时期户籍制度实施到现在重启户籍制度改革，我国正经历着二次城市化。城镇化过程中，为了避免城市"灰色文明"，工业由城市转移到郊区，郊区集聚了大量工业部门和消费人群，那么相应的生产性服务业和非生产性服务业也就在郊区形成集聚，也就为特色产业园的最初形成奠定了产业基础。

二 路径的实现过程

根据路径理论基础，本节设计出路径的实现过程，如图9-3所示。服务业集聚与城镇化互动发展应以服务业特色产业园区建设为路径实现主体，着重发挥政府调控与外来资本两股力量对路径的推动作用。通过服务业特色园区建设为服务业企业发展提供软硬件条件支撑，从而在园区内外形成服务业集聚；发挥地区已有服务业集聚优势对政策与外来资本的吸引力，支持服务业特色产业园区的建立。通过服务业特色园区建设改变区域

经济、人口、土地和文化状况，带动城镇化建设；利用城镇化带来的劳动力市场与消费市场，为服务业特色园区建设提供持续动力。特色产业园区中的服务业采用外生型发展模式，借助政府调控与外来资本的力量，形成外生型服务业集聚。

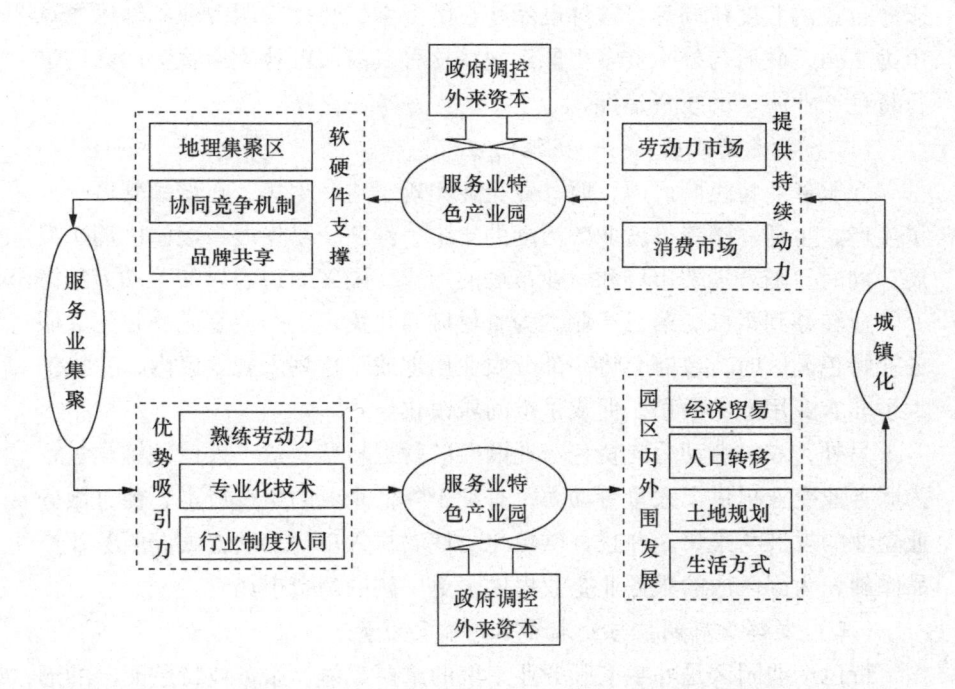

图 9-3　以服务业特色产业园区为建设主体的外生型路径的实现过程

（一）特色产业园区⟷服务业集聚

服务业特色园区直接为服务业企业提供地理集聚区域，促成服务业企业空间聚集，共享园区内的公共基础设施和优惠政策，但空间聚集不一定能够产生集聚效应。特色产业园区之所以是服务业集聚的有效载体，是因为它不仅能带来服务企业的地理集中，还能促使各企业间的有机互动。进入园区的服务企业在合理的政府规划下，进行有组织、有计划的生产运作，彼此之间能够形成协同竞争的关系。此外，园区一旦发展壮大，能够给园区内的企业进行外部交流时提供一种无形的支持，提高了企业的信用度，增加了企业的隐性品牌资产。特色产业园区使得服务业企业空间聚集能够发挥其集聚效应，形成真正的服务业集聚。

对于拥有服务业基础,特别是现代服务业发展基础良好的地区来说,本地已形成的服务业集聚将是吸引政策支持以及外来资本流入的有利砝码。服务业集聚区必然集聚着众多服务业发展所需的资源要素,比如,熟练的服务业劳动力、专门的服务行业技术、各服务企业间的信息共享以及服务行业的制度认同等。这种已然存在的要素优势使得服务业集聚区的竞争力更强,政府与外来资本更愿意选择这种具有服务业发展优势的区域进行特色产业园区的投资建设。

(二) 特色产业园区⟷城镇化

在服务业特色园区内,服务业企业实现了空间聚集,在城镇郊区形成了生产、生活、消费、就业等活动的集中,经济贸易发展带动园区周边发展。同时,随着消费市场和就业市场的形成,园区周边农村的劳动力从第一产业转移到第二、第三产业,为农村城镇化奠定了产业基础。在建立服务业特色园区时,政府会将一部分农业用地或荒地划入规划区内,直接扩大了非农业用地的面积,促成了空间城镇化。

另外,农村劳动力向特色产业园区的就近转移,这一人口城镇化过程为服务业企业提供了大量劳动力,有利于降低企业的生产成本,促进服务业企业的发展与集聚。并且,城镇化会使农村人口的消费方式向服务业产品倾斜,为园区内的服务业企业提供了更广阔的消费市场。

(三) 发挥政府调控与外来资本的重要力量

特色产业园区是外生型服务业集聚的重要载体,服务业特色园区的形成和发展离不开政府与外来资本这两股外部力量的推动。地方政府制定切实可行的园区发展规划方案并成立园区建设领导小组是特色产业园区形成的前提条件。特色产业集群强调上下游企业、政府和其他机构之间的竞争和协作关系,政府的合理规划、有效调控有利于各种资源(如资金、信息、技术、人才)在园区内进行合理配置,从而提高园区的运转效率。特色园区从建成到运转,整个过程需要大量的资本注入,并且一个健康的产业园区需要建立完善的产业链条和强大的产业联盟,而仅仅依靠本地的服务业基础与资本很难实现,因此外来资本是支撑特色产业园区生存与可持续发展的重要力量。

三 经验借鉴与西部现实条件

(一) 国内外经验借鉴

外生型服务业集聚区模式的典型代表是印度的班加罗尔计算机软件技

术园区。印度作为发展中国家，其在软件行业的成功引起了国内的众多学者的研究。我国一些城市如大连、南京也开始学习这种"班加罗尔"模式。因而本节中国外经验借鉴部分将重点介绍班加罗尔计算机软件技术园区。

印度总体服务业发展并不突出，也不具备广阔的软件消费市场，然而印度政府以班加罗尔计算机软件技术园区为依托，建立起了全球最大的软件外包基地，成为印度的支柱产业之一。班加罗尔拥有近30家全球顶尖资质软件研发公司，拥有4500家高科技企业，集中了全印度35%的软件人才，创造了印度1/3的IT业产值[1]。从1984年开始，印度政府积极出台政策支持信息服务业发展，如成立国家信息技术与软件发展委员会和信息产业部，制定了《计算机软件出口、开发和培训政策》和《印度IT行动计划》，在税收、贷款、基础设施等多方面都提供优惠政策。到2009年，班加罗尔软件园区的软件出口额已达7492.9亿卢比。同时，班加罗尔软件技术园区企业数目也迅速增加。1999年，在班加罗尔注册的软件企业共267家，到2000年，软件企业总数上升到782家，到2009年，更高达2085家[2]。

在我国西部有一个典型的依靠特色服务业，形成特色产业区，从而出现的城市新区——西安曲江新区。曲江新区位于西安市东南，以大雁塔和曲江皇家花园遗址为核心，是我国著名的风景园林胜地。1993年10月，陕西省政府正式批准西安曲江旅游度假区为省级旅游度假区。2003年7月，西安市政府批准成立"曲江新区"，旨在将曲江建设成为以旅游产业为龙头，以现代服务业为主体的新城区，并进一步将曲江打造成为西安城市休闲功能区以及文化旅游产业集群。

曲江新区经过二期扩区，新区面积达到40.97平方公里，将周边30个村、11485户、4万多农业人口纳入到城市中，大大拓展了城市用地。同时，通过建设大唐芙蓉园、大雁塔—大慈恩寺旅游区、大雁塔南北广场以及大唐不夜城等众多旅游文化区，增加了新区的城市公共设施用地。经过一系列开发建设，新区有了比较完善的城市基础设施，使得新区成为新的人力、资本、信息、技术的集聚地，形成了新的城市功能区。曲江新区

---

[1] 刘晓：《透视班加罗尔"软实力"》，《南京日报》2012年3月31日第A03版。
[2] 倪鹤、周桂荣：《班加罗尔、大阪服务业发展思路对天津的借鉴意义》，《港口经济》2012年第3期。

的建设不仅扩大了城市建成区的范围,并且促进了城市边缘区的城镇化,对大范围的城市空间形态产生了巨大的影响。

新区文化产业的发展带动了整个城市产业结构的调整。目前,曲江新区形成了以文化旅游、影视演艺、会展创意、出版传媒等产业为主体的文化产业体系,逐渐发展成为西部文化产业的核心区域。此外,新区内还建成了西安交通大学科技产业园、西安理工大学新校区、西安国际旅游学院、曲江艺术中心和广电中心,这些文化产业群对西安及陕西职业培训、公众教育起到重要作用。

(二) 西部地区现实条件

一般来说,如果一地某产业的区位熵指数大于1,则表明该产业在该地区的专业化程度超过全国,该产业提供的产品与服务在满足了本地需求之后还有剩余,可用于向外地输出,该产业能够成为本地区的优势产业、特色产业(刘瑞、张茜,2008)。第二章西部服务行业区位熵的计算结果表明:西部地区教育产业、文化、体育和娱乐业、住宿和餐饮业、卫生、社保和社会福利业等诸多行业都具有外向型发展特征。这说明西部地区具备一批可以发展壮大,将市场延展至全国、全世界的服务业行业。各地政府可以因地制宜,扶持外向型特征最明显的行业,建立特色产业园。

借鉴印度班加罗尔、西安曲江新区的发展轨迹,西部拥有一定服务业基础的地区可以在制造业落后的情况下,依托本地特色,发展外生型服务业。现代服务业基础较好的地区,可建立"金融街"、"物流园"、"科技园"、"大学城"等产业集聚区,而对于拥有丰富民俗文化、历史文化的地区,可建立"文化园"、"美食城"、"娱乐城"等特色产业区。

西部地区发展外生型服务业集聚拥有两方面优势。一方面来自于从"西部大开发"以来集聚的政策优势。国家在财税、金融、投资、土地等方面对西部地区的优势产业进行扶持,同时也为西部地区承接东部地区及国际产业转移创造便利条件。另一方面来自于服务业国际投资转向的契机。与印度、东南亚等新兴市场国家相比,我国西部地区在承接服务业国际转移方面具备多方面优势:社会政治稳定;国民经济持续快速发展,投资环境不断改善;加入WTO后对外开放领域更为宽广;拥有大批受过高等教育的劳动力;劳动力成本低;逐渐成为全球制造中心,市场潜力巨大;交通、通信等现代基础设施比较完善。这些优势条件对国际服务业投资具有很强的吸引力。

第三节 以发挥关联效应为关键的旅游产业驱动型路径

西部的发展离不开旅游业的发展,"一个旅游点致富一个村"、"一个旅游区繁荣一个县"成为西部社会经济发展的一大特色。尽管西部地区内部的经济水平差异较大,地理气候复杂多样,但大多数地区都拥有品质优良的旅游资源,这种禀赋优势使得旅游业成为西部地区发展的主动力之一,特别对于如同西藏、甘肃、贵州这样其他优势并不突出的地区,旅游业更成为其经济发展的命脉。

本节在考虑到西部地区这一特点的基础上,针对西部旅游资源富集地区提出以发挥关联效应为关键的旅游产业驱动型路径。该路径以发挥旅游产业的关联性为关键,重点在改变旅游资源所在地的发展状况。

一 路径设计的理论依据

(一)旅游产业的集聚效应

旅游产业涉及多个行业和部门,它们之间保持纵向、横向联系,并围绕旅游资源产业形成集群。从纵向上看,旅游者在旅游过程中所进行的食、住、行、游、购、娱等活动需要各种服务部门提供服务,完善的服务网络促使异地旅游者聚集起来,形成旅游客源市场。从横向上看,道路交通、邮电通信、银行保险、海关、建筑、媒体、园林、环保、教育等各行业以旅游业为核心紧密结合,彼此之间就生产或服务频繁的发生合作与交易(袁莉等,2003)。

以旅游业为核心所形成的产业集群类型有两种:资源依赖型产业集群,即以经营特定地域空间的旅游核心吸引物的企业为中心,以地接社、酒店、餐饮、交通运输公司为主体,以保险、银行等配套服务企业为辅,面向游客需求价值链的产业集群;专业市场带动型产业聚群,即以具有销售中介职能的大型旅行社企业集团为龙头,以众多中小旅行社企业(或特许经营加盟社)为主体,以相关旅游要素企业为依托的产业集群(张梦,2005)。

(二)旅游产业与城镇化

对于我国西部欠发达地区,积极发展旅游业是推进城镇化进程的一条重要路径。旅游业对城镇化的作用主要体现在以下几点：第一，旅游业促进了城镇经济的增长，成为城镇化发展的重要经济基础之一。第二，旅游业带动了城镇的基础设施建设，使城镇化过程中的人居环境及社会文明程度得到有效改善。第三，旅游业有助于城镇经济结构转型，使城镇功能多元化。第四，旅游业发展有助于环境的保护，促进城镇的可持续发展（冯丽萍，2012）。

从城镇化的三个角度来看，旅游业也能与城镇化产生正向互动作用。首先，从产业发展的角度上看，旅游业的发展能促进区域产业结构优化、吸纳农村剩余劳动力，为城镇化提供持续的动力；同时，在城镇化进程中，人们消费层次提高、基础设施完善，也为旅游产业的发展创造了便利条件。其次，从空间布局的角度上看，在集聚和扩散效应的共同作用下，旅游业布局随着城镇化发展表现出不同的空间特征：城镇化初期，以集聚为主的旅游业呈点状布局；城镇化快速发展时期，以扩散为主的旅游业呈圈层结构布局；城镇化稳定期，以填充为主的旅游业呈网络结构布局。最后，从社会环境的角度上看，城镇化进程的加快促进了跨行政区域的一体化进程，打破行政界线，全面整合区域资源，为旅游业的发展提供了难得的机遇；同时，旅游业的发展，加强了区域经济的联系，有力推动了区域间跨行政界线一体化进程（章智涛，2011）。

二 路径的实现过程

基于以上理论依据，本节提出了以发挥关联效应为关键的旅游产业驱动型路径，如图 9-4 所示。具体内容为：服务业集聚与城镇化互动发展的路径以发挥旅游产业的关联性为关键，重点改变旅游资源所在地的发展状况。发挥旅游产业的集聚效应，促使旅游产业及其关联服务业形成产业链条网络，推动服务业集聚发展；利用旅游关联产业的集聚发展，改善旅游产业的发展条件、丰富游客旅游活动内容。通过旅游产业及其关联服务业的发展改变旅游资源所在地的经济、人口、空间和文化发展状况，推动地区城镇化建设；利用城镇发展带来的消费人口、基础设施建设以及中心城市集散功能，为旅游产业的发展提供保障与动力。

（一）旅游产业⟵⟶服务业集聚

旅游产业对服务业产生的集聚效应主要是靠旅游产业强大的关联性来实现。旅游业的发展会带来一系列关联产业的发展，包括交通运输和邮电通信业、金融业、商务服务业、住宿和餐饮业、零售业、文化和娱乐业等，

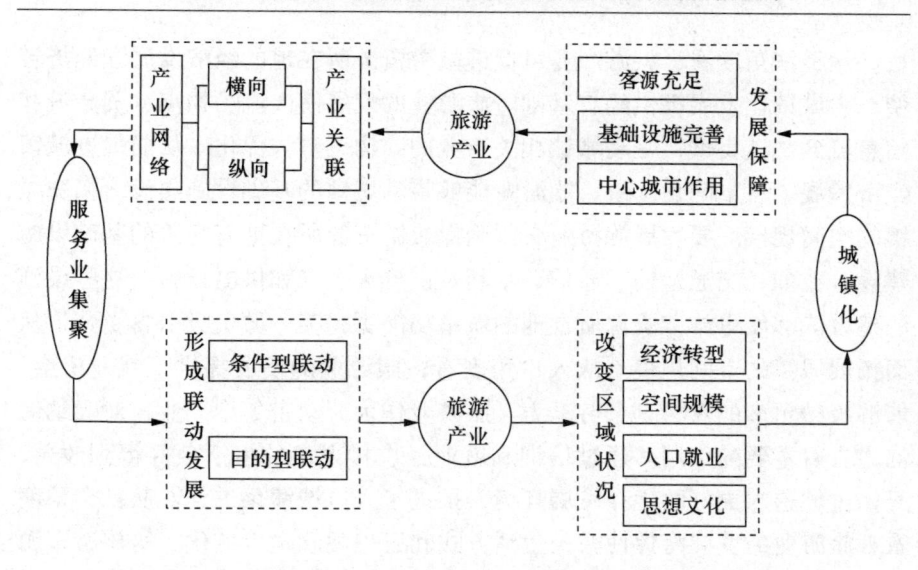

图9-4 以发挥关联效应为关键的旅游产业驱动型路径的实现过程

这些关联产业会与旅游业形成横向或纵向的产业链条。同时，各关联产业之间也会形成产业链条，这样就形成了以旅游业为核心的产业集聚网。

服务业集聚对旅游业产生的作用也可以从关联产业方面来分析。与旅游业具有关联关系的服务业可大致分为两种类型：一是条件型关联产业，这类服务业倾向于为游客提供便利的条件，促使旅游活动顺利进行。例如，交通运输、邮电通信业能为游客的出行以及出行后的通信提供便利的条件；金融业能为旅游活动提供资金融通的便利，其中保险业更是旅游业发展过程中不可缺少的部分；商务服务业中的旅行社服务是旅游活动进行的"加速器"，使得旅游活动顺畅高效地进行；住宿和餐饮业直接为旅客提供了生活所需的服务，确保了旅游资源所在地拥有稳定持续的客源。二是目的型关联产业，这类服务业本身就是旅游活动的组成部分，是游客进行旅游活动的目的。例如，旅游资源所在地的零售业主要销售业务就是售卖旅游纪念品和当地特色产品，这本身就属于旅游业的内容，是旅客进行旅游活动的目的之一；与旅游业相关联的文化和娱乐业提供的服务，属于旅游项目，直接丰富了旅游活动，旅客消费这些行业所提供的服务业，就是在直接消费旅游业的产品。

（二）旅游产业⟷城镇化

旅游产业对城镇化的作用可从经济、空间、人口和社会四个角度分析。从经济角度看，旅游产业可促进旅游资源所在地的经济发展和经济转型，为城镇化发展提供经济基础。旅游业的发展使人流、物流、资金流和信息流到城镇集聚，带动城镇相关产业的结构调整与优化，从而促进城镇经济发展。从空间角度看，旅游业能够带动城镇的基础设施建设，拓宽城镇的空间规模。要发展旅游业必须确保旅游资源所在地有完善的基础设施建设，比如，交通运输、通信、水利及供排水供气和供电设施，这些设施的建设能够使得旅游资源所在地的城镇功能更完善，城镇吸引力更强，从而拓展城镇的空间规模。从人口角度看，旅游业的发展提供了就业机会，能够吸纳更多的农村剩余劳动力。旅游业作为劳动密集型产业，对吸纳劳动力有着重要的作用。通过培训和就业，农村人口的生活条件得到改善，开始进城追求更好的生存发展环境，推进了人口城镇化进程。从社会角度看，旅游业的发展将促使村民生活方式和思想观念发生变化，给旅游资源所在地带来多种文化的冲击，使当地村民的视野得到开阔，认识水平也上升至新的水平，为社会城镇化奠定基础。

城镇化使得城镇人口持续增加，城镇居民对休闲娱乐类产品具有更强的消费需求，同时也对旅游服务消费提出了更高的要求。因此，城镇化为旅游业提供了充足的客源，成为旅游业发展的重要保障。同时，城镇化进程伴随着城际高速公路、铁路、城市轻轨等交通设施的修建以及相关配套设施的完善，为旅游业的发展提供了物质保障。此外，中心城市对旅游产业布局有强大的集聚作用，承担着区域旅游服务集散中心的功能。

三 经验借鉴与西部现实条件

（一）国内外经验借鉴

本节主要挑选了世界第一大旅游入境地法国，以及国内知名景点九寨沟作为经验借鉴对象。

法国旅游由四大产品体系构成：以滨海游为主体的蓝色旅游，以高山滑雪为特点的白色旅游，以巴黎等城市名胜古迹为代表的城市旅游，以及以美丽乡村风光、土特产品为主要吸引物的乡村旅游。近年来，乡村旅游游客量已跃居法国各项旅游的第二位，仅次于蓝色旅游。法国乡村旅游主要有九个项目：农场客栈、点心农场、农产品农场、骑马农场、教学农村、探索农场、狩猎农场、暂住农场和露营农场。上述项目可划分为美食品尝、休闲和住宿三大类，目的在于打造出一个"原真"的绿色旅游来吸引寻求安逸和探索的游客①。法国的乡村旅游可能并没有带来农业人口向城市的流动，没有带来传统意义上的城镇化，但这种乡村旅游的模式推动了乡村建设的极大发展，使得乡村居民的经济状况得到改善，思想观念得到进步，这些转变将会为城镇化的推进提供缓冲条件。此外，虽然乡村旅游业不能脱离农业，但这种形式的农业生产已经不再是传统意义上的农业生产，而是转变为旅游产业链条上的一环，目的是为游客提供休闲娱乐的旅游产品，可以看作具有服务业性质的农业生产。

我国四川九寨沟县的漳扎镇是九寨沟风景名胜区所在地。在旅游业发展以前，漳扎镇内是以农、牧、林业为主的自然山地村落。为适应旅游业发展需要，1989 年建立九寨沟镇，1998 年更名为漳扎镇。目前，在旅游业迅猛发展的推动下，漳扎镇已经发展成为以九寨沟风景名胜区优势旅游资源区为依托，以旅游业为支柱产业，农牧业、商贸业、旅游业共同发展，景区与城镇相互融合的现代国际旅游精品小城镇。漳扎镇还形成了以宾馆饭店、家庭旅馆、餐饮、旅游商品销售、休闲娱乐、民族文化演艺、旅游交通运输、旅游咨询服务、藏家乐等旅游核心产业为主体，邮政、通信、金融、房屋租赁、汽车修理等旅游外围支撑产业共同发展的第三产业集群；九寨天堂商务会议度假中心形成了以高档度假酒店、商务会议中心、温泉洗浴、民族文化演艺、特色餐饮、旅游购物等旅游企业为主的产业集群；新老县城形成了以生态城镇观光休闲、餐饮、住宿、休闲娱乐等旅游服务行业、旅游土特产品加工销售、批发零售贸易、金融、保险、物流、公共管理等旅游相关第二、第三产业部门高度集聚的产业集群②。

(二) 西部地区现实条件

我国西部旅游资源丰富，分布广，通过发展旅游业来实现西部地区服务业集聚与城镇化的互动发展，这一路径对西部地区具有普遍适用性。旅游资源是旅游业赖以发展的基础，是吸引旅游者在异地空间聚集的必要条件。在旅游资源外围聚集着旅行社、饭店餐馆、旅游区域交通、商品零售业以及娱乐设施。在这些服务性产业外围，又会形成第三层次的补充性行业，如银行、邮电通信、海关、保险、建筑、房地产、媒体、园林、环保

---

① 《法国乡村旅游路径揭示：从发展农业战略高度定位》，中国新闻网，http://www.chinanews.com/cj/kong/news/2009/02-17/1567055.shtml。

② 杨建翠：《民族地区旅游推动城镇化发展研究——九寨沟县旅游城镇形成机制分析》，《西南民族大学学报》(人文社会科学版) 2012 年第 4 期。

等行业（袁莉等，2003）。

在《中国旅游资源普查规范》（试行稿）中所列的6类74种旅游资源中，西部样样俱全。同时，西部地区旅游产业规模不断扩大，已经初步建立起较为完善的旅游产业体系。中华人民共和国国家旅游局网站提供的有关信息显示：截至2009年，西部地区拥有各类旅游企业1.37万家，占全国总数的28%；拥有A级旅游景区1000多家，其中5A级景区21家，4A级景区312家，分别占全国总数的31.30%和26.90%。1999年至2008年，西部地区星级饭店从1663座增加到3885座；旅行社从1833家增加到4129家，其中国际旅行社从310家增加到492家。同期，西部地区入境旅游者增长了1.25倍，目前达到984万人次（年均增长14%）；旅游外汇收入增长了1.76倍，目前达到37.56亿美元（年均增长19%）。2002年到2008年，西部地区旅游总收入增长了2.19倍，目前达到5279亿元（年均增长24.5%），高于同期12省（市、自治区）GDP增长率，部分省（市、自治区）的旅游总收入占GDP的比重超过或接近10%。旅游业已经成为西部各省（市、自治区）的支柱产业或先导产业。

第四节 以自由贸易区为载体的边境贸易驱动型路径

边境贸易是世界各国内陆边境地区对外经济交往的一种主要方式，是毗邻国家之间特有的经济贸易形式之一，它既是一种初始形式的国际贸易，又是国家对外经济贸易活动的重要组成部分（张丽君、王玉芬，2008）。西部地区边境线漫长，边境区域广布，更有多个国家级边境贸易区。边境地区社会经济的发展是实现整个西部大发展的重要组成部分，是西部区别于东、中部地区的重要特色。因此，本节着重针对西部边境地区来设计服务业集聚与城镇化互动发展的路径。需要注意的是，本节所研究的边境地区是指拥有一定经济基础，有条件发展边境贸易的地区，需要区别于那些区位恶劣、交通闭塞、人口极其分散，不具有开展边贸活动的现实条件的地区。

本节针对西部边境地区服务业集聚与城镇化互动发展提出了以自由贸易区为载体的边境贸易驱动型路径。该路径以边境贸易为主要动力，以自由贸易区为互动实现的重要载体。

一 路径设计的理论依据

（一）边境贸易的集聚效应

边境地区贸易运输距离的缩短会吸引生产者和消费者在边境地区的集中，企业和人口自由流动性越强，就越容易带来集聚效益，对市场一体化也就越有利（Krugman，1998）。开放边界使国内市场的重要性降低，国内中心区吸引力下降，这可能导致经济活动从先前的中心区位移到新的区位，经济资源重新组织使边境地区获益，边境地区从一国内部的边缘区变成共同市场的中心区（Krugman，1991；Venables，1996）。

张丽君、王玉芬等人（2008）在《民族地区和谐社会建设与边境贸易发展研究》一书中详细论述了边境贸易所带来的生产要素流动。她们指出产业的集聚要靠要素的流动来实现，当生产要素流往边境地区时，相关的产业也就自然地在边境地区得以建立。毗邻国家边境地区的贸易规模扩大能够促进毗邻国家边境地区生产要素的跨境流动，这些生产要素包括劳动力、土地、资本、技术、信息等内容。

（二）边境贸易与城镇化

边境贸易能与城镇化产生积极的互动作用。周聿峨、刘建林（2004）对中国—东盟自由贸易区与云南边境地区的城镇化进行了研究，他们总结出边境自由贸易对城镇化所带来的积极影响：建立自由贸易区，带动边境城镇经济贸易的发展和基础设施的升级；自由贸易区的建立将促使地区经济发展的重心向边境移动，生产力布局更趋合理，从而有利于边境地区的城镇化；自由贸易区的建立和双方经济贸易合作的深入发展，将有助于边境城镇优化产业结构。同时，他们还指出云南边境地区的城镇化对中国—东盟自由贸易区的发展也存在积极影响：从区域安全层面上看，边境地区的城镇化有助于增进边境两国的政治互信，这是自由贸易区向更高层次发展的一个重要前提；从区域经济层面上看，边境地区的城镇化和当地的一系列经贸合作是自由贸易区的一个重要内容，也是双方合作深入发展的一个催化剂。

二 路径的实现过程

基于以上理论基础，本节针对西部地区提出了以自由贸易区为载体的边境贸易驱动型路径。具体内容为：服务业集聚与城镇化互动发展以边境贸易为主要动力，以自由贸易区为互动实现的重要载体。依靠边境贸易，带动生产要素向边境地区的流动与聚集,为服务业的集聚发展提供基本条件和发展保障;通过服务业的集聚发展,带动边境企业的生产供给以及边境居民的消费需求,从而促进边境贸易。依靠边境贸易带动边境地区产业布局调整、基础设施升级以及经济重心移动,实现边境地区社会经济转型,从而推动边境城镇化进程;通过城镇化建设,带动边境地区的有序管理、基础设施的改善和人口素质的提高,为边境贸易的进行提供可靠保障。重点发展边境自由贸易区,形成特色管理体制,超前进行服务业集聚与城镇发展的整体规划和建设(如图9-5所示)。

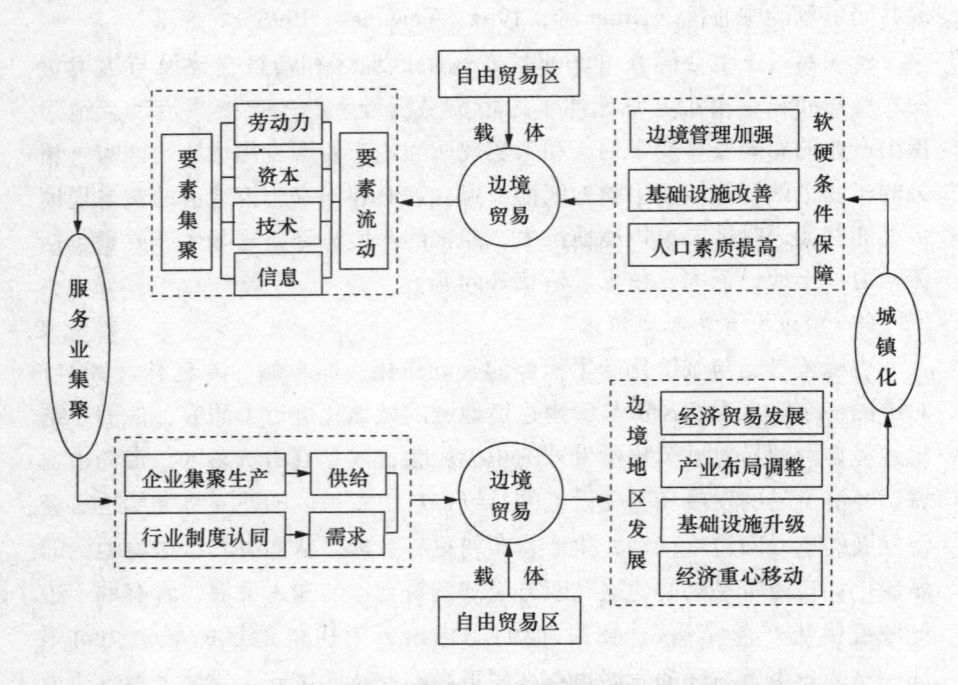

图9-5 以自由贸易区为载体的边境贸易驱动型路径的实现过程

(一)边境贸易⟷服务业集聚

边境贸易最先引起的就是要素流动,这种要素流动包括两类,一类是劳动力、资本、技术、信息等要素从本国内陆地区流向边境地区,另一类是要素从他国跨境流入本国边境地区。各种要素集聚在边境地区,通过两国的边境贸易,在边境地区形成各种行业,其中发展最明显的行业包括物流业、金融业、商贸业、旅游业等,由此服务业集聚在边境地区形成。

随着服务业集聚规模的扩大，各种要素会源源不断地流向边境地区，企业为了逐利而来，在边境地区形成企业的集聚，而企业就是边境贸易的重要主体。服务行业的增多，经济环境的改善将使得边境地区的居民更多地从事贸易活动，以此提高自己的经济。同时，居民消费能力的提高，也为边境贸易拓宽了消费市场。

（二）边境贸易⟷城镇化

边境贸易能够带来城镇经济贸易的繁荣与基础设施的升级。边境贸易促进边境地区的产业结构和产品结构的调整，产业结构从简单的工、农业为主逐渐转变成第三、第二、第一产业的排序，产品的交易从以前的以农产品、工业制成品为主逐步转变为以服务贸易为主。边境贸易使得地区的经济重心向边境地区移动，同时还将伴随着部分人口向边境城镇迁移。

边境地区的城镇化建设使得边境地区处于有序、有管理的状态，这种状态使得他国在与我国进行边境贸易时，信任度增强，而互信是边境贸易的前提。此外，城镇化能够带来边境地区基础设施条件的改善、人口素质的提高，从而促进边境贸易的发展。

（三）以自由贸易区为载体

边境地区的互动路径要以边境自由贸易区为实现载体、发展重点。自由贸易区消除了关税和配额等贸易壁垒，大大提高了通过边境贸易实现服务业集聚与城镇化互动的效率。科学技术的进步使得自由贸易区的管理手段和设施建设得到很大改善，有利于贸易区内形成具有特色的管理体制。自由贸易区高效的管理方式有利于超前进行整体规划和建设，推动贸易区与城市功能的相互促进，带动周边城镇经济发展，尤其能在金融、保险、商贸和中介等服务产业发展上取得显著成效。

三 经验借鉴与西部现实条件

（一）国内外经验借鉴

本节主要选取了边贸发达的美国和墨西哥，以及接壤国家众多的云南边境地区作为经验借鉴对象。

从20世纪80年代以来，由于美国、墨西哥实行贸易自由化，墨西哥的工业布局开始从墨西哥城向美—墨边境地区转移。1990年，墨西哥85.6%的出口装配企业位于和美国接壤的墨西哥州。1994年1月北美自由贸易区正式启动以后，墨西哥新的产业中心转移到了与美国接壤的北部城市，促使了墨西哥边境城市的出口制造业和跨国装配企业迅速发展。在美—墨贸易过程中，作为小经济体的墨西哥通过与美国的自由贸易，有效地促使本国经济外部化，国内的制造业将注意力转向国外市场，导致了墨西哥的企业逐渐向美—墨边境迁移。

我国云南地处东亚与东南亚、南亚次大陆的结合部，整个西部与南部分别与东盟的缅甸、老挝、越南三国接壤，边界线长4060公里，并与马来西亚、新加坡等国邻近。云南边境地区有国家级口岸10个、省级口岸9个和边民互市通道86个。云南地区的边境地方政府贸易、边民互市、边境小额贸易、边境地方性和民间性的经济技术、劳务合作等，在双方贸易总额中所占的比重很大①。随着中国—东盟自由贸易区的建立，云南边境地区作为我国面向东南亚开放的前沿，其边境贸易的发展具有重要意义。据中国商务部网站发布的相关数据显示：2011年，云南与东盟的贸易额已达到59.9亿美元，同比增长30%，其中出口35.5亿美元，同比增长22.4%，进口24亿美元，同比增长43.3%。云南省与重点贸易伙伴泰国、缅甸、越南及老挝的贸易总额持续快速增长，对泰国、马来西亚、菲律宾及越南的进出口增速均保持在50%以上。

（二）西部地区现实条件

在我国两万余公里的陆地边境线上，有广西、云南、西藏、新疆、甘肃、内蒙古、黑龙江、吉林、辽宁9省（自治区）的143个县市与越、老、缅、不、锡、印、尼、巴、阿、塔、吉、哈、俄、蒙、朝15个国家接壤。中国西部边界线大体可分两段，即西北部边界线段和西南部边界线段。西北部边境段毗邻蒙古国西部、俄罗斯、哈萨克斯坦、吉尔吉斯斯坦、塔吉克斯坦、阿富汗、巴基斯坦等国，与其相对应的为中国内蒙古西部、甘肃、新疆；西南边界线段毗邻印度、尼泊尔、锡金、不丹、缅甸、老挝、越南等国，与其相对应的为西藏、云南、广西三省（自治区）。我国的国家级边境贸易地域系统即四大边境贸易区地域系统，包括东北边境贸易区、内蒙古边境贸易区、西北边境贸易区和西南边境贸易区。其中，内蒙古边境贸易区西段、西北边境贸易区和西南边境贸易区三部分都属于西部地区。

我国边境地区拥有全方位开放的边境口岸城市体系，这些边境口岸城

---

① 周聿峨、刘建林：《中国—东盟自由贸易区与云南边境地区城镇化》，《思想战线》2004年第3期。

市群的空间结构具有明显的层次性，构成了中国内陆 9 省（自治区）有机带状边境口岸体系的整体，即地处边境，有接壤邻国，沿边界线内部几乎环抱着小国整个东北、西北和西南带状边境地区。在内陆边界线上，有国家一类口岸 38 个，其中公路口岸 23 个，内河航运口岸 6 个，铁路口岸 9 个。此外，还设置若干个二类口岸，构成目前中国沿边对外开放口岸体系。边境口岸系统形成了沿边地区特有的"口岸经济"，即口岸城镇经济[①]。

为了鼓励我国边境地区积极发展与我国毗邻国家间的边境贸易与经济合作，国家近年来先后制定了一系列有关扶持、鼓励边境贸易和边境地区发展对外经济合作的政策措施。

2008 年 10 月，财政部出台六项支持边境地区贸易发展政策，以财税、投资方面的优惠支持边贸。自 2008 年 11 月 1 日起，中央政府采取专项转移支付的办法替代现行边境小额贸易进口税收按法定税率减半征收的政策，并逐年增加资金规模，专项用于支持边境贸易发展和边境小额贸易企业能力建设。同时，还将边民互市进口的生活用品免税额度提高到每人每日人民币 8000 元。此外，相关政策还包括进一步减轻边贸企业负担，对涉及边境贸易企业的行政事业性收费项目进行清理和规范，取消不合法、不合理的收费项目，抓紧研究一般贸易以人民币结算办理出口退税的问题，并优先考虑在边境地区扩大试点，以及支持边境口岸建设[②]。

第五节　以政府推动为主导的人口迁移驱动型路径

西部老少边穷地区广布，这里往往区位恶劣、交通闭塞、人口极其分散，人们主要依靠原始手工农业为生。尽管各级政府每年都投入大量物力、人力、财力进行定点扶贫，但从投入—产出状况来看，收效并不明显，甚至有些地区脱贫后又返贫。从短期来看，这类地区的市场作用整体

[①] 张丽君、王玉芬：《民族地区和谐社会建设与边境贸易发展研究》，中国经济出版社 2008 年版。

[②] 资料来源：《国家采取财税等优惠措施促边境地区经济贸易发展》，中华人民共和国中央人民政府网站，http：//www.gov.cn/gzdt/2008 - 10/30/content_ 1136097.htm。

处于失灵状态，实现服务业集聚与城镇化的互动发展要以计划为主，待要素市场初步形成以后，再逐渐过渡到以市场机制为主。

本节为解决西部老少边穷地区服务业集聚与城镇化互动发展的问题，所设计的路径是以政府推动为主导的人口迁移驱动型路径。西部老少边穷地区服务业集聚与城镇化互动发展以人口迁移为核心，以政府推动为主导力量。

一 路径设计的理论依据

（一）人口迁移与集聚经济

产业集聚不仅受到区位优势、经济基础、自然资源等因素的制约，还与人口的数量、质量、增长速度、分布、迁移、构成等因素有着密切的关系。人口迁移对产业集聚的影响可从两方面进行分析：人口数量和人口质量。

1. 人口数量

人口的集聚是产业集聚与城市集聚的基础，只有人口集聚到一定的规模，产业才可能存在和发展（胡双梅，2005）。人口迁移首先会带来迁入地人口数量的变化，其中最重要的是劳动力数量的变化。一个国家或地区的人口总量是生产和消费的基础，产业集聚要求生产性活动规模扩大，必须以相应规模的人口为基础。一定规模的人口为产业发展提供必要的劳动力，劳动力的数量影响到劳动市场上的供需关系，进而影响企业的劳动力成本。人口数量的增多还扩大了消费市场，为产业的发展提供了可靠保障。产业集聚的同时也伴随着人口的集中，完善的产业集聚体，能够吸纳更多的劳动者，推动作为劳动者和消费者的人口进一步集中（刘娟，2010）。

2. 人口质量

通过人口迁移提高迁入地的人口质量（人力资本）所指的是通过一定的优惠手段将外地人口吸引进入本地，这类人口的迁移主要是人力资本的引入，强调的是迁入人口的素质与能力。具体途径：一是拥有不同专业技术知识的劳动力所组成的专业化人才市场，能够为产业发展提供优质的人力资本（刘娟，2010）；二是高素质人才对高科技产业具有重要的集聚效应，因为创新人才是新兴企业更需要和看重的稀缺资源（Malecki，1985）。

大多数学者在研究服务业集聚对人口流动的影响时，主要是从服务业对流动人口的就业吸纳能力入手。服务业对就业的影响包括数量和质量两个方面，从影响方式上既有"就业创造效应"，又有"就业替代效应"（薛敬孝、韩燕，2006）。当前，我国服务业对劳动力保持了较强的吸收能力并且具备较大的吸收潜力（曾国平、曹跃群，2005），其中以商务服务业为主的生产者服务业和以教育、医疗、卫生为主的社会服务业对人口就业的吸纳作用最明显（魏作磊，2006）。从服务业的内容来看，可以把它们分成两个大类，即传统服务业和现代服务业。张艳华（2010）以北京市为例考察了服务业对外来流入人口的吸纳，她认为流动人口通常会进入批发零售业、住宿餐饮业及居民服务业和其他传统服务业就业，而就业于现代服务行业的人员寥寥无几。

（二）人口迁移与城镇化

对经济欠发达的地区来说，农村人口外迁对促使本地区城镇化水平提高的积极作用是应当给予肯定的，但主要基点仍应立足于大力促进地区自身经济的发展，逐步增强当地城镇吸收接纳农村人口的能力。综合治理经济不发达地区农村人口问题，既要重视"治穷"、"限生"，又要重视"促迁"，妥善处理"就地"迁移和易地迁移的关系（朱宝树，1995）。

关于城镇化对人口迁移的影响研究主要集中于城镇对人口的吸引因素研究，包括迁出地与迁入地的距离、经济发展水平、气候、环境、科技发展水平等，其中获取经济利益是人口进行迁移的最重要目的。龙奋杰、刘明（2006）通过实证分析认为城市人口的当前收入与收入增长预期对城市吸引人口迁入的影响最大。另外，城市吸引人口迁入的影响因素除了经济类指标外，传统意义上人们对城市各种属性的认知程度，即城市的社会属性也对城市吸引人口迁入有很重要的影响。

二 路径的实现过程

图9-6展示了以政府推动为主导的人口迁移驱动型路径的实现过程。西部老少边穷地区服务业集聚与城镇化互动发展以人口迁移为核心，以政府推动为主导力量。通过人口迁入，改变迁入地的人口数量与质量，为迁入地的服务业集聚发展提供劳动力、消费市场和人力资本；着重发挥服务业对迁入人口的就业吸纳能力以及服务行业满足人们生存发展需求的能力，从而拉动人口迁入。通过人口迁入，直接带动迁入地的人口城镇化，通过人口回流，间接带动迁出地的城镇化发展；发挥以经济利益为首的各种城镇优势吸引力，拉动人口向城镇地区迁移。以政府的推动为人口迁移

的主导力量,政府需要进行多方面统筹规划,充分考虑区域长期经济发展问题、民族问题及生态问题等多个难题。

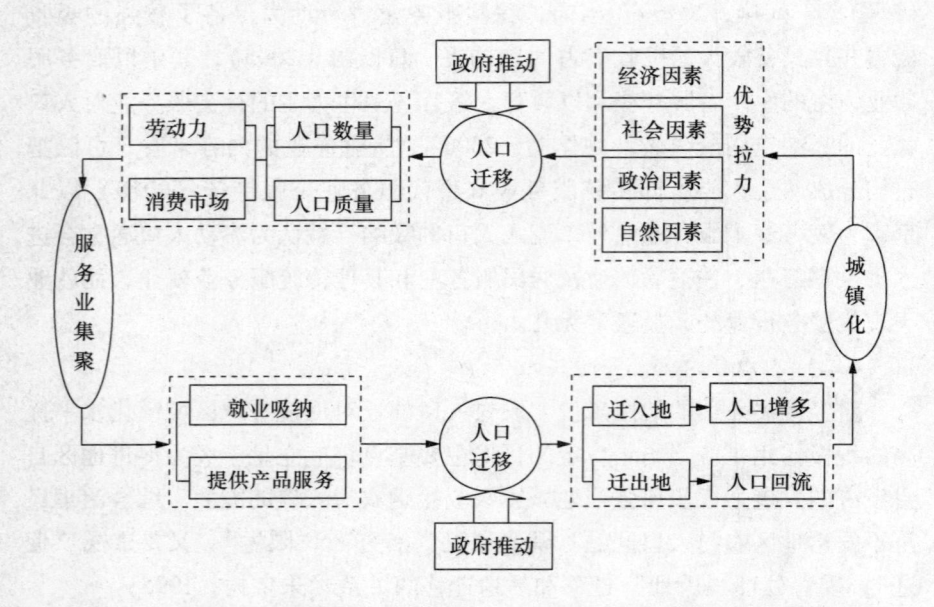

图 9-6 以政府推动为主导的人口迁移驱动型路径的实现过程

(一) 人口迁移⟷服务业集聚

人口迁移通过改变迁入地的人口数量与人口质量来促进服务业集聚。首先,人口迁移能直接带来迁入地人口数量的增加,从而增加迁入地的劳动力数量,其中以简单劳动力为主。这是因为老少边穷地区的人口受教育程度普遍较低,素质和技能较差,大多只能从事技能要求不高的传统型生活性服务业,如餐饮业、住宿业、家政服务业、洗染业、美发美容业等服务行业。另外,迁入的人口还能转化成迁入地的市场需求,成为服务行业的消费者。

其次,人口迁移能提高迁入地的人口质量。通过人口迁移提高迁入地的人口质量(人力资本)是指通过一定的优惠手段将外地人口吸引进入本地,这类人口的迁移主要是人力资本的引入,强调的是迁入人口的素质与能力。而通过优惠政策吸引而来的高素质人力资本主要是进入现代型服务行业工作,如金融服务、商务服务、政务服务和物流服务行业等。我国实行的援藏计划、大学生支边计划就是"人口迁移提升迁入地人口质量"

这一路径的践行。此外，老少边穷地区的人口迁出有利于避免一些地区因为人口过少导致近亲繁殖，造成智力低下人群的产生，从另一侧面提高了人口质量。

服务业集聚对人口迁移的影响最主要体现在服务业对迁入人口的就业吸纳能力以及服务行业满足人们生存发展需求的能力两方面。服务业本身是一个对就业具有很强吸纳能力的产业，迁入人口的就业问题能在服务行业里得到很大程度的解决，使得迁入人口有稳定的生活来源，确保了迁入人口能长久地居住在迁入地。同时，服务行业与人们的生活息息相关，直接为人们提供生活所需的各种产品和服务，能够很好地满足迁入人口生存与发展的需求。

(二) 人口迁移 ←→ 城镇化

人口迁移对城镇化的影响可分别从迁入地和迁出地两方面分析。人口迁移对迁入地城镇化最直接的影响在于人口迁入城镇，使得农村人口减少，城镇人口增多，促进了人口城镇化。人口迁移对迁出地城镇化的影响是间接的，这种间接影响是指从城镇回到乡村的人口，对农村人口产生的影响。

城镇化对人口迁移的影响体现在城镇对人口迁入的"拉力"上，这里所指的拉力可从经济因素、社会因素、政治因素和自然因素四个方面分析。经济因素主要是指迁入地（城镇）相对于迁出地（老少边穷地区）能提供更多的就业机会，提高迁入人口的收入，改善其经济状况；社会因素是指迁入城镇能改善迁入人群的家庭婚姻状况、子女教育状况等；政治因素是指在城镇生活能使迁入人口获得更多的政治权利，成为真正的社会公民；自然因素是指城镇往往建立在那些地理位置相对较好、生态环境宜居的地方，而西部老少边穷地区多处于自然环境恶劣的山区，这使得城镇对于希望改变生存条件的人们来说更具吸引力。迁入地（城镇）所具有的这些优势，就是迁出地（老少边穷地区）的劣势，这些劣势导致老少边穷地区对人口产生"推力"，人口就在"推—拉"作用下，由老少边穷地区迁入城镇。

(三) 以政府推动为主导

西部老少边穷地区广布，这里往往区位恶劣、交通闭塞、人口极其分散，人们主要依靠原始手工农业为生。这类地区的市场作用整体处于失灵状态，缺乏自我发展的能力，实现服务业集聚与城镇化的互动发展要以政府推动为主导。尽管城镇对人口迁移有着天然的"拉力",但人口迁移是一项庞大复杂的工程,不仅要考虑就近原则,还要考虑区域的长期规划,甚至还将涉及民族问题、生态问题等众多难题。因此,迁移工作要求各方面统筹合作,"拉力"必须在政府的推动下才能更好地发挥作用。

三 经验借鉴与西部现实状况

(一) 国内外经验借鉴

美国的西部开发又称为"西进运动",大约持续了一个多世纪,它是一种大规模的经济开发和社会迁移运动。1864年美国成立移民局,采取预借路费、降低运费、优惠贷款、来去自由、免予征兵和给予国外移民以公民权等措施,以鼓励国外移民。虽然中美两国实施西部大开发都是为了开疆辟土,实现落后地区的大发展,但两国西部开发的根本区别在于美国西部开发属于初次开发,而中国西部开发属于再次开发。美国西部开发的历史表明,政府主导下的产业发展、交通运输设施建设和人口迁移是美国西部城镇化的拉动力,而城镇化发展是西部乃至全美国经济持续发展的推动力。中国西部落后地区通过人口迁移带来城镇化与服务业的发展,不仅要注意量的扩张,更重要的是质的提高和内涵的发展。

以我国西部地区唯一的直辖市重庆为例。我国重庆市渝东北、渝东南"两翼"地区集中了全市贫困人口的80%以上,自然条件恶劣、地理条件复杂、耕地和水源等资源矛盾突出,人们生存和发展受到客观条件的严重制约,是全市扶贫工作的"难啃地"、"硬骨头"。

自2006年起,重庆市抓住国家试点启动易地扶贫、扶贫移民、生态移民之机,开始探索推进高山生态扶贫搬迁。2013年,重庆市政府颁布实施《关于加快推进高山生态扶贫搬迁工作的意见》,计划在2013—2015年完成高山移民55万人,在2017年基本完成高寒边远地区高山移民任务。七年来,重庆各区县按照"先试点示范、再逐步推开"的思路,推进高山移民工作,探索出插花安置、梯度转移、整村搬迁、集中安置等多种搬迁模式,建立起以县为平台、以项目为载体、以易地扶贫等补助资金为纽带、集中投入"圈翼"对口帮扶、国土整治、农民新村建设、生态建设、人饮安全、清洁能源工程等各类资源要素的整合机制,示范性地打造出巫山庙堂、城口岚天、黔江濯水等多个易地扶贫搬迁亮点。

各区县围绕自身特点,因地制宜找到自身的搬迁之道。作为秦巴山片区区域发展与扶贫攻坚的主战场,城口县制定了"人口下山,产业上山,游客进山"的搬迁思路，重点抓好产业发展，全域推进旅游扶贫；在开县，坚持搬迁与农业园区、效益农业、乡村旅游融合、劳务经济融合；在黔江，加强资金整合，引导政府融资公司参与扶贫开发项目；在秀山，用活"地票"制度，整合村级收益，促进山区群众脱贫；在丰都、酉阳，大力发展乡村旅游产业，统筹推进扶贫开发，走出一条产业扶贫的新路。

面对市场环境和群众需求，重庆市扶贫办实施高山生态扶贫搬迁工作与乡村旅游相结合政策，重点开展乡村旅游精品景区工程。同时，在全市18个贫困区县中，均建有三至五个扶贫产业园项目，每个区县都有一个除乡村旅游之外的重点支柱扶贫产业。从搬迁实施的效果来看，重庆市高山移民工作有效推进了贫困人口向城镇地区的转移，集中解决了其出行难、上学难、就医难等民生民计问题。在解决贫困人口迁移难题的同时，重庆市扶贫办采取扶贫搬迁与产业开发相结合的方式，有效推动了贫困地区以旅游业为主的服务行业的大力发展。

（二）西部地区现实状况

我国老少边穷地区多位于中西部山区和丘陵地区，共计1029个（剔除重复），占全国总县数的近一半。全国241个老区县，78%集中于福建、江西、湖北、湖南、四川、陕西6省。639个少数民族自治县，除5个民族自治区外，主要集中在四川、贵州、云南、甘肃、青海西部5省。134个陆地边境县，主要分布在吉林、黑龙江、云南、内蒙古、西藏、新疆、广西。欠发达县共计400个，主要集中在西部12省（市、自治区），占到全部欠发达县的80%。在400个全国最不发达的县中，有63%的县是老、少、边区县[①]。

全国55个少数民族中，90%以上分布在贫困地区，涉及5个民族自治区，24个自治州，并包括44个民族县的全部。部分民族聚集区由于靠近内地，经济较为发达，而那些聚集在边远山区的瑶、苗、藏、回、土家等民族，经济文化落后，难以维持简单再生产，大都靠国家救济，处于绝对贫困状态[②③]。

众多不利因素使得贫困地区的交通、电力和通信设施建设难度很大。

---

① 农调总队：《我国老少边穷地区现状分析》，中国三农信息网站，http://www.sannong.gov.cn/v1/fxyc/qyjjfx/200405270850.htm。

② 朱凤岐：《中国反贫困研究》，中国计划出版社1996年版。

③ 郭来喜：《贫困，人类面临的难题》，中国科学技术出版社1992年版。

这一情况使得想要通过"输血"的方式带动这些地区的发展存在极大的困难。

上述的现实情况意味着西部老少边穷地区基本不具备自我"造血"的能力，尽管各级政府每年都投入大量的物力、人力、财力进行定点扶贫，但从投入—产出状况来看，收效并不明显，甚至有些地区脱贫后又返贫。这说明对这些地区的扶贫靠单纯给予是不行的，而是要为它们营造宜于实现集聚经济的环境，帮助其实现经济的良性循环和可持续发展。对于这些区位恶劣、交通闭塞和人口分散的贫困地区要真正脱贫，必须走一条以"异地发展、体外造血"为主要特征的开放型、开发型的路子，以迁移人口促进人口集聚，从而带来城镇化与集聚经济的发展。

第六节 小 结

本部分研究在分析理论文献与西部地区现实情况的基础之上，为西部地区服务业集聚与城镇化的互动发展探寻出5条路径，各条路径之间并不完全独立，各有侧重。本章研究尽可能地设计出具有西部特色，反映西部实际情况的路径。具体来说：

路径1：以工业发展为依托的嵌入式路径——服务业集聚与城镇化互动路径以工业发展为核心动力，以政府规划为助推力。依托区域内部工业需求关联与政府产业规划，发展嵌入式生产性服务业集聚；利用嵌入式生产性服务业发展，为区域工业发展提供高水平中间投入及生产技术支持。依靠工业发展所强化的地区优势以及政府城镇规划，促进地区城镇化；利用区域城镇发展，为工业发展提供良好的软硬件环境。同时，发挥生产性服务业的行业嵌入以及区域嵌入作用，使得服务业在城镇中形成集聚，城镇在服务产业的支撑中发展壮大。该路径适用于西部工业基础良好的地区。

路径2：以服务业特色产业园区为建设主体的外生型路径——服务业集聚与城镇化互动路径的关键在于"一体两翼"，即以服务业特色产业园区建设为路径实现主体，着重发挥政府调控与外来资本两股力量对路径的推动作用。通过服务业特色园区建设为服务业企业发展提供软硬件条件支撑，从而在园区内外形成服务业集聚；发挥地区已有服务业集聚优势对政策与外来资本的吸引力,支持服务业特色产业园区的建立。通过服务业特色园区建设改变区域经济、人口、土地和文化状况,带动城镇化建设;利用城镇化带来的劳动力市场与消费市场,为服务业特色园区建设提供持续动力。特色产业园区中的服务业实施外生型发展模式,借助政府调控与外来资本的力量,形成外生型服务业集聚。该路径适用于西部服务业基础较好的地区。

路径3:以发挥关联效应为关键的旅游产业驱动型路径——服务业集聚与城镇化互动发展的路径以发挥旅游产业的关联性为关键,重点改变旅游资源所在地的发展状况。发挥旅游产业的集聚效应,促使旅游产业及其关联服务业形成产业链条网络,推动服务业集聚发展;利用旅游关联产业的集聚发展,改善旅游产业的发展条件、丰富游客旅游活动内容。通过旅游产业及其关联服务业的发展改变旅游资源所在地的经济、人口、空间和文化发展状况,推动地区城镇化建设;利用城镇发展带来的消费人口、基础设施建设以及中心城市集散功能,为旅游产业的发展提供保障与动力。该路径适用于西部旅游资源富集的地区。

路径4:以自由贸易区为载体的边境贸易驱动型路径——服务业集聚与城镇化互动发展以边境贸易为主要动力,以自由贸易区为互动实现的重要载体。依靠边境贸易,带动生产要素向边境地区的流动与聚集,为服务业的集聚发展提供基本条件和发展保障;通过服务业的集聚发展,带动边境企业的生产供给以及边境居民的消费需求,从而促进边境贸易。依靠边境贸易带动边境地区产业布局调整、基础设施升级以及经济重心移动,实现边境地区社会经济转型,从而推动边境城镇化进程;通过城镇化建设,带动边境地区的有序管理、基础设施的改善和人口素质的提高,为边境贸易的进行提供可靠保障。重点发展边境自由贸易区,形成特色管理体制,超前进行服务业集聚与城镇发展的整体规划和建设。该路径适用于西部边境拥有一定经济基础,有条件发展边境贸易的地区。

路径5:以政府推动为主导的人口迁移驱动型路径——西部老少边穷地区服务业集聚与城镇化互动发展以人口迁移为核心,以政府推动为主导力量。通过人口迁入,改变迁入地的人口数量与质量,从而为迁入地的服务业集聚发展提供劳动力、消费市场和人力资本;着重发挥服务业对迁入人口的就业吸纳能力以及服务行业满足人们生存发展需求的能力,从而拉动人口迁入。通过人口迁入,直接带动迁入地的人口城镇化,通过人口回流，间接带动迁出地的城镇化发展；发挥以经济利益为首的各种城镇优势吸引力，拉动人口向城镇地区迁移。以政府的推动为人口迁移的主导力量，政府需要进行多方面统筹规划，充分考虑区域长期经济发展问题、民族问题及生态问题等多个难题。该路径适用于西部生态环境脆弱、区位条件恶劣的老少边穷贫困地区。

路径1与路径2具有普遍适用性，即它们是服务业集聚与城镇化互动发展的一般路径，并不是特定地针对西部地区的特点所设计，但仍能涵盖西部较大范围的地区。路径3、路径4和路径5具有很强的针对性，充分体现了较大范围内的西部地区的自身特点。

第十章 促进西部地区服务业集聚与城镇化互动发展的政策建议

从前文研究可知,服务业集聚与城镇化发展之间是相互依托、相互促进的关系。城镇化发展为服务业集聚提供了充足的要素供给和良好的发展环境,服务业集聚也为城镇化发展提供了产业支撑和发展动力。二者相伴相随,在内容、空间和能力等多个维度实现互动发展。但就西部地区目前的实际情况而言,政策体制不合理、市场体系不完善、服务业集聚与城镇化发展水平不协调、城市群体系结构不健全等诸多因素都阻碍了服务业集聚与城镇化的良性互动。故如何消除障碍因素,实现西部地区服务业集聚与城镇化的互动发展,进而带动整个西部地区的经济发展,是本章将要解决的重要问题。

本章将从树立基本的发展理念、构建可持续发展机制、促进西部地区服务业集聚水平提升和城镇化健康发展,以及完善互动发展的中间环节几个方面,提出促进西部地区服务业集聚与城镇化互动发展的政策建议。

第一节 树立西部地区服务业集聚与城镇化互动发展的基本理念

在西部地区服务业集聚和城镇化互动发展过程中,应当根据西部地区的现实条件和产业基础,首先树立起因地制宜、服务业集聚与城镇化协同并进、适当优先发展服务业的基本理念,引导二者朝正确的方向发展。

一 树立因地制宜的理念,探索符合西部特色的互动发展路径

西部地区在实现服务业集聚与城镇化互动发展的过程中,不能简单模仿国内外发达地区的发展模式和路径,而是要总结并借鉴已有成功经验,结合地区的现实条件和基础,合理规划适合自身发展的独特路径。就西部

地区的现实情况而言，自然环境条件的特殊性、社会文化的复杂多样性以及二元经济结构突出等问题，都影响着服务业集聚与城镇化的互动发展，同时，丰富的自然资源、独特的社会人文条件也为服务业集聚、城镇化以及二者的互动发展提供了有利条件。因此，西部地区要综合考虑各种不利因素和有利条件，借鉴已有经验，合理制定服务业集聚与城镇化的互动发展规划，探索出具有西部特色的发展道路。

二 树立服务业集聚与城镇化协同并进的理念，实现西部地区产城融合发展

一般而言，城镇化发展离不开服务业的产业支撑，而服务业集聚也要依靠城镇的要素集聚作用才能得以进一步发展，二者是相互依托、相互促进的关系，同时，二者的协调推进也是实现互动发展的前提和基础。如果片面追求城镇化水平提升，大量的土地和资金等社会资源则会被用于城镇规模的大肆扩张，而忽视相关服务业的发展，最终会导致有城镇而没有产业支撑的"空城"和"鬼城"现象。另外，如果单纯追求服务业集聚水平提升，而城镇化发展水平滞后，就会弱化城镇的要素集聚效应，从而阻碍服务业的进一步集聚。因此，如果要实现服务业集聚与城镇化发展的良性互动，首先要促进服务业集聚和城镇化的协调推进，统筹规划服务业集聚与城镇化发展，注重"城镇功能"与"服务业集聚功能"的相互配合与依托，达到城镇化促进服务业集聚，服务业集聚提升城镇化发展水平的基本目标，实现西部地区产城融合发展。

三 树立适当优先发展服务业的理念，探索西部地区新型产业升级模式

自国家实施西部大开发战略以来，西部地区便开始大量投资建设基础设施，发展资源和资本密集型重工业。然而，本地市场狭小、产业配套设施落后、交通不便、邻国经济落后等不利条件，导致西部的工业发展水平不高，结构不合理，且没有带来相应的农村剩余劳动力的吸收效应。因此，就目前西部地区的发展情况而言，单纯依靠工业发展难以带动城镇化进程。相反，西部地区旅游文化资源、劳动力资源等要素相对丰富，可以依靠这些有利条件推动西部服务业发展。同时，借助服务业集聚，带动人口和空间城镇化发展，提升城市经济水平和生活服务质量，推动城镇化的快速发展。因此，西部地区应因地制宜，摆脱工业发展水平落后的束缚，探索新型产业升级模式，在符合条件的地区适当优先发展服务业，实现跨越式发展。

第二节 构建西部地区服务业集聚与城镇化互动发展的可持续发展机制

推动西部地区服务业集聚与城镇化互动发展的首要任务是消除体制性障碍，明确市场和政府在互动发展中的作用，改善西部地区对内和对外的竞争合作关系。因此，西部地区要从完善市场竞争机制、优化政府引导机制、建立健全开放合作机制等几方面入手，通过政府和市场的配合，构建竞争有序、开放合作的可持续发展机制，促进服务业集聚与城镇化互动发展。

一 完善市场竞争机制，优化外部市场环境

有序的竞争环境是市场在资源配置中发挥决定性作用的前提和基础，也是提升服务业集聚水平、推动城镇化发展以及促进二者良性互动的重要条件。因此，西部地区要进一步完善市场竞争体制，着力清除市场壁垒，使各要素在统一的市场环境内实现公平竞争，提高资源配置效率，为服务业集聚和城镇化互动发展提供一个良好的外部环境。

一方面，要制定公开透明的市场竞争规则，促进公平竞争。首先，坚持权利平等、机会平等和规则平等原则，为具有竞争力的企业提供一个公平的竞争平台；其次，充分发挥供求机制、价格机制、竞争机制以及风险机制的作用，提高竞争效率；最后，完善外围企业依法平等的进入机制，优化区域内部企业优胜劣汰的退出机制，营造良好的竞争环境。另一方面，要加快垄断行业改革，消除地方保护主义。在能够形成有效竞争的领域，政府不进行不当干预，转变职能，简政放权，有序放开市场准入，支持和鼓励民间资本以独资、参股、控股等多种方式进入网络设施建设、交通设施建设以及服务业等领域，进一步增强市场竞争活力；在少数关系国计民生的核心领域，政府应完善定价方式，适当放开竞争性环节的价格管制，提高透明度，接受社会监督；在区域系统管理上要突破区域保护主义，改革市场监管体系，实行统一的市场监管。

二 优化政府引导机制，充分发挥政府规划和监管作用

服务业集聚和城镇化互动发展受到外部支撑系统和保障系统的影响，

而支撑系统和保障系统的完善与否与政府行为密切相关。所以，要继续优化政府引导机制，在政府的合理规划和监督下，实现西部地区服务业集聚和城镇化互动发展。

一方面，加强政府在西部地区服务业集聚和城镇化互动发展过程中的总体规划和引导作用。首先，加快建设互动发展的专项规划和领导机构，明确政府部门在总体规划中的主要地位；其次，从西部地区的产业基础和比较优势出发，制定西部地区服务业集聚与城镇化互动发展的专项规划和具体实施方案，将城镇化规划和产业规划相结合，构建科学的发展规划体系，合理安排城镇和服务业集聚区布局，协调服务业集聚和城镇化发展水平，实现城镇化与服务业集聚的协同发展；再次，发挥政策引导和财政资金的杠杆效应，引导人才、资金等要素向西部地区集聚，增加服务业集聚和城镇化发展的要素供给；最后，政府部门应带动服务业集聚与城镇化互动发展的思想文化建设，转变不合时宜的传统思想，促进文化和观念的与时俱进。另一方面，加强政府和其他相关组织对市场活动和各部门工作的监督与过程管理，及时发现并纠正互动发展过程中各主体的行为偏颇，引导西部地区的服务业集聚和城镇化朝正确的方向发展，确保总体目标的实现。

三　建立开放合作机制，提高资源配置效率

西部地区服务业集聚与城镇化发展过程中，经济活动的相互联系以及中间要素的自由流动是互动发展的关键所在。因此，要建立健全西部地区对内对外的开放合作机制，促进资源优化配置，增强互动发展活力。

一方面，提高西部地区的对内开放程度，积极开展区域合作。加强西部地区各省（市、自治区）的经济互动，充分利用各地区丰富的资源禀赋，建立区域经济互助机制；建立东、中部地区对西部地区的帮扶机制，充分发挥东、中部地区的辐射和带动作用，通过多种方式促进西部地区服务业集聚和城镇化发展。另一方面，积极加强对外开放，充分利用外资活力促进西部地区的整体发展。在服务业集聚、基础设施建设等领域有序放开外资准入限制，积极引导国际资本和先进技术向西部地区服务业集聚和城镇化发展的重点建设领域汇集，结合西部本土资本，建立外资合作机制。充分发挥外资的总部经济效应和技术溢出效应，提升西部地区的整体发展水平，促进服务业集聚与城镇化互动发展。

第三节 促进西部地区服务业集聚水平提升和城镇化健康发展，奠定互动发展的坚实基础

服务业集聚与城镇化发展是实现二者良性互动的前提条件，因此，首先需要从政策层面促进服务业集聚，并实现城镇化健康发展，以此奠定二者互动发展的坚实基础。

一 积极推进服务业发展，提升西部地区服务业集聚水平

（一）加强西部地区服务业政策指导，促进服务业合理集聚

西部地区自然环境恶劣、社会文化复杂多样以及经济基础薄弱等因素都制约着服务业的内生发展和自发集聚，因此，有必要依靠政府外力，通过制定相关政策，引导西部地区服务业合理布局，提升服务业集聚水平。针对这一问题，政府应适时适当地将产业政策向西部服务业倾斜，实行优惠的税收、土地和信贷等相关政策，充分发挥政策的导向作用，引导服务业集聚所需的人才、资金、技术等生产要素向西部流动和集聚；同时，采取差异化的服务业政策措施，促进服务业的合理布局和服务业集聚在行业层面和区域层面的协调发展。具体地，在服务业集聚区内实行优惠的税收政策和信贷政策，调整园区内企业的用电、用水、用地和信息通讯价格，以节约经营成本的方式吸引服务业企业向特定的园区迁移和集聚；加大财政资金对高新技术企业的风险补助和投资保障力度，增强其风险抵御能力，鼓励其进行产品和生产技术的研究与开发；充分发挥政府的公共财政能力，支持园区内企业建立产业技术联盟和生产经营活动联盟，强化企业间的经济关联，促进服务业的有效集聚。

（二）积极打造西部特色服务业园区，提升核心竞争力

服务业产业园区是服务业集聚的重要表现形式和载体，相对于一般产业园区而言，特色产业园区因以地方特色资源和产业为依托，且园区内企业间经济联系较强而具有明显的发展优势。因此，在提升西部地区服务业集聚水平的过程中，要充分发挥本地资源禀赋优势，选择特色产业和优势项目，建设一批集聚功能强、辐射范围广、业务形式新颖的特色服务业园区，将资源禀赋顺利转化为产业优势，提升西部核心竞争力。

首先，西部地区要抓住国内外产业转移的重要机遇，依托人力资源优势和政策优势，打造集财务结算、单据处理、数据中心和清算中心等于一体的离岸金融结算服务中心，结合配套的呼叫中心、培训中心等建立综合外包服务业园区；其次，依托丰富的铁路、高速、航空及水运交通网络和综合交通枢纽，打造集专业仓储、分拨配载、流通加工、采购配送以及物流信息提供等服务于一体的现代物流企业园区；再次，依托西部丰富的民族文化资源和旅游资源，实现旅游产业与文化产业的有机结合，积极打造集西部民族文化展示、特色旅游商品销售、导游服务、休闲娱乐、特色餐饮为一体的旅游文化集聚区；最后，还可以充分整合各种高新技术资源，积极构建以电子信息产业、精密仪器开发、生物医药技术研究以及创新文化产业等为主体，其他新兴服务业产业同步发展的高新技术产业园区，以及为其提供高层次研究人才的教育产业园区，促进产学研深度合作，实现研究成果的实物转化。

（三）有序推动西部地区服务业对外开放，加强国际交流与合作

在经济全球化背景下，不能再单独依靠国内资源推动西部地区服务业集聚水平的提升，而要顺应"构建开放型经济新体制"的新形势，逐步加强服务业的对外开放程度，拓展国际交流与合作空间。一方面，要积极引导外资企业"走进来"，推进金融、教育、文化、医疗等领域的有序开放，逐步放开外资准入限制，积极引导国外资本进入西部地区的商贸流通业、旅游业、文化产业、物流业等服务业，充分发挥国外资本活力，推动服务业集聚水平的提升。另一方面，要鼓励西部服务业企业"走出去"，加强西部地区服务业与国外其他地区间的国际交流与合作，加快西部地区自贸区建设和内陆沿边开放，重点发展优势互补的国际贸易业务，展开双边、多边合作，促进外资企业的先进技术向西部服务业产业转移；鼓励西部地区有能力的服务企业对外投资，利用国外市场扩大西部服务业产业的市场需求，以国际化业务带动服务业集聚水平的提升，实现跨越式发展。

二 坚持走新型城镇化道路，促进西部地区城镇化健康发展

（一）加强城乡统筹规划，推动西部地区大中城市和小城镇协调发展

西部地区突出的城乡二元经济结构是阻碍服务业集聚与城镇化互动发展的重要因素，城乡分割弱化了城镇对周边农村腹地的辐射带动能力和对农村剩余劳动力的吸纳能力，也阻碍了西部农业现代化发展进程。因此，必须统筹西部地区的城乡规划，突破二元经济结构障碍，达到城乡协调发

展的目的。一方面，将西部城镇和农村纳入同一个管理系统之中，实行土地、财政、社会保障等公共资源配置的相对均等化，加强农村地区在教育、医疗、卫生、养老、公共交通等领域的生活保障；强化城镇与农村的经济联系，促进经营活动所需的生产要素在城乡间的自由流动，实现以城带乡，城乡共同发展。另一方面，由于西部地区的部分省（市、自治区）地广人稀，难以实现人口和经济活动向大中城市的全面转移，因此，在城乡统筹发展过程中，要依托自然资源和社会文化资源建立西部特色小城镇，并充分发挥已有城镇的吸纳作用，带动偏远地区的城镇化进程，走大中城市与小城镇协调发展的多元城镇化道路。

（二）进一步推进户籍制度改革，加快相应配套设施建设

一直以来，户籍制度都是限制社会经济发展和城镇化进程的重要因素之一，因此，在稳步推进城镇化发展过程中，户籍制度改革成为社会关注的焦点。然而，随着西部地区部分省市和自治区户籍制度改革试点工作的开展，新的问题开始逐步呈现。部分地区由于相关配套设施和服务供应滞后，无力承担附加在户口上的诸多福利的供给，教育、医疗保障、就业等相关配套政策没有惠及新落户的农业转移人口。因此，需要进一步加快西部地区户籍制度改革步伐，在有序放开城镇落户限制条件的同时，增加城镇社会公共资源供给，加强基本公共服务的投资力度，将财政转移支付与农业人口城镇化挂钩，稳步扩大城镇基本公共服务政策的覆盖面积，把在城镇落户的农业转移人口纳入城镇住房、就业、医疗、教育等社会保障系统，实现农业转移人口在户籍与生活保障两方面的市民化，真正实现人口的城镇化目标。

（三）借鉴国内外城镇化先进经验，建立友好合作城市

西部地区的城镇化发展是一个长期的过程，且由于地广人稀的条件约束，城镇布局、人口和经济活动的迁移都面临着严峻的挑战，因此，有必要借鉴国内外发达地区先进的城镇化经验，有序推进西部地区城镇化发展。目前，我国东部部分城市已与国际上其他发达地区的城市缔结友好合作关系，利用国际合作通道，促进双方在经济、贸易、教育、文化等领域的共同发展。西部地区也可以借鉴这一城镇化发展经验，紧紧抓住中欧建立城镇化伙伴关系这一重要机遇，积极寻求与欧盟及其成员国家在区域、地方等层面的交流与合作，重点突出双方在城镇化发展战略和政策制定、城镇产业经济可持续发展规划、城镇基础设施建设投融资机制建立、城镇

化发展交流和人员培训等相关领域的合作关系，鼓励双方政府和企业等部门为相关项目建设提供资金、技术和人才等方面的支持。建立友好合作城市关系，不仅能够为西部地区与国际城市间的交流与合作搭建良好平台，也为顺利推进中欧城镇化合作发展发挥重要作用。

第四节 完善互动发展的中间环节，促进西部地区服务业集聚与城镇化的良性互动

互动发展的中间环节是连接服务业集聚与城镇化的重要链条，要实现二者的良性互动，必须完善这一中间环节。服务业集聚与城镇化主要通过内容、空间和能力三个维度实现互动发展，并且这三个维度所包含的内容与作用机制共同构成互动发展的中间环节。因此，本书主要从这三个维度所包含的内容出发，提出完善互动发展中间环节的政策建议。

一 加强基础设施建设，强化要素供给支撑

基础设施是服务业集聚与城镇化互动发展的物质基础，对于增强城市综合承载能力、提高服务业集聚水平以及稳步推进新型城镇化建设具有重要作用。当前，西部地区基础设施仍然存在标准不高、结构安排不合理等问题，因此，要紧密围绕建设服务业集聚区、完善城镇功能等重点领域，加快基础设施建设，全面提升西部地区的城镇基础设施水平。第一，加强西部地区公共交通基础设施建设、城市道路和桥梁建设改造，推进地铁、轻轨等城市轨道交通系统建设，完善城市道路网络系统，提高道路网络密度，带动城市公共交通和相关产业发展；第二，要加强西部城市水、电、燃气、通信等供应设施的建设、改造和检查，降低供水、供电的漏损率，提升燃气、通信的普及率，增强城镇综合承载能力；第三，加强西部地区城镇生态系统建设，促进社区公园、滨江走廊、旅游园区的绿地规划和建设，强化西部城镇的生态功能。

除基础设施以外，资金、人才、土地以及信息等生产经营活动所需的各种要素也是影响西部地区服务业集聚与城镇化互动发展的重要因素，因此，为保障城镇化与服务业集聚的良性互动，要继续增加要素供给，优化要素供给结构，强化生产要素的支撑作用。在资金供给方面，扩大财政支持范围，发行地方政府债券，加大招商引资力度，整合财政资源和具有良

好信誉的社会优质资产及外商资本,建立透明规范的投融资体系,为西部地区提供充足的资金支持。在人才培养方面,加强现代职业教育体系建设,深化校企合作,促进产研融合,培养高素质劳动者和技能型人才;同时,鼓励社会培训机构开展各类职业技能培训,充分整合高校、企业和社会资源,提升人力资源水平,为西部发展储备强大的后备力量。在土地保障方面,完善西部地区的土地规划,调整工业和服务业的用地结构,限制工业用地的盲目扩张,扩大服务业用地规模,统筹规划城乡用地市场,并针对服务业园区建设制定优惠的土地政策,加强西部地区用地保障。在信息服务方面,建立并完善西部地区服务业集聚与城镇化互动发展的信息共享平台,整合各地区、各行业的基础数据和产品技术信息形成信息库,建立覆盖西部地区各省(市、自治区)、各领域的综合信息服务体系。

二 积极发展西部城市群,加快区域一体化建设进程

城市群的形成与发展是服务业集聚与城镇化互动发展的一个重要环节,城市群的发展壮大不仅能够带动周围广大腹地的城镇化发展,还能够通过集聚效应强化城市间、企业间的经济联系。因此,城市群规模越大、资源配置效率越高,其对服务业集聚与城镇化互动发展的促进作用就越大。然而,西部地区目前缺乏大城市、超大城市等中心城市,导致城市群体系结构不健全,集聚与辐射功能不强,所以在促进服务业集聚与城镇化互动发展方面,西部城市群还没有呈现出明显的积极作用。基于此,西部地区要积极发展城市群,完善城市群建设的相关制度和设施建设,充分发挥城市群的集聚作用。

首先,积极发展西部地区的中心城市,培育新兴增长极。继续扩大已有大型城市的辐射范围,围绕西部地区服务业集聚和城镇化重点建设项目,打造新兴增长极。加强中心城市与周边地区的经济联系,带动周边中小城市的发展,促进城市群的形成。其次,进一步提高城市群的一体化程度,建立城市群共同市场。有效整合西部地区的生产要素,打破行政区划和城乡分割壁垒,推进市场化进程,加速生产要素的自由流动,建立要素一体化市场;加强地区间的经济联系,促进邻近城市的横向经济合作,实现"西西互助",加快区域一体化建设进程。此外,继续完善西部地区各城市之间的交通网络、信息网络等基础设施建设,强化城市群内各城市之间的信息与物资互通共享。统筹规划城市群内的公路、铁路、水路、轨道等交通基础设施体系建设,完善物资集散地、各种运输方式的衔接枢纽等综合配套设施；抓好城市群的信息网络建设，打造信息共享平台，建立完善的现代化通信与信息网络。

三 完善区域协同创新体系，提升西部地区的创新能力和整合能力

区域的技术创新能力和对资源的整合能力是服务业集聚与城镇化在区域内实现互动发展的重要桥梁，因此，要继续完善西部地区的区域协同创新体系，提升西部地区的整体创新能力和整合能力，进一步促进服务业集聚与城镇化的互动发展。一方面，完善西部地区的技术协同创新体系，为培养和提升区域创新能力提供源源不断的驱动力。加强高校、企业、政府和科研机构之间的交流与合作，综合运用产、学、研、政等各方面资源，建立区域技术协同创新联盟；积极打造高新技术研发平台、重点实验室、博士后流动站等技术创新载体；重点培养高层次、应用型创新人才，为技术创新提供有力支持；积极探索校企合作、产学研一体化发展模式，建设独具特色的高新技术孵化器，促进科研成果向市场产品的转化。另一方面，抓好区域协同管理体系建设，优化资源配置，提高区域的资源整合能力。首先，鼓励民间非政府组织的建立，充分发挥民间组织监管作用，形成自下而上的管理模式，结合政府机构的宏观调控作用，实现民间组织与政府机构的协同管理，探索西部地区各类资源的整合方式；其次，在区域管理上要突破已有的行政区划，推动行政区管理向经济区管理、城市群管理的转化，实现区域协同管理，推动要素在西部各区域的有效整合；最后，要综合运用经济、法律和行政等管理手段，提升西部地区的要素整合能力。

参考文献

[1] [英] 阿尔弗雷德·马歇尔：《经济学原理》（上卷），朱志泰译，商务印书馆1981年版。

[2] [英] 阿尔弗雷德·马歇尔：《经济学原理》（下卷），陈良璧译，商务印书馆1997年版。

[3] [美] 埃德加·M. 胡佛：《区域经济学导论》，王翼龙译，商务印书馆1990年版。

[4] [美] 保罗·克鲁格曼：《地理与贸易》，张兆杰译，中国人民大学出版社2000年版。

[5] 曹钢、何磊：《第三阶段城镇化模式在中国的实践与创新》，《经济学动态》2012年第2期。

[6] 曹建海、李海舰：《论新型工业化的道路》，《中国工业经济》2003年第1期。

[7] 曹玮：《企业集群理论和工业园区发展的关联性》，《边疆经济与文化》2006年第2期。

[8] 曹宗平：《西部地区既有城镇化模式的弊端与现实选择偏好》，《当代经济研究》2011年第2期。

[9] 陈建军：《长江三角洲地区的产业同构及产业定位》，《中国工业经济》2004年第2期。

[10] 陈建军、陈国亮、黄洁：《新经济地理学视角下的生产性服务业集聚及其影响因素研究——来自中国222个城市的经验证据》，《管理世界》2009年第4期。

[11] 陈凯、吴丽：《改革开放以来上海服务业集聚的实证研究》，《中央财经大学学报》2012年第6期。

[12] 陈柳钦、黄坡：《产业集群与城市化分析——基于外部性视角》，《西华大学学报》（哲学社会科学版）2007年第2期。

- [13] 陈立泰、侯娟娟：《服务业集聚与城市化的互动关系：1997—2009》，《西北人口》2012 年第 3 期。
- [14] 陈晓毅：《广西区域城市化综合水平评价和类型分析》，《广西社会科学》2009 年第 9 期。
- [15] 陈玉梅、张奎燕：《东北地区城镇化的类型、特点及问题》，《城市问题》2009 年第 4 期。
- [16] 程大中、陈福炯：《中国服务业相对密集度及其对劳动生产率的影响》，《管理世界》2005 年第 2 期。
- [17] 邓冰、俞曦、吴必虎：《旅游产业的集聚及其影响因素初探》，《桂林旅游高等专科学校学报》2004 年第 6 期。
- [18] 丁焕峰、李佩仪：《中国区域污染与经济增长实证：基于面板数据联立方程》，《中国人口·资源与环境》2012 年第 1 期。
- [19] 丁健：《现代城市经济》，同济大学出版社 2005 年版。
- [20] 董晓燕：《基于系统动力学的汽车产业创新系统研究》，硕士学位论文，合肥工业大学，2007 年。
- [21] 费洪平、宋金平：《我国城市化地域类型及其协调发展战略》，《地理学与国土研究》1997 年第 4 期。
- [22] 冯丽萍：《论旅游业的发展对我国城镇化的促进作用》，《改革与战略》2012 年第 8 期。
- [23] 冯卫红：《旅游产业集聚的动因分析》，《经济问题》2009 年第 7 期。
- [24] 国家统计局：《中国统计年鉴 2013》，中国统计出版社 2013 年版。
- [25] 国家旅游局资源开发司、中国科学院地理所：《中国旅游资源普查规范（试行稿）》，中国旅游出版社 1993 年版。
- [26] 甘永辉：《基于产业集群导向的工业园区发展研究》，《商场现代化》2007 年第 2 期。
- [27] 高鸿鹰、武康平：《集聚效应、集聚效率与城市规模分布变化》，《统计研究》2007 年第 3 期。
- [28] 高敏：《服务业发展与城市化内在联系的多视角解析》，《经济问题探索》2009 年第 12 期。
- [29] 高运胜：《上海生产性服务业集聚区发展模式研究》，博士学位论文，同济大学，2008 年。

[30] 葛立成：《产业集聚与城市化的地域模式——以浙江省为例》，《中国工业经济》2004年第1期。

[31] 郭来喜：《贫困，人类面临的难题》，中国科学技术出版社1992年版。

[32] 顾乃华、李江帆：《中国服务业技术效率区域差异的实证分析》，《经济研究》2006年第1期。

[33] 顾乃华、夏杰长：《服务业发展与城市转型：基于广东实践的分类研究》，《广东社会科学》2011年第4期。

[34] 顾强、王缉慈：《产业集群工业园区发展与新型工业化》，载国家经贸委行业规划司：《新型工业化研究报告之六》，2003年。

[35] 管驰明、崔功豪：《中国城市新商业空间及其形成机制初探》，《城市规划学刊》2003年第6期。

[36] 管驰明、高雅娜：《我国城市服务业集聚程度及其区域差异研究》，《城市发展研究》2011年第2期。

[37] 工业化与城市化协调发展研究课题组：《工业化与城市化关系的经济学分析》，《中国社会科学》2002年第2期。

[38] 何海群：《旅游目的地旅游产业集群发展战略研究》，硕士学位论文，中南林业科技大学，2008年。

[39] 何丹、谭会慧：《上海零售业态的变迁与城市商业空间结构》，《商业研究》2010年第5期。

[40] 何静：《产业簇群的发展与城镇化初探》，《财经问题研究》2004年第2期。

[41] 何骏：《长三角区域服务业发展与集聚研究》，《上海经济研究》2011年第8期。

[42] 贺灵：《区域协同创新能力测评及增进机制研究》，博士学位论文，中南大学，2013年。

[43] 洪银兴：《城市功能意义的城市化及其产业支持》，《经济学家》2003年第2期。

[44] 侯剑：《基于系统动力学的港口经济可持续发展》，《系统工程理论与实践》2010年第1期。

[45] 侯学钢：《上海城市功能转变和生产服务业的软化》，《上海经济研究》1998年第8期。

[46] 胡双梅：《人口、产业和城市集聚在区域经济中的关系》，《西南交通大学学报》（社会科学版）2005年第4期。

[47] 胡霞：《中国服务业空间集聚变动趋势研究》，《财贸经济》2008年第6期。

[48] 胡霞、魏作磊：《中国城市服务业集聚效应实证分析》，《财贸经济》2009年第8期。

[49] 黄汉权：《美国、巴西城市化和小城镇发展的经验及启示》，《中国农村经济》2004年第1期。

[50] 惠宁：《产业集群理论的形成及其发展》，《山西师大学报》（社会科学版）2005年第6期。

[51] 纪良纲、陈晓永：《城市化与产业集聚互动发展研究》，冶金工业出版社2005年版。

[52] 吉昱华、蔡跃洲、杨克泉：《中国城市集聚效益实证分析》，《管理世界》2004年第3期。

[53] 简新华、罗钜钧、黄锟：《中国城镇化的质量问题和健康发展》，《当代财经》2013年第9期。

[54] 蒋建新、金维兴、何云峰：《城市化与中国房地产业》，《西安建筑科技大学学报》（自然科学版）2003年第4期。

[55] 江小涓：《服务业增长：真实含义、多重影响和发展趋势》，《经济研究》2011年第4期。

[56] 江小涓、李辉：《服务业与中国经济：相关性和加快增长的潜力》，《经济研究》2004年第1期。

[57] 焦华富、陆林：《西方资源型城镇研究的进展》，《自然资源学报》2000年第3期。

[58] 景普秋：《中国工业化与城镇化互动发展研究》，经济科学出版社2003年版。

[59] 金荣学、卢忠宝：《我国服务业集聚的测度、地区差异与影响因素研究》，《财政研究》2010年第10期。

[60] 康嘉、周申立、王如渊、刘泉：《四川省城市化类型的划分》，《资源开发与市场》2005年第3期。

[61] 康慕谊：《城市生态学与城市环境》，中国计量出版社1997年版。

[62] ［德］克里斯塔勒：《德国南部中心地原理》，常正文、王兴中译，

商务印书馆 2010 年版。

[63] 孔凡文、许世卫：《中国城镇化发展速度与质量问题研究》，东北大学出版社 2006 年版。

[64] 廖重斌：《环境与经济协调发展的定量评判及其分类体系——以珠江三角洲城市群为例》，《热带地理》1999 年第 2 期。

[65] 雷智凯：《我国服务业集聚地区差异的实证分析》，硕士学位论文，南京财经大学，2010 年。

[66] 李炳坤：《关于加快推进城镇化的几个问题》，《中国工业经济》2002 年第 8 期。

[67] 李京文：《现代服务业的发展要与城市化互动共进》，《理论与现代化》2005 年第 4 期。

[68] 李清娟：《产业发展与城市化》，复旦大学出版社 2003 年版。

[69] 李文秀、胡继明：《中国服务业集聚实证研究及国际比较》，《武汉大学学报》（哲学社会科学版）2008 年第 2 期。

[70] 李文秀、谭力文：《服务业集聚的二维评价模型及实证研究——以美国服务业为例》，《中国工业经济》2008 年第 4 期。

[71] 李文秀：《中国服务业集群的培育与发展研究》，《中国社会科学院研究生院学报》2011 年第 2 期。

[72] 李健英：《第三产业与城市化相关性的中外差异分析》，《南方经济》2002 年第 8 期。

[73] 李晓梅：《中国城镇化模式研究综述》，《西北人口》2012 年第 2 期。

[74] 李志平：《现代服务业集聚区形成和发展的动力机制研究》，博士学位论文，同济大学，2008 年。

[75] 李汉宗、单欣欣：《城市化理论的发展与城市化概念的规范化》，《中国西部科技》2007 年第 10 期。

[76] 林筠、李随成：《西部地区城市空间结构及城市化道路的选择》，《经济理论与经济管理》2002 年第 4 期。

[77] 刘传江：《世界城市化发展进程及其机制》，《世界经济》1999 年第 12 期。

[78] 刘娟：《人口学视角下的产业集聚综述》，《人口学刊》2010 年第 6 期。

[79] 刘茂松：《我国农村城市化的战略思考》，《经济学动态》2000 年第 8 期。

[80] 刘瑞、张茜：《中国西部服务业比重"虚高"吗？——基于 Granger 因果检验的验证》，《中国软科学》2008 年第 11 期。

[81] 刘耀彬、李仁东、宋学锋：《中国城市化与生态环境耦合度分析》，《自然资源学报》2005 年第 1 期。

[82] 刘周洋、钟韵：《中国制造业集聚与服务业集聚对比的初步探讨》，《经济问题探索》2009 年第 11 期。

[83] 龙奋杰、刘明：《城市吸引人口迁入的影响因素分析》，《城市问题》2006 年第 8 期。

[84] 楼洪豪、陈修颖：《义乌市的快速城市化研究》，《经济地理》2007 年第 9 期。

[85] 陆根尧、符翔云、朱省娥：《基于典型相关分析的产业集群与城市化互动发展研究：以浙江省为例》，《中国软科学》2011 年第 12 期。

[86] 路红艳：《基于产业视角的生产性服务业发展模式研究》，《财贸经济》2008 年第 6 期。

[87] 栾晓梅、毛义友：《现代流通业与城市经济发展关系分析》，《经济师》2007 年第 8 期。

[88] 骆江玲：《国内外城镇化模式及其启示——以江西省鄱阳县为例》，《世界农业》2012 年第 6 期。

[89] 罗薇薇：《产业集聚程度与城市化水平相关性的实证分析——以 1988—2003 年的广东省为例》，《兰州商学院学报》2006 年第 2 期。

[90] 罗小龙、沈建法：《中国城市化进程中的增长联盟和反增长联盟——以江阴经济开发区靖江园区为例》，《城市规划》2006 年第 3 期。

[91] 马春辉：《产业集群的发展与城市化——以长江、珠江三角洲为例》，《经济问题》2004 年第 3 期。

[92] 马风华、刘俊：《我国服务业地区性集聚程度实证研究》，《经济管理》2006 年第 23 期。

[93] 马鹏、李文秀、方文超：《城市化、集聚效应与第三产业发展》，《财经科学》2010 年第 8 期。

[94] 马侠：《中国城镇人口迁移》，中国人口出版社1994年版。

[95] ［美］迈克尔·波特：《国家竞争优势》，李明轩、邱如美译，华夏出版社2002年版。

[96] ［美］迈克尔·波特：《竞争优势》，陈小悦译，华夏出版社2005年版。

[97] 齐飞：《长三角生产性服务业与制造业协同集聚效应研究》，《商业时代》2013年第4期。

[98] ［美］霍利斯·钱纳里等：《发展的形式：1950—1970》，经济科学出版社1988年版。

[99] 仇保兴：《新型工业化、城镇化与企业集群》，《现代城市研究》2004年第1期。

[100] 任军号、林波、薛惠锋、杨养锋：《大城市周边地带城市化水平评价指标体系》，《西北大学学报》（自然科学版）2005年第1期。

[101] 任英华、邱碧槐：《现代服务业空间集聚特征分析——以湖南省为例》，《经济地理》2010年第3期。

[102] 任英华、邱碧槐、王耀中：《服务业集聚现象测度模型及其应用》，《数理统计与管理》2011年第6期。

[103] 苏雪串：《城市化进程中的要素集聚、产业集群和城市群发展》，《中央财经大学学报》2004年第1期。

[104] 尚启君：《论城市化模式的决定因素与我国的城市化道路》，《经济经纬》2007年第4期。

[105] 盛洪：《现代制度经济学》，中国发展出版社2009年版。

[106] 唐钰岚：《原生与嵌入：上海生产性服务业集聚区形成的两种模式》，《当代经济管理》2010年第12期。

[107] ［美］杰弗里·M.伍德里奇：《计量经济学导论》（第四版），费剑平译，中国人民大学出版社2003年版。

[108] 汪立波：《国外城镇化模式纵观》，《农村工作通讯》2010年第1期。

[109] 王波：《中国现代服务业地区差异与集聚发展的实证研究》，博士学位论文，吉林大学，2009年。

[110] 王国军、刘水杏：《房地产业对相关产业的带动效应研究》，《经济研究》2004年第8期。

[111] 王红、宋颖聪：《旅游城镇化的分析》，《经济问题》2009 年第 10 期。

[112] 王君萍、项桂英：《产业集群与城市化发展相关性的实证研究》，《商业时代》2007 年第 16 期。

[113] 王先庆、武亮：《现代服务业集聚的模式与结构机理研究》，《商业研究》2011 年第 11 期。

[114] 王小鲁、夏小林：《中国需要发展大城市》，《财经界》2000 年第 5 期。

[115] 王祖强：《专业化交易组织成长与区域经济发展——再论农村市场经济发展的"义乌模式"》，《浙江树人大学学报》2004 年第 2 期。

[116] ［德］阿尔弗雷德·韦伯：《工业区位理论》，李刚剑、陈志人、张英保译，商务印书馆 1997 年版。

[117] 魏剑锋：《商业集群的聚集效应——基于消息学视角的分析》，《当代经济科学》2006 年第 6 期。

[118] 魏江、周丹：《生产性服务业与制造业融合互动发展——以浙江省为例》，科学出版社 2011 年版。

[119] 魏作磊：《服务业能承担转移我国农村剩余劳动力的重任吗》，《财贸经济》2006 年第 11 期。

[120] 吴丹丹、谢建国：《FDI 对产业集群作用的实证研究——以江苏省制造业产业集群为例》，《世界经济研究》2007 年第 6 期。

[121] 吴颖、蒲勇健：《区域过度集聚负外部性的福利影响及对策研究——基于空间经济学方法的模拟分析》，《财经研究》2008 年第 1 期。

[122] ［美］西蒙·库兹涅茨：《现代经济增长》，戴睿、易诚译，北京经济学院出版社 1989 年版。

[123] 谢方、邹骥：《系统动力学方法：原理、特点与最新进展》，《哈尔滨工业大学学报》（社会科学版）2006 年第 4 期。

[124] 许光清、徐志文、王礼力：《基于典型相关分析的产业集群与城市经济发展关系研究》，《重庆大学学报》（社会科学版）2009 年第 1 期。

[125] 徐维祥：《产业集群与城镇化互动发展机制及运作模式研究》，博士学位论文，浙江大学，2005 年。

[126] 徐维祥、唐根年、陈秀君:《产业集群与工业化、城镇化互动发展模式研究》,《经济地理》2005年第6期。

[127] 徐康宁:《当代西方产业集群理论的兴起、发展和启示》,《经济学动态》2003年第3期。

[128] 徐田强:《零售业态比较及对我国城市商业布局的启示》,《现代商业》2008年第12期。

[129] 许毅、孔志锋:《城镇化的模式》,《经济参考报》2001年第2期。

[130] 许学刚:《城市化——地方大学的机遇和挑战》,《绍兴文理学院学报》(哲学社会科学版)2002年第5期。

[131] 许学强、周一星、宁越敏:《城市地理学》,高等教育出版社2009年版。

[132] 薛敬孝、韩燕:《服务业FDI对我国就业的影响》,《南开学报》(哲学社会科学版)2006年第2期。

[133] 薛玉立:《京津两地商务服务业集聚成因与推进战略初探——基于波特钻石体系模型的分析》,《经济研究导刊》2008年第10期。

[134] 阎小培、姚一民:《广州第三产业发展变化及空间分布特征分析》,《经济地理》1997年第2期。

[135] 杨爱婷、武剑:《中国制造我国经济系统脆弱性与可持续发展牵扯:15年样本》,《改革》2012年第2期。

[136] 杨洪焦、孙林岩、高杰:《中国制造业集聚度的演进态势及其特征分析——基于1988—2005年的实证研究》,《数量经济技术经济研究》2008年第5期。

[137] 杨武、王玲:《技术创新溢出的乘数效应与加速效应研究》,《科学学研究》2005年第3期。

[138] 杨迅周、蔡建霞、蔡晚拴:《产业群理论与小城镇特色产业园区建设》,《地域研究与开发》2003年第6期。

[139] 杨勇:《中国服务业集聚实证分析》,《山西财经大学学报》2008年第10期。

[140] 杨勇:《中国旅游产业集聚水平的实证研究》,《山西财经大学学报》2010年第9期。

[141] 余懿:《中国现代服务业集聚的变动趋势及影响因素研究》,硕士学位论文,吉林大学,2012年。

[142] 袁莉、田定湘、刘艳：《旅游产业的集聚效应分析》，《湖南社会科学》2003年第3期。

[143] 曾国宁：《生产性服务业集群：现象、机理和模式》，《经济学动态》2006年第12期。

[144] 曾国平、曹跃群：《改革开放以来中国第三产业经济增长与扩大就业的实证研究》，《华东经济管理》2005年第2期。

[145] 曾珍香：《可持续发展协调性分析》，《系统工程理论与实践》2001年第3期。

[146] 张凤杰、张立、陈继祥：《生产性服务业集群化发展动因研究》，《科技进步与对策》2008年第12期。

[147] 张凤杰、陈继祥：《生产性服务业集群的管理创新扩散》，《上海交通大学学报》2009年第4期。

[148] 张卉：《产业分布、产业集聚和地区经济增长：来自中国制造业的证据》，博士学位论文，复旦大学，2007年。

[149] 张丽君、王玉芬：《民族地区和谐社会建设与边境贸易发展研究》，中国经济出版社2008年版。

[150] 张梦：《以产业集群提升区域旅游业竞争力》，《财经科学》2005年第6期。

[151] 张明志：《比较优势、贸易增长与产业发展——基于中国的经验研究》，经济科学出版社2008年版。

[152] 张树林：《现代服务业集聚效应分析》，《北方经贸》2006年第6期。

[153] 张树林：《基于现代服务业集群的城市化》，《商业经济》2007年第10期。

[154] 张水清：《商业业态及其对城市商业空间结构的影响》，《人文地理》2002年第5期。

[155] 张艳华：《北京市第三产业的发展与流动人口就业研究》，《现代经济信息》2010年第1期。

[156] 张勇、蒲勇健、陈立泰：《城镇化与服务业集聚——基于系统耦合互动的观点》，《中国工业经济》2013年第6期。

[157] 章智涛：《旅游资源禀赋下的城镇化发展策略研究——以山西省沁河流域为例》，硕士学位论文，华中科技大学，2011年。

[158] 赵长华、沈祖祥:《旅游学概论》,福建人民出版社1999年版。

[159] 赵黎明、刑雅楠:《基于EG指数的中国旅游产业集聚研究》,《西安电子科技大学学报》(社会科学版)2011年第2期。

[160] 钟韵、阎小培:《我国生产性服务业与经济发展关系研究》,《人文地理》2003年第5期。

[161] 周聿峨、刘建林:《中国—东盟自由贸易区与云南边境地区城镇化》,《思想战线》2004年第3期。

[162] 周琳、彭洁:《中国城镇化发展模式与发展战略初探》,《经济研究导刊》2009年第8期。

[163] 周叔莲、王延中、沈志渔:《中国的工业化与城市化》,经济管理出版社2008年版。

[164] 周一星、史育龙:《建立中国城市的实体地域概念》,《地理学报》1995年第4期。

[165] 朱宝树:《人口迁移的城镇化效应》,《人口学刊》1995年第4期。

[166] 朱凤岐:《中国反贫困研究》,中国计划出版社1996年版。

[167] 朱英明:《长江三角洲地区外商投资企业空间集群与地区增长》,《中国工业经济》2002年第1期。

[168] Alonso, W., Location and Land Use : Toward a General Theory of Land Rent, Cambridge, MA: Harvard University Press, 1964.

[169] Alonso-Villar, O., Jose-M. Chamorro-Rivas and X. Gonzalez-Cerdeira, "Agglomeration Economics in Manufacturing Industries: The case of Spain", Applied Economics, Vol. 36, 2004, pp. 2103–2116.

[170] Bathelt, H., "The Re-emergence of a Media Industry Cluster in Leipzig", European Planning Studies, Vol. 10, No. 5, 2002, pp. 583–611.

[171] Becattini, G., M. Bellandi, and L. D. Propris, A Handbook of Industrial District, Cheltenham: Edward Elgar Publishing Inc. 2009.

[172] Boudville, Jacques-R., Problems of Regional Economic Plan, Edinburgh: Edinburgh University Press. 1966.

[173] Chang, G. H. and Josef C. Brada, "The Paradox of China's Growing Under-Urbanization", Economic Systems, Vol. 30, No. 1, 2006, pp. 24–40.

[174] Coffey W. J. and M. Polese, "Producer Services and Regional Development: A Policy-oriented Perspective", Papers of the Regional Science

Association, Vol. 67, 1989, pp. 3 – 27.

[175] Cohen S. S. and J. Zysman, Manufacturing Matters: The Myth of the Post – Industrial Economy, New York: Basic Books, 1987.

[176] Ellison, G. and E. L. Glaeser, "Geographic Concentration in U. S. Manufacturing Industries: A Dartboard Approach", Journal of Political Economy, Vol. 105, No. 5, 1997, pp. 889 – 927.

[177] Fujita, A., P. Krugman and A. J. Venables, The Spatial Economy: Cities, Regions and International Trade, Cambridge, Mass. : MIT Press, 1999.

[178] Greenfield, H. L., Manpower and the Growth of Producer Services, New York: Columbia University Press, 1966.

[179] Guimarães, P., O. Figueiredo and D. Woodward, "Agglomeration and the Location of Foreign Direct Investment in Portugal", Journal of Urban Economics, Vol. 47, No. 1, 2000, pp. 115 – 135.

[180] Haggett, P., A. D. Cliff and A. E. Frey, Locational Analysis in Human Geography, London: Edward Arnold, 1977.

[181] Hanson, Gordon H., "Scale Economies and the Geographic Concentration of Industry", Journal of Economic Geography, Vol. 1, No. 3, 2001, pp. 255 – 276.

[182] Herfindahl, O. C., Concentration in the Steel Industry, New York: Columbia University, 1950.

[183] Hirshman, Albert O., The Strategy of Economic Development, New Haven: Yale University Press, 1958.

[184] Kandampully, J., "The Dynamics of Service Cluster: A Phenomenon for Further Study", Managing Service Quality, Vol. 6, 2001, pp. 373 – 374.

[185] Keeble, D. and L. Nacham, "Why do Business Service Firms Cluster? Small Consultancies, Clustering and Decentralization in London and Southern England", Transactions of the Institute of British Geographers, Vol. 27, No. 1. 2002, pp. 67 – 90.

[186] Krugman, P., "Increasing Returns and Economic Geography", Journal of Political Economy, Vol. 99, No. 3, 1991, pp. 483 – 499.

[187] Krugman, P., "What's New about the New Economic Geography",

Oxford Review of Economic Policy, Vol. 14, No. 2, 1998, pp. 7 – 17.

[188] Malecki, E. J. , "Industrial Location and Corporate Organization in High – tech Industries", Economic Geography, Vol. 61, No. 4, 1985, pp. 345 – 369.

[189] Miura, H. , Y. Araki, K. Haraguchi, Y. Arai and T. Umenai, "Socioeconomic Factors and Dental Caries in Developing Countries: A Cross – national Study", Social Science and Medicine, Vol. 44, No. 2, 1997, pp. 269 – 272.

[190] Moulaert F. and C. Gallouj, "The Locational Geography of Advanced Producer Service Firms: The Limits of Economies of Agglomeration", The Service Industries Journal, Vol. 13, No. 2, 1993, pp. 91 – 106.

[191] Myrdal, G. , Economic Theory and Under – developed Regions, London: Duckworth, 1957.

[192] Pandit, N. R. , G. A. S. Cook and P. G. M. Swann, "The Dynamics of Industrial Clustering in British Financial Services", The Service Industries Journal, Vol. 21, No. 4, 2001, pp. 33 – 61.

[193] Pandit, N. R. and G. A. S. Cook, "The Benefits of Industrial Clustering: Insights from the Financial Services Industry at Three Locations", Journal of Financial Services Marketing, Vol. 7, No. 3, 2003, pp. 230 – 245.

[194] Park, S. O. and Kee – B. Nahm, "Spatial Structure and Inter – firm Networks of Technical and Information Producer Services in Seoul, Korea", Asia Pacific Viewpoint, Vol. 39, No. 2, 1998, pp. 209 – 219.

[195] Porter, M. E. , On Competition, Boston, Mass. : Harvard Business School Press, 1998.

[196] Pred, Alan R. , The Spatial Dynamics of US Urban – Industrial Growth, 1800 – 1914: Interpretive and Theoretical Essays, Cambridge, Mass. : MIT Press, 1966.

[197] Scott, A. J. , "Flexible Production Systems and Regional Development: the Rise of New Industrial Spaces in North America and Western Europe", International Journal of Urban and Regional Research, Vol. 12, No. 2, 1988, pp. 171 – 186.

[198] Scott, A. J. , "Interregional Subcontracting Patterns in the Aerospace Industry: The Southern California Nexus", Economic Geography, Vol. 69, No. 2, 1993, pp. 142 – 156.

[199] Senn, L. , "Service Activities, Urban Hierarchy and Cumulative Growth", The Service Industries Journal, Vol. 13, No. 2, 1993, pp. 11 – 22.

[200] Singelmann, J. , From Agriculture to Service: The Transformation of Industrial Employment, Beverly Hills, Calif: Sage Publications, 1978.

[201] Venables, A. J. , "Equilibrium Location of Vertically Linked Industries", International Economic Review, Vol. 37, 1996, pp. 341 – 359.

[202] Viladecans, Marsal E. , "Agglomeration Economies and Industrial Location: City – level Evidence", Journal of Economic Geography, Vol. 4, No. 5, 2004, pp. 565 – 582.

后　记

本书是在重庆大学公共管理学院和重庆大学人口、资源、环境经济与管理研究中心陈立泰教授主持的国家社会科学基金项目"西部地区服务业集聚与城镇化互动发展研究"研究报告的基础上经修改完成的。

该课题于 2011 年 6 月立项。立项后，主持人陈立泰教授拟定了研究大纲，组织课题组成员就研究内容、研究方法、重点难点、实地调研等相关问题进行了多次研讨与交流。在重庆大学社科处和公共管理学院的大力支持下，课题组聘请重庆市社会科学院院长、研究员陈澍，重庆市社科联副主席、教授孟东方，重庆市社会科学院副院长、研究员张波，《改革》杂志社主编、研究员王佳宁，重庆市发改委发展规划处副处长龚锐，重庆大学文理学部副主任、社科处处长蔡珍红 6 位专家于 2012 年 1 月 9 日下午进行了课题开题论证。课题组在充分消化吸收专家们意见的基础上，开展了卓有成效的研究。课题组成员先后在《中国工业经济》、《科研管理》、《科学学与科学技术管理》等学术期刊公开发表论文 12 篇，其中 2 篇论文被人大复印资料全文转载，1 篇论文获《西部论坛》杂志社举办的"空间经济理论与应用征文"一等奖；在"中国科学学与科技政策研究会"举办的"第十一届科技评价学术研讨会"宣读的论文《区域视角下区域创新单元对区域经济差距的影响研究》，获优秀论文奖（一等奖），在重庆大学和《经济研究》编辑部共同主办的"经济增长转型与资本市场发展"学术研讨会上宣读的论文《税收政策对产业集聚的影响研究》产生了较大影响，且文章的主要观点被《经济研究》2012 年第 7 期摘要刊登；在陈立泰教授的指导下，研究生们围绕该课题主要内容进行研究，有 6 位同学完成了与本课题主题紧密相关的硕士论文，得到了较高的评价，其中张祖妞同学的硕士论文获评为重庆市和重庆大学优秀硕士论文，并获得重庆大学最高学术荣誉"黄尚廉奖"；经过本课题的研究训练，研究生团队的科研能力得到了极大的提升，其中有三位同学被国内外著名高校录取为博士研究生。

  课题研究报告由陈立泰主撰、修改初稿并负责定稿。研究生张祖妞、张勇、王鹏、侯娟娟、张洪玮、刘艺、张先怡、梁超、罗欢、闵华、余春玲、白玉涵等为项目的完成付出了大量的艰辛劳动，撰写了部分章节的初稿，协助完成了部分修订工作，刘倩、田娟、张娈玲、陈莎琳、凌婧、尹述颖、常乐、李英、黎巧等为本课题的调研、数据录入和处理、文本规范等做了大量工作，重庆大学吴颖、蒲艳萍、林勇、刘燕、张鹏老师、重庆市社科院李敬处长、湘潭大学周靖祥老师等为支持本项目的申报和研究给予了大力支持，四川大学朱方明教授、重庆大学冉光和教授作为本人的恩师，长期以来给予本人无微不至的关心和谆谆教诲，重庆大学曾国平、刘渝琳、陆远权教授对本人的研究不时给予指导，重庆大学社科处对本课题的研究给予极大的关心和支持，在此向他们表示最诚挚的谢意！

  李克强总理曾经说过，中国西部地区是中国经济最大回旋余地之所在。当课题组到西部的部分地区调研时，既感到它的辽阔和壮美，更感受到它的贫穷和欠发达，既感受到它的文化的博大与厚重，也感受到了它偏居一隅的苍凉和无力改变现状的残酷现实。复旦大学陆铭教授说："一个好的经济学家应该有强烈的人文关怀和社会责任感。好的研究的起点是好的问题，这是成功的一大半。"我深有同感。西部地区的发展是一个十分重大而又影响深远的经济和政治课题，课题组尽管付出了艰辛的劳动，但由于能力的限制，仍有许多不尽如人意的地方，敬请批评指正。另外，在研究过程中，课题组参考和选用了国内外大量的文献资料，吸收了众多专家学者的研究成果，并尽可能在注释、参考文献中列出，如有遗漏者，敬请原谅，在此表示诚挚的谢意。在本书的出版过程中，中国社会科学出版社的王曦、刘晓红编辑为本书的出版付出了艰辛的劳动，在此一并表示感谢！

陈立泰
2015 年 10 月于重庆大学